KEY STAGE　KEY LEADING

A Practical Handbook for Head Teacher in Guiding the Class

关键阶段　关键引领

班主任带班育人实操手册

石显富　李秀兰　主编

中国发展出版社
CHINA DEVELOPMENT PRESS

图书在版编目（CIP）数据

关键阶段　关键引领：班主任带班育人实操手册 / 石显富，李秀兰主编. -- 北京：中国发展出版社，2023.8

ISBN 978-7-5177-1382-1

Ⅰ. ①关… Ⅱ. ①石… ②李… Ⅲ. ①班主任工作－德育工作－手册 Ⅳ. ①G451.6

中国国家版本馆CIP数据核字（2023）第138420号

书　　名：关键阶段　关键引领——班主任带班育人实操手册
主　　编：石显富　李秀兰
责任编辑：王　沛
出版发行：中国发展出版社
联系地址：北京经济技术开发区荣华中路22号亦城财富中心1号楼8层（100176）
标准书号：ISBN 978-7-5177-1382-1
经 销 者：各地新华书店
印 刷 者：北京博海升彩色印刷有限公司
开　　本：710mm × 1000mm　1/16
印　　张：24.25
字　　数：306千字
版　　次：2023年8月第1版
印　　次：2023年8月第1次印刷
定　　价：98.00元

联系电话：（010）68990630　68360970
购书热线：（010）68990682　68990686
网络订购：http://zgfzcbs. tmall. com
网购电话：（010）88333349　68990639
本社网址：http://www.develpress. com
电子邮件：330165361@qq.com

编委会

主　　编：石显富　李秀兰

副 主 编：胡光熠　李　文　张　芊　康爱农

执行主编：武凤鸣　宋　雪

编　　委：龙娟娟　韩　磊　石　伟　李晓彤　武　月

李墨丹　杨　豪　赵延琦　王　燕　刘　彬

顾　　问：崔艳丽　郭　冰

出　　品：石景山区骨干（紫禁杯）班主任工作站

编者的话

新时代的建设需要新思想的引领，新使命的达成需要新举措的落实。党的十九大以来，学校教育始终贯彻党的教育方针，坚持以习近平新时代中国特色社会主义思想为指导，切实落实立德树人的根本任务，努力践行为党育人、为国育才的光荣使命，全心培养德智体美劳全面发展的社会主义建设者和接班人。

育人为本，德育为先。党中央、国务院高度重视中小学德育工作，先后出台多项“一体化德育”系列政策文件，使“一体化德育”理念不断完善并深化。2021 年 8 月，全国省级教育部门第一份关于大中小幼一体化德育体系建设的文件《北京市大中小幼一体化德育体系建设指导纲要》（以下简称《指导纲要》）正式出台实施，为首都乃至全国德育工作者指明前进方向。

“一体化德育”理念充分关注到不同年龄段学生的认知能力和身心特点，它着力倡导教师立足所在学段，聚焦该学段学生的心理发展及道德发展程度，采取适切的教育方法。因而《指导纲要》明确提出“尊重不同学段学生思想认知规律，把握各学段目标的差异性；遵循不同学段学生认知规律设计德育方法”。可见，聚焦“一体化德育”，把握学段特点，遵循学生身心发展特点和教育教学规律，采用科学育人策略与方法是当下德育工作者，特别是班主任进一步打开德育工作局面、提升育人能力和专业素养的关键。

2021 年 9 月，北京教育学院石景山分院德育研究中心借助石景山区建设“北京市一体化德育示范区”的契机，积极开展“一体化德育”的实践研究。石景山区德育研究中心积极搭建市区平台，组织市、区骨干班主任及部分优秀青年班主任参加了主题为“聚焦学段特点，探寻育人规律”的融合式项目培训。我们依据教育部2017年8月印发的《中小学德育工作指南》（教基〔2017〕8号）的阶段划分，从小学低年级、小学中高年级、初中年级、高中年级4个学段，将学员分成了涵盖4个学段的3个学习小组，加强不同学段之间教师们的交流研讨。培训中，教师们深入学习“一体化德育”的相关政策及理念，尝试透过学生的具体行为表现看到其成长需求，力争达到能够基于学生的学段特点，采用科学的育人策略，助力学生实现成长目标。

本书收录了40篇教育故事，选自石景山区小学低年级、小学中高年级、初中年级、高中年级4个学段市、区骨干班主任及青年优秀班主任提交的优秀成果。在这些成果中，教师们围绕某一学段学生常见的问题以及班主任的应对策略展开故事描写。每一个教育故事中都体现了优秀班主任的育人智慧，彰显了班主任的教育情怀。

在本书编写过程中，我们还邀请市、区德育及心理专家根据教育故事和反思撰写了导读分析，既起到提纲挈领的作用，又可以促进读者进一步理解教育问题及应对策略。在此，特别感谢北京教育学院的崔艳丽老师、郭冰老师对学员的培训以及对书稿的指导与建议。

十年树木，百年树人。教育是长远之计。教师，尤其是班主任，只有将教育着眼于学生的终身发展，才能当好学生成长的引路人，使其在人生的每个阶段都能有所获益。

花开有时，时至而动。教育要抓住重要契机。教师，尤其是班主任，只有充分把握学生的身心发展规律，学习并实施科学育人方法，才能在学生成长的关键时刻提供助力，帮助他们扣好人生“第一粒扣子”。

我们深切期盼这本书能够在班主任学习科学带班育人策略方面发挥作用，帮助班主任实现专业能力的提升，进而促进每一个学生成长成才，实现人生价值，为实现中华民族伟大复兴的中国梦作出贡献！

编委会

2022年12月

目 录

小学低年级篇

小学中高年级篇

初中年级篇

引言

小学低年级是习惯养成的关键时期，也是学生开启有意识学习的“第一阶梯”。学生学习习惯、规则意识、人际交往等方面的培养，将直接影响学生一生的发展。

适应小学生活是这个阶段学生成长中的重要命题。小学生的入学适应包括学习适应、行为适应、情绪适应、人际适应、对学校的态度五大方面。小学低年级的学生学习压力小，任务简单，但习惯养成、遵守规则、调节情绪、人际关系等方面的挑战和压力很大，所以与学习适应相比，其他几个方面更应该引起教师和家长的关注。此外，品德培养也是小学低年级阶段需要重点关注的，比如这一阶段学生出现“撒谎”的问题，需要教师正确看待，科学引导。小学低年级学生出现的问题行为，既有个人层面的（认知水平、心理发展、情绪调节等）因素，也有系统层面的（家庭养育方式等）因素。

问题是成长的契机。面对低年级的小学生，班主任们基于对学生身心发展特点的了解，深挖问题行为背后的心理需求，结合与家庭系统的联动，采用个别教育和集体教育相结合的方式，运用巧妙的教育语言、丰富的教学活动，给入学适应不良的学生提供支持和帮助，使他们从情绪调节、行为管理、人际关系、学习适应等方面，习得方法，养成习惯，建立自信，最终成功度过入学适应的“困难期”，以快乐、自信的状态展开小学生活的画卷。

牵手“仙人掌”，相伴向阳开

北京市石景山区实验小学 陈婷娟

教育故事

“陈老师，不好了，出事了！”“陈老师，您快到教室看看吧！”“陈老师，田田发疯啦！”楼道里，五六个学生迎面向我跑来，慌乱地大声嚷着。我一边安抚这几个惊慌失措的学生，一边快步向教室走去。

此时是早晨七点半，到校的学生并不多。我走进教室，只见十几个学生围在靠窗六组最后的位置。我三步并作两步来到跟前，眼前的一幕让我一怔：只见五、六组后三排的桌椅倒成一片，田田背靠着一张桌子坐在地上，怒目圆睁地抽泣着。还没等我开口，她就冲着我声嘶力竭地喊道：“走开，都给我走开！啊——啊——”

一年级入学已经快一个月了，这期间田田都是一个安静而沉默的学生，课堂上总是安静地坐在那里，从不主动举手发言，每当我与她目光相对时，她都会快速地躲闪开。此时此刻，她的表现与平时判若两人！

作为一名班主任，我清楚地知道，小学低年级学生情绪表达很“直率”，常常不会恰当地表达情绪，会用发怒、哭闹、生气或者攻击等方式直接宣泄情绪。像田田这种性格比较内向的学生，他们的内心都比较敏感，因此不敢交朋友，不敢表现自己，情绪适应不良，入学适应更是一个漫长而艰难的过程。她仍然停留在不适应新变化的情绪宣泄上。

为了帮助田田尽快适应小学的学习生活，我首先要让她知道，遇到事情有情绪是正常的，也是短暂的，接着需要通过共情理解、肯定、接纳她的情绪，让她感受到我对她的关注和理解，引导她正确地表达自己的情绪。

我的做法是：让她先冷静。于是我转过身对其他同学说："同学们，今天是咱们班早锻炼的时间，大家拿好跳绳，到操场先自己活动一会儿吧，我一会儿就来找你们。"我示意其他同学先离开教室。这也是为我和田田创造一个独处的机会。

我把倒在地上的桌椅一个一个地扶起来，摆正。只剩下最后一个——田田靠着的桌子了。这时，田田已经停止大叫大嚷，但还在抽泣。我蹲下来，不动声色地观察着她，同时拉住她的手说："田田，我知道你一定遇到了什么困难，我会和你一起解决，不过地上凉，你先站起来好吗？""躲开！今天谁都别想上课！"她踹着双腿，抽回被我拉住的手，双手交叉着放到了胸前，瞪着我，大声吼道。

她的话让我意识到这件事一定和上课有关。为了缓和她的情绪，我与她面对面坐到了地上，又一次拉起她的手说道："田田，陈老师陪着你一起坐在这里，你和我说说发生了什么事，陈老师帮你解决这件事好吗？"我关心的话语渐渐帮田田调节了情绪，她用半信半疑的眼神望着我，声音小了一些，但语气坚定："反正今天我上不了课，谁也别想上课。""你为什么上不了课呢？""……"她看了看我，欲言又止。

"你告诉我，我才能帮助你呀。"我拉着她的手说，边说边继续观察田田的反应。

“妈妈开车送我上学，到了校门口，我发现忘带语文课本了，没有书，我就没法上课。我让妈妈开车回家取，妈妈不同意，开着车就走了。”她语速飞快地说着，而且表达得非常清晰。

她越说声音越大，眼泪又一次涌了出来。我拿出纸巾为她擦去脸上的泪珠，说：“我理解你现在的心情，没带语文课本可能会被老师批评，在同学面前丢面子，如果是我，也会着急生气的。”我肯定、接纳了她的情绪。

“这件事好解决。来，今天你就用陈老师的语文课本，怎么样？”

“真的吗？”她噌地一下站了起来。

“当然是真的！”我领着她来到讲台边，把语文课本轻轻地放到她手里说：“快把书放到自己的桌子上去吧。”

田田那带着泪花的脸上露出了笑容。她把语文书放到书桌上，低声说道：“陈老师，同学们还会和我玩吗？”

听到她这样问，我知道她已经意识到自己刚才发泄情绪的行为不对了。我因势利导追问她：“同学们为什么不和你一起玩呢？”

“我，我……我刚才对他们发脾气，还把桌椅推倒。”

“田田，敢于承认自己的错误，就是个勇敢的孩子。我知道你还是个聪明的孩子，你现在已经是一年级的小学生了，遇到事情要学会找人求助，可以找陈老师，也可以找同学，在这个过程中学会控制自己的情绪、学会表达自己的想法。你自己想想，应该怎样和同学们说，他们才会原谅你呢？”她想了想：“我和他们道歉。”

我拉起她的小手说：“走，咱们到操场跳绳去吧。”

来到操场，她躲到我身后，拽着我的衣角，低着头，眼睛却偷偷地看向同学们。“同学们，暂停一下，田田有话和大家说。”我一边说，一边把田田领到大家跟前。

“刚才是我不对，我不应该冲你们发脾气。”田田低着头，小声地说。

“犯了错误要和同学们说什么呀？”我攥了攥她的手，提示道。

“对不起，刚才是我错了。”看着此时勇于承认错误的田田，我欣慰地笑了，并告诉同学们：“田田特别想和大家做朋友，想和你们一起玩。”

“没关系。”“快来和我们一起跳绳吧！”同学们争先恐后地说。

田田抬起头，看了看同学们，又看了看我。我鼓励道：“田田，加油！”

清晨的霞光洒在操场上，映出学生们跳动的身影，伴着跳绳啪啪打地的声音，操场上洒满了同学们欢快的笑声。

看着眼前开心可爱的田田，想到刚才她情绪失控的样子，我意识到不能忽视她的情绪，也不能否定、压制学生的情绪感受，这不仅不利于她的身心发展，也会影响正常的教学秩序。我要进一步引导她学会自己调节情绪。

中午休息时，我把田田带到办公室，和她进行了一次谈话：“田田，在学校无论遇到什么事情，都可以和我说，陈老师会和你一起解决困难。而且，你要学会和同学友好交往，调节自己的情绪。”

“可是我一着急就控制不住呀！”

“当你要发怒的时候，就做三次深呼吸，每做一次在心里数 5 个数。来，我们一起试一试。”我带着她做了三次深呼吸。她说：“陈老师，我感觉很舒畅。”

“以后遇到事情，不开心想发火的时候，就做深呼吸。你还可以想一件高兴的事或者唱一首自己最喜欢的歌，这样心情也会好起来。”

通过中午的谈话，田田不仅感受到了我的关心和帮助，而且学到了一些简单的调节情绪的方法。

为了能够更好地帮助田田，我和她妈妈进行了一次沟通。了解到她的成长史：田田生活在单亲家庭，和姥姥、姥爷、妈妈一起生活。由于从小没有爸爸在身边，自己有点自卑，自我保护欲特别强。姥姥和妈妈都是要强的人，平时对她要求又很严格。在这种环境里成长的学生往往不能面对错误与批评，受到批评后会出现压倒性情绪，就会导致情绪的发泄。所以田田无论做什么事都是小心翼翼的，不敢出错，做什么事情都争强好胜。

我跟田田妈妈讲述了田田的表现，并告诉她："孩子脾气大、情绪化往往缘于家庭教养方式，以及孩子生活的家庭氛围。所以，作为家长要了解学生情绪化的原因，帮助孩子正确表达情绪。首先，要接纳孩子的情绪。先处理好情绪再去解决问题，这是教会孩子正确表达情绪的前提。其次，要引导孩子正确地释放情绪。情绪是与生俱来的，孩子跟大人一样具有情绪表达需求。孩子在不断成长和变化，慢慢有自己独立的意识。当孩子内心没有得到理解，情绪又不知道如何表达时，就会变得逆反，情绪失控。所以孩子哭闹时不要去强迫，等待其冷静后再去沟通，告诉孩子我理解你很难受，但还有更好的解决方法，比如说沟通，让孩子明白以后该如何去做。最后，还要有足够的耐心。每个孩子都有潜在的自制能力，家长要保持温和而坚定的态度，有足够的耐心安抚孩子的情绪，帮助孩子。孩子就会明白家长的底线，学会遵守规则，放弃发脾气哭闹的方式。不要忽视孩子的情绪，要学会正确引导，给孩子营造温暖的家庭氛围。"

此后，我又多次和田田妈妈进行交谈，通过家庭教育和学校教育的有效沟通，密切配合。田田发生了变化，遇到问题或不开心时，她会主动跟我讲，不再是一味发脾气；有时还试着用我教的呼吸法，帮自己调节情绪。田田妈妈也激动地告诉我，自从关注了田田的情绪，并鼓励她用正确的方式表达、调节情绪，发现田田在家爱说话了，偶尔还会主动帮她做事情，每天都在一点一滴地进步。

春去秋来，田田升入二年级了。随着一天天地长大，她的情绪越来越稳定，性格也开朗了。我相信她会越来越优秀。曾经的每一天都成为美好的回忆，曾经的每一件小事，也会成为她童年多彩的故事，镌刻在她的心底。

教育反思

故事中的田田是一名刚入学的一年级学生，正在从幼儿园以游戏为主的生活状态转变为小学以学习为主的生活状态。小学低年级的学生学习任务简单，但是对学生来说，习惯养成、遵守规则、调节情绪、人际关系难免会出现不适应。田田因为忘记带语文课本，担心被教师批评，在同学面前丢人，情急之下出现了负面情绪，并且通过哭喊、推倒桌椅等不正确的方式发泄。

根据小学低年级学生的情绪发展特点，他们情绪表达往往很“直率”，第一次遇到这样的事情不知道怎么解决的时候，就会用发怒、攻击、哭闹等方式直接宣泄情绪。这时我通过共情性的理解，接纳情绪，先是和她坐在一起，让她感受到我们是平等的，接下来我拉住她的手，让她感受到我对她的关爱；再用平和的语气与她沟通，引导她把影响自己情绪的事情说出来，在这个过程中，我让她感受到了我对她的关爱和理解，因此她逐渐平复了情绪。

在此基础上，我采用发扬优点、及时肯定、同伴鼓励、家校合作等符合低年级学生特点的方法对她加以引导。经过不断努力，田田在遇到事情、解决事情的过程中，能够运用合理有效的方式表达自己的情绪，及时调节情绪。她变成了一个活泼开朗、健康快乐的女孩。

掬诚实之水，灌祖国之花

石景山外语实验小学分校 谷方

教育故事

一、一段焦急的通话

“喂！您好！”两个月前的某一天，我正在批改作业时，忽然接到了莎莎妈妈打来的电话。

电话中，莎莎妈妈有些焦急地询问道：“谷老师，听莎莎说您让班上的学生缴纳购买学习资料的费用，还让他们亲自带过去，我用微信支付给您行吗？让孩子带过去我担心她把钱弄丢。”

资料费？我最近根本没跟学生们提过这回事呀！“莎莎妈妈，我们最近没有收费购买学习资料呢，即使有的话也会在班级群里通知的。”

莎莎妈妈的话令我感到疑惑，而她在听到我的答案后，也在一瞬间明白了过来：“看来莎莎居然学会撒谎了！她八成是想从我手里要点儿零花钱！看她今天回来怎么跟我交代！”

“莎莎妈妈，孩子犯错好好教育就可以了，千万不能打骂孩子，这样会给她留下心理阴影的！”听见莎莎妈妈语气激动，我只得好言相劝。

二、故事还没结束

谁知故事还没彻底结束。几天后，莎莎妈妈又在课间打来了电话："谷老师，莎莎说自己不想去学校了，因为她的同桌丽丽总是在课堂上偷偷掐她的胳膊，弄得她无心学习！这可怎么是好？"

可经过认真的调查后我发现，其实丽丽跟莎莎一直相处得很融洽，这样一来，丽丽掐莎莎的说法，自然就不太可能成立了。那么莎莎撒谎的原因又是什么呢？尽管到目前为止我对真实情况还不太清楚，但我想她不来上学，一定是另有隐情……

第二天下午，直到上课铃响起后，我才在教室门口见到了脸色苍白、眼神闪躲的莎莎。

"莎莎，告诉老师，你今天为什么会迟到呢？"我努力调整心情，用平和的语调询问，而之所以提出这个问题，我也只是就事论事罢了，关于昨天莎莎撒谎说丽丽上课掐她的事，我并没有旧事重提。

"老师，往常都是我妈妈叫我起床的，可是昨天晚上她追剧追了一晚上，今天上午没能按时起床，所以我就迟到了！"莎莎低着头，不停地摆弄着自己的衣角。

我用眼神示意莎莎先回到她的座位上去，然后又特地跟莎莎妈妈打了语音电话，果不其然，我又得到了一个否定的答案。

莎莎妈妈听到女儿说自己因为追剧没叫孩子起床上学的解释时，脾气一下子就上来了："莎莎竟然还在撒谎！上次她撒谎时我听老师您的话，好言好语地教育了她几句，看来她根本左耳朵进右耳朵出了！我平时工作繁忙，根本没空追剧，我是因为单位有事情昨天没做完，所以一早就离开家了，出门前我还催莎莎早点起床，后来她肯定是偷懒睡回笼觉去了！"

三、是时候做点什么了

好言好语的劝说，看来对莎莎根本不起作用。随后，我又发现了班上其他几个学生的撒谎行为：周周因为不想上体育课，撒谎说自己肚子痛；小蕾为了获得我的表扬，撒谎说自己在回家的路上拾金不昧；可可在我提问前，自信满满地说之前的课堂知识已经全都学会了，可我一提问，她竟然一问三不知……

这些学生究竟怎么了？我越想越意识到事情的严重性。左思右想，我觉得自己是时候做点什么了。为了帮助班上的学生们纠正这个不够诚实的小“缺点”，我特意策划了一次特别的主题班会活动。

“同学们，我们今天要上一节特别的主题活动课——‘做诚实好学生’。下面有谁能为大家讲一讲关于诚实的故事呢？”

话音刚落，学生们纷纷举起小手。随后“狼来了”“说谎话的猴子”等故事被学生们绘声绘色地讲了出来，课堂的氛围一下子变得活跃起来。

故事讲完后，我又特意将打印好的文章分发给学生们，那是我在《辅导员》杂志上找到的文章——《播撒诚信的种子》。为了加深学生们对文章的认识和理解，我鼓励他们像平时学习课文那样，对其中生字、词语进行认真的学习，还要能够深入理解文章的含义。

趁着小组讨论的机会，我对学生们说道：“同学们，你们知道吗？几乎每个人在成长的过程中都说过慌，包括你们的爸爸妈妈。”

听到我的话，学生们不由得露出了诧异、兴奋的神色，我注意到平时生性活泼的莎莎倒是一脸“平静”。我接着说道：“撒谎并不是一件好事，但只要大家能够认识到自己的错误，并且及时改正，就还是诚实的好学生。你们撒过谎吗？能告诉老师具体的经过吗？只要你们勇敢地说出来了，就离诚实好学生的标准更近了一步！”

随后，我看到班上的大多数学生都露出犹疑、抵触的神情，尤其是莎莎，她垂下小脑袋，一会儿用力地咬着嘴唇，一会儿看似百无聊赖地玩着手指。我知道，现在的她，是真的已经陷入了纠结迷惘的情绪中。

几分钟后，有几个比较积极外向的学生，已经主动站起来说出了自己曾经撒谎的经历。比如明明是弄丢了物品，却撒谎说是借给同学了；想偷懒不上学，却撒谎说身体不舒服……我一边肯定了学生们的勇敢坦诚，一边对他们曾经的撒谎行为进行了批评，告诉他们撒谎并不是一件正确的事。

四、日记本里的秘密

在其他同学讲述的过程中，莎莎的头垂得更低了，我注意到她的整张小脸都红扑扑的。让莎莎在同学们面前承认自己曾经的撒谎行为，实属有点难度。我灵机一动，便鼓励学生们在日记本上写下自己的秘密，并表示会为他们保密。

生性单纯的学生们也很快放下了戒心，交上了写满“心里话”的日记本。

他们敞开心扉，在日记本上写下了自己关于诚实的经历与感悟，班上少部分的学生未曾撒过谎，比如冰冰、江江、家耀等，而大部分的学生都有过撒谎的经历。

终于翻到了莎莎的日记。在洁白的纸张上，莎莎用娟秀的字迹写道：“对不起，老师。我最近撒了好几次谎，一次是因为想买自己喜欢的课外书，跟妈妈撒谎说您让我们买学习资料；一次是想偷懒不去上学，撒谎说丽丽上课时掐我；还有一次是我自己睡过了头才迟到的，跟妈妈没有关系，也许这些事您已经知道了，可是您并没有批评我，我现在知道错了，撒谎真的是一种不好的行为，我以后一定会改正的，请您相信我！”

看着莎莎的日记，我心里很是欣慰，想了想，我一笔一画地在她的日记后面留下了一行字：“老师相信你一定能做到”。对于班上其他学生的日记，我也进行了认真的批改，每一本日记，都被写上了暖心的表扬与鼓励，我激励他们以后要做诚实的人。

下课以后，学生们纷纷过来问我：“老师，您看了我的日记吗？”一张张稚嫩的小脸上，浮现出激动难抑的神情，我想学生们已经领会到诚信的意义，班会课取得了良好的效果。也因为这些日记，我知晓了他们的“小秘密”，彼此间的距离更近了。

五、种子发芽、开花、结果

一段时间过后，惊人的变化出现了。在阳光明媚的午后，我跟莎莎、朵朵、小军等几个学生聚在教室的一角聊天：

“老师，自从您上次开过班会之后，我就没有再跟妈妈撒过谎了，我觉得其实不撒谎的时候心里特别踏实，因为我现在的表现是正确的，正确的事情就该一直坚持下去。”莎莎首先认真地说。我赞许地看了看莎莎。

“老师，星期二早上我对您说我的作业没带，其实是没有写。因为我不想让您觉得我不是一个好学生。我是在中午放学后补写的。我现在说了真话，您能原谅我吗？”朵朵小心翼翼地看向我，虽然她撒了谎，但她当下的诚实也是值得肯定的。

而上次曾在日记中写过自己撒谎经历的小军也非常自然坦诚地开口了：“前

几天我一个人在家，妈妈去超市购物前叮嘱我先写周记，写完后再看电视。可我等妈妈一走就打开电视机，一下就看了两个小时。妈妈回来后问我周记写完了没有，我本来想说我已经写了一半，可是我的心里一直咚咚直跳，想了想还是说了实话。把真相告诉妈妈之后，心里觉得很轻松。我想：我要是将来成为一名作家的话，就会写一篇讲诚信的文章给你们看的。”

学生们你一言我一语，表达着自己的心声。我相信或许他们今后还可能出现撒谎的情况，但是他们已经知道了什么是对，什么是错，并努力向着正确的方向进步。我为学生们的改变感到欣慰，而他们之所以能够在我面前诚实地表达自己的所思所想，就证明他们已经把最宝贵的信任交给了我，这是一份何其珍贵的礼物啊！

“金无足赤，人无完人”，即便发现学生们撒谎了，也不要过分责备。此时的他们就是一块块未经雕琢的璞玉，有瑕疵在所难免，但在性格、认知发展的关键阶段，身为他们的师长，我们一定要用恰当的方式引导他们，向他们灌输正确的道德观、价值观，将诚实的种子播撒在他们的心田中，我们坚信，经过辛勤的培育与灌溉，总有一天，这粒种子会生根发芽，开出最绚烂的花，结出最香甜的果！

教育反思

走出熟悉的幼儿园，走进新鲜有趣的小学，低年级的学生一方面适应环境，另一方面又表现出独特的心理发展阶段的特点，教师需要密切关注，有针对性地教育。

一、分析原因

小学低年级学生的撒谎问题，在我的教育经验中并不是新鲜事。七八岁的学生比幼儿园时期更有“心眼儿了”，会通过撒谎达到自己的目的。教师需要及时辨别真话和谎言，及时、恰当地处理撒谎行为，帮助学生养成诚实的好习惯、好品质。

通过故事可以看出，面对班级学生的撒谎行为，最忌讳一味地惩罚，而是要先分析背后的原因和心理需要。只有知道原因，才能有的放矢地解决问题。经过由表及里的分析，并结合我的教育经验，我总结出了小学低年级学生撒谎的几点原因。

（一）逃避责任

有的家长或者教师过分严厉，学生为了逃避惩罚而撒谎。像莎莎就怕被妈妈和教师批评，因此反复撒谎。

（二）期待赞许

小学生非常在乎教师的评价，不想被教师批评，更想得到赞许。为了达到这一目的，一些学生会夸大自己的优点或者做的好事，也会想方设法避免让教师知道一些负面的事情。以上这些情况我在教学管理中有过很多亲身体验。故事中的小蕾也是如此，因为想获得我的表扬才撒谎说自己拾金不昧，可可也是因为这个原因撒谎说自己掌握了所有的知识。

（三）虚荣心作怪

虚荣心不仅大人有，小学生也有。虚荣心的背后是自尊，学生为了维护自尊，得到别人的尊重和喜爱，会使用撒谎的方式。例如，我们班就有一个学生，他的父亲是在某医院附近卖水果，可是他怕被同学们轻视，就说自己父亲是知名果脯公司的老板，有好多的直营店铺。

（四）模仿成人

有的时候学生撒谎是因为模仿成人，我有过体会。我们班有位学生喜欢撒谎，当我对她进行深谈后得知，他父亲在家打电话时经常说自己出差了。久而久之，学生也觉得撒谎不是道德问题，反而可以躲掉一些事务。通过班杜拉的观察理论，我们可以知道，学生通过对家长的观察和模仿来习得技能。

（五）同伴影响

小学生也有从众心理，当看到朋友撒谎的时候，自己也可能会模仿。很多时候，一些小学生看到同伴通过撒谎得到了一些甜头后，也会模仿。

二、解决策略

（一）情境教育

很多时候单个教育往往会“摁下葫芦起了瓢”，而情境教育却能起到联系实际、凸显生活性教育的原则，收到“润物细无声”的教育效果。为了更好地实行情境教育，我采取了多种方法创设情境。

我利用班会创设教育情境，策划一次特别的主题班会活动。在班会课上，通过分享诚信故事，读《播撒诚信的种子》文章的方法，创设了浓浓的深入思考诚信的情境，这就为下一步教育打下了良好的基础。

（二）循循善诱

教育不是单向灌输，而是引导和体悟。为了让学生发自内心地认识到诚信的意义和宝贵，必须循循善诱。通过小组讨论、个别分享、鼓励诚实、耐心等待、适时教育，学生们逐渐愿意敞开心扉、消除担忧，选择信任教师、说出自己不诚实的经历、做出诚实的承诺。

（三）因材施教

不是所有的学生都会站出来发表意见，教师必须做到因材施教。针对不愿意说出来的同学，可以采取写的方式。在日记上写下自己的秘密，一方面避免了面对面承认错误的压力，另一方面也促使学生面对自己、反思自己的行为。

（四）有效倾听

在教育学生的过程中，倾听是非常重要的。倾听是了解学生的必要手段，只有了解了学生的思想和心理，才能真正地发现问题，从而更有针对性地解决问题。

故事中，我从头到尾，都非常注重倾听。即使我知道学生在撒谎，也没有马上揭露他们。因为如果马上揭露，以后学生们很难再对班主任敞开心扉。在班会课上、日记里、生活中，正因为倾听了他们，我才真正地了解了学生们纯真善良的心。正如伏尔泰所说的："耳朵是通往心灵的路。"正是这种倾听和诉说，更加坚定了学生坚持诚信的信仰。

（五）家校合作

从教学实践来看，撒谎是非常常见的行为。撒谎的原因很多，可是很多时候是因为家长撒谎，给学生树立了负面示范。例如家长为了搪塞学生而许诺，事后又不能兑现诺言。还比如家长当着学生的面撒谎，却不知自己已经给学生做了反面榜样。教师可以通过家长会及单独沟通的方式与家长讨论。在故事中，我通过与莎莎的妈妈交流，就取得了很好的效果。

苏霍姆林斯基说："教育的全部奥秘，在于学会如何呵护儿童。"是的，虽然在教育学生的过程中会遇到很多问题，但是只要本着一颗爱学生的心，总会"柳暗花明又一村"！

两枚小印章

北京景山学校远洋分校 刘艳茹

教育故事

一、“人家不会做”

新学期伊始，我又回到一年级带学生。班级里一个叫小张的同学，他的种种行为给每一位授课教师都留下了深刻印象。

入学教育的第二天，我在课堂上跟学生们进行集中注意力的口令训练。我高声喊“小树苗”，学生立刻回应“快长高”。原本坐得东倒西歪的小学生们，听到口令后，一个个腰杆挺得直直的，眼睛瞪得大大的，齐刷刷地看着我，那一刻我真的很欣慰。但坐在第二组的小张同学却一只手托着脸蛋，歪着身子坐着，回头看着我们训练，俨然将他自己当成了局外人。我顺势走到他跟前，俯下身子，提醒他跟大家一起学习。他一脸无辜，瞪大了眼睛看着我，撒娇地说：“人家没听见”。我单独地教他一遍口令，再次要求他跟大家一起做，他仍斜着身子不高兴地说：“人家不会做。”接着，我又细致地把“坐好”这样一个动作分解成几个步骤教给他，告诉他手、脚放在哪里，眼睛要看向哪里。一番操作之后，小张终于学会了如何“坐好”。

二、“还我两枚印章”

就这样，这节课每学习一样新内容，他都会小声嘀咕“人家没听见”“人家不会做”……我则坚持给他“开小灶”。每次当他按要求做好时，我会奖励他一枚小印章。每次给他的荣誉本上盖小印章时，他的一双小眼睛都会紧紧盯着我拿印章的手，生怕一个不留神，我就会走开不给他盖印章。

当我给他盖好印章后，起身走向讲台要开始进行下一个口令训练时，他抓起荣誉本离开座位跟在我身后，叫“老师……老师……”我听见他的声音，转身用坚定的眼神看着他，示意他赶快回座位坐好。他似乎没有明白我的意思，还是跟在我的身后，“老师、老师……”一声接着一声地叫着。见我不理睬他，便开始拉着我的衣服，继续叫着：“老师……老师……”

眼看就要下课了，而我还有一个口令没有带大家练习，我这心里甚是着急。于是我再次示意他回座位上坐好，但他仍在那里喊着。就在这一刻，我的所有耐心都被磨没了，转身大吼：

“赶快回座位！”

“小张，你上课随便离开座位，扣掉两枚小印章！”

说完，我一把拽过他捧在手里的荣誉本，大笔一挥，画掉他的两个印章，然后塞到他的手里，让他回座位。而他愣愣地站在原地，用噙满泪水的双眼看着我，双手紧紧握着自己的荣誉本。不一会儿，便开始号啕大哭，嘴里一直说着“还我两枚印章”。见状，我赶紧解释说：“你刚才随便离开座位，这违反了班级的规则，老师就必须扣掉你的小印章。但只要你后面能坐好，老师还会奖励你更多印章。”但任凭我怎么解释，都无法让他停止哭闹。

三、“你来擦黑板好吗？”

为了安抚他的情绪，转移他的注意力，我赶紧说：

“你很喜欢老师奖励你的印章，也很珍惜它们，想得到它们，对吗？”

他听见我说到印章，哭声渐渐变小，抬起他那委屈的挂满泪珠的脸，看着我。我顺势指向黑板说：

“你看，下课了，咱班的黑板没有人擦，你能帮老师擦一下吗？如果你擦得干干净净的，下节课来上课的老师一定很高兴。你愿意帮老师吗？”

他一听，用自己的小手背擦了擦眼泪，抽噎着答应：“行！”

说完，他径直走向黑板下面的脸盆，弯腰拎出一块湿漉漉的抹布，又用小手攥了一下，接着把抹布展开，擦起黑板来。黑板有些高，他够不到的地方，得踩着凳子去擦，但他并没有像其他同学那样穿着鞋子踩，而是把自己的鞋子脱下来再去踩凳子。他脱鞋的举动让我很感动。我猜他一定有特别好的家教。望着他认真擦黑板的样子，我似乎找到了教育他的切入口。

待他擦完黑板，我在全班同学的面前表扬他擦黑板很认真，很会劳动，还郑重地在他的荣誉本上盖上两枚红红的印章，让全班给他鼓掌。这一刻我看见站在黑板前的他，脸上又露出灿烂的笑容。那一刻，我知道他最需要的不是那两枚印章，而是大家对他的认可。

四、“与众不同”的背后

趁热打铁，当天放学后，我给小张的妈妈打了一个电话，主要想了解一下小张在入学前的情况。

通过小张妈妈的介绍，我了解到小张是一个十分活泼好动的学生，平时在家喜欢帮大人干活。但因为疫情原因，一直居家，几乎没怎么去过幼儿园，缺乏对行为习惯的系统培养。另外，因为爸妈的工作忙，孩子主要由爷爷奶奶养育，老人溺爱孩子，对他的任何要求都第一时间满足，如果不能满足小张就会哭闹，直到达到目的才肯罢休。久而久之，就导致小张只要一不顺心，就会出现大哭大闹等情绪化的行为。

待了解清楚这些后，我在教学和组织班级活动的过程中，给予尽量多的关爱，即使进行严肃的教学活动时，我也会精心设计一些活动，让学生看到充溢柔情与温馨的一面。

五、慢慢养成好习惯

（一）趣味儿歌助适应

我结合一年级学生在校一日生活的方方面面，把严肃的纪律要求和规则，梳理成一首活泼有趣的儿歌，推荐给小张，让他每日习诵。就这样，在轻松愉快的诵读活动中，小张同学很快熟悉了一年级小学生在学校的一日生活。他还能按照儿歌的提示，有序地去做每件事情。

（二）小印章促成好行为

用奖励小印章的方式鼓励学生坚持每天做一个好行为。但是这次行为评价，我没有再像开学时那样，做好一项，盖个小印章，而是充分相信他，放手让他进行自我评价。只要他每天做到一个好行为，就可以自己在好习惯表格上盖一枚印章，画一个笑脸。没做到的地方，画一个哭脸或空着，等到能做到的时候再画上笑脸。如果有些地方，几天都做不好，我就帮他找一个榜样，让他看看同学是怎样做的。小张的坚持，让他积累的好行为越来越多，尤其是课堂上，他不仅能够端正坐好，还能积极动脑思考，举手回答问题。

（三）养成表引习惯固化

好的开始是成功的一半。在小张逐渐适应学校生活的这些日子里，我一直在思考，如何才能及时巩固这些成果。我想，我一个人孤军奋战，效果一定是有限的，只有家校联动，让学生在他学习和生活的环境同步得到正向的引导和反馈，好习惯才能真正养成。

于是，我把学习、生活的常规要求，制作成了一张好习惯养成表。在表格的最后一栏设置了“家长的话”专栏，请家长每天与学生交流在校的生活，重点关注他进步的地方，写下对他的鼓励和欣赏。渐渐地，这张表格成了小张同学的行动指南。他每天都会很认真地在表格上画各种符号，还会骄傲地向我展示他的成果。时光飞逝，在好习惯养成表的帮助下，小张无论是行为方面、情绪方面，还是学习方面，适应的情况都比预期的更好。看到小张同学可喜的转变，我和小张妈妈都深感欣慰，小张同学的脸上也露出自信的笑容。他的小学生活画卷就此展开。

六、成了同学的小榜样

日常活动中，小张在潜移默化地变化，而那些关键节点，又会给他进步的步伐添加更加精彩的注脚。还记得在一次“我是整理小达人”的物品整理技能大赛中，一向动手能力强的小张，荣获“整理达人”“劳动小能手”等称号。这让原来总因不守纪律而被批评的他，一下子成为同学竞相学习的榜样。这个关键的节点，极大地鼓舞了小张同学，增强了他的自信心。我抓住时机，让他负责手把手教几个动手能力比较弱的同学整理学具袋，他从其中感受到了自己的价值。自那以后，我常常听到同学们说，刘老师，小张同学又被老师夸了。

当我们以赏识的目光看待每个儿童时，就会关注到他的优点，从而激发他做一个好学生的想法。适当的赏识是一种正确的爱，它会产生一种催人奋进的力量。

教育反思

每一个刚刚升入一年级的学生都是在结束幼儿园轻松活泼的游戏生活后，转而面对小学正规化的学习要求、纪律要求、规则要求。部分学生可能会在学习、行为、情绪和人际交往等方面出现适应不良的问题。故事中的小张就是在幼小衔接阶段出现了行为适应和学习适应不良的情况。例如，他在课堂上坐不住，注意力不够集中，不参与课堂活动，当被教师批评时，就会出现情绪反应过大，大哭大闹，甚至无心学习、不想上学的行为。

针对以上的情况，我设计了习惯养成计划表、主题教育活动锻炼、代币制奖励、语言强化训练、班级评比等丰富且贴近儿童需要的活动，帮助学生矫正不良行为，发展良好的适应行为。

在课堂上小张的自我约束力不强，不能按照教师要求完成相应的任务。我以他最不擅长的地方来评价他时，他会体验到挫败感；当我扣掉他的小印章时，他哭闹不止。而当我发现了他热爱劳动的优点，邀请他发挥优势，为班级擦黑板时，他感受到了被信任和被欣赏。最后，他很认真地完成了该项任务。当我在全班同学面前表扬他时，这种有现实成就基础的夸奖和表扬，让他的优势被大家认可，他体验到了自己的能力和价值，成就感让他对自己有了更多的自信。

后来，我借助小印章和好习惯养成表，不断地固化他的好行为。还携手家长共同关注小张的进步，一步步帮助其养成良好的习惯。之后在“我是整理小达人”活动中，小张教动手能力弱的学生整理文具，在同伴面前再次得到了肯定，成就感再次被强化，这样一次又一次的体验，让小张变得越来越自信。再次面对批评时，他也能够正确认识自己，悦纳自己的错误，不再哭闹。

总之，作为一年级的教师，要充分重视幼小衔接中出现的适应不良问题，结合其特点，开展丰富多样的教育活动。同时，要利用多元评价，帮助学生从多角度认识自己，肯定自己。只有这样，学生才能顺利完成入学适应，健康成长，从容应对以后在学习、生活方面的各种挑战。

你很特别

古城第二小学　任乃容

教育故事

一、“我能为您跳支舞吗？”

周五快放学的时候，一个瘦弱的身影闪到办公室门口。“老师，我能为您跳支舞吗？”怯怯的眼神充满期待，我定睛一看，是阳阳——一个羞涩胆小、不怎么合群的小女孩，显然，这句话她准备了很久。“跳舞？好哇！什么时候呢？”“下周哪天放学您有时间到操场跟小朋友们玩呢？”她的眼睛焕发出少见的光彩。“下周一就可以呀！阳阳，为什么想给老师跳舞呢？”“因为喜欢您……”她嗫嚅道。“老师再见！”话音未落，小女孩一溜烟跑出了校门。

回家的路上，我脑海里不时闪过阳阳瘦弱的身影。一年级入学已经快一年了，阳阳始终是个安静而沉默的学生，在课堂上总是像一只受惊的小鹿，怯怯地盯着教师；而每当教师的目光看过去，她又会快速地垂下眼帘。很多次，我试着让她回答问题，却一次次地看到她抿得紧紧的嘴唇和要夺眶而出的泪花。对一些性格活泼外向的学生来说，融入一个班集体似乎是自然而然的事；而对于像阳阳这样性格内向、内心敏感的学生来说，入学适应则是一个漫长而艰难的过程，每一节课、与每一位教师和同学的交往都是莫大的挑战，他们都会小心翼翼地观察着周围的环境，会在内心判断自己是不是能够和其他人做得一样好。每当做得不如其他同学出色的时候，都感到精神紧张，内心一次次地陷入深深的难过和孤独。而在他们敏感的内心深处，又是多么渴望得到教师和伙伴们的鼓励和认可啊！

学习任务、行为规范、情绪的调节、同学之间的交往，这些在升入小学后要面对的新内容和变化，对他们而言，都可能成为压力源。令我惊讶和高兴的是，怯怯的小阳阳，内心其实是非常有力量的。“我能为您跳支舞吗？”简单的一句话，不知道是她鼓起了多大的勇气，做了多久的准备才勇敢地说出口的，是我该做些什么的时候了！

二、“我觉得你很特别”

6 ～ 12 岁是决定学生性格是积极进取还是自卑退缩的关键时期；小学一年级学生正处于可塑性大、自控力较薄弱的人生初始阶段。班主任作为他们入校后最重要的指导者，需要想方设法陪伴他们勇敢接受挑战。为了精准地帮助阳阳，我细致地了解了她的成长史：刚出生时，爸爸所在的首钢搬迁到河北，只能每月回家一次；妈妈的上班时间也很长，阳阳从小跟着奶奶长大；而奶奶的腿脚下楼不方便，所以经常带着阳阳在家里，极少外出。上幼儿园期间，阳阳也常常因为哭闹而请假，这段关键时期家人并没有重视学生的情绪适应问题。显然，不仅父母的陪伴较少让阳阳的安全感缺失，而且上小学前的生活明显缺乏与同龄学生的有效交往。班里像阳阳一样性格偏内向的学生还有几个，他们都在困难中努力地寻找着突破，我陷入沉思，决定先用学生们最喜欢的绘本故事来试一试。

周一上课时，我早早准备好了要在课上分享的一本经典儿童自我认知绘本——《你很特别》。上课伊始，我问学生们："你们觉得什么样的学生是特别的？"他们争先恐后地回答："学习好的""有特长的""经常被老师表扬的""班干部"……"阳阳，你认为自己是个特别的学生吗？"我自然地走到阳阳身边问，"我……不知道。"这个女孩还是一如既往地怯懦。看来，在学生们的眼中，只有受到教师和家长表扬的、优秀的学生，才是特别的。

其实学生们这么说，正体现出他们自我意识发展的特点。低龄的学生，对自我的认知主要就是来自成年人的评价，从周围人对自己的评价中逐渐搭建自己是谁的过程。因此，被别人评价是无法避免的，但如何看待这些评价，对自己深层次的自我认知是什么样的，则直接关系学生能否顺利地适应集体生活。

《你很特别》是一个寓意很深刻的故事：微美克人是一群小木头人，他们都是木匠伊莱雕刻成的，每天都互相贴金星贴纸或灰点贴纸。什么都做不好的人，也就只有得灰点的份儿了，胖哥就是其中之一。时间长了，全身被贴满灰点的胖哥再也不想出门了，因为连他自己都觉得自己不是一个好微美克人了，他感到无比自卑。直到有一天，胖哥遇到一个既没有星星，也没有灰点的木头人露西亚，奇怪的是，贴纸在她的身上根本贴不住！胖哥心想："我就是想这样。我不想要任何记号。"于是，他在露西亚的指引下见到了木匠伊莱——微美克人的创造者。伊莱告诉胖哥，只有当你在乎贴纸的时候，贴纸才会贴得住。"记得，你很特别，因为我创造了你。我从不失误的。" 胖哥在心里想："我想他说的是真的。"就在他这么想的时候，一个灰点掉下来了。

分享完这个故事之后，我再次问同样的问题："你现在觉得什么样的学生是特别的？"课堂中出现了少有的沉寂，但是我能感觉到，一股喜悦的溪流正在浸润学生们的心田。许久，一个学生举手答："老师，我们每一个人都是特别的，因为在这个世界上谁也不能取代我们。"学生们望着我，似乎这位同学说出了他们想说又不敢说的话。

我带头为他的精彩回答鼓掌，并趁机说道："没错，同学们想一想，走遍全世界，你还能找到一张和你一模一样的脸吗？走遍全世界，你能找到一个人和你拥有一模一样的个性吗？走遍全世界，你能找到一个人来取代你在家人心里的位置吗？"学生们连连摇头，我悄悄观察着阳阳的变化，这会儿，她的眼睛里也发出喜悦的光芒。紧接着，我继续追问："那你觉得你的特别之处在哪里呢？"小欣说："没有一个人长得和我一样，我妈妈说我是最可爱的孩子。"小宣说："我有我自己的爱好，我喜欢画各种车辆，我觉得我很特别。"我悄悄观察着阳阳，跟学生们说道："其实，我们每个人都是与众不同、独一无二的，谁都不能取代谁。你很特别！至于别人的评价，不论是星星还是灰点，其实并不重要，关键是你要快乐，要做最好的自己，并且多试着在集体中去交一些好朋友。"课间，阳阳依然安静，但是画了一幅手拉手的小人画，正在小声地跟身边的同学分享呢！下午"一支舞"的约定，我准备再鼓励她一番，而且心里更多了几分把握。

三、"你的舞姿真漂亮"

放学后，从办公室窗户望向小操场，一身粉色衣服的阳阳站在绿色草坪上，正在向楼门口张望。她迟疑却又努力鼓足勇气的样子真的让我感动。我快步下楼，一上来就给了她一个有力的拥抱，“阳阳，你是不是在等老师？你的舞蹈准备好了吗？”阳阳的眼里闪着光，坚定地点了点头。只见她郑重地站好，然后打开手臂，耸肩、抖肩、手上不停变换着动作，犹如雏鹰展翅，又像小马奔腾。看着阳阳那么努力地展示，虽然动作稍显稚嫩、没有配乐略显简陋，但我相信阳阳的内心已经为自己唱起了歌，我也为她鼓起了掌。刚跳完，她迫不及待地等着我的反馈。我由衷地对她说：“阳阳，你很适合跳舞呀，瞧这几个动作，又标准又好看！”阳阳露出一个轻松灿烂的笑容，和平时的她判若两人。我感到阳阳内心的灰点正一点点地掉落，整个人都自信了。

我拉着她的小手在草坪上席地而坐，轻轻地问：“阳阳，今天的绘本故事你感觉怎么样？”“我感觉自己就是那个胖哥，总是被人贴灰点。”果然如我所料，阳阳给出了这样一个回答。“为什么这么说呢？”“我的字写得不如其他同学好，数学课总是跟不上，回答问题也总是出错……”“那你觉得自己是个特别的学生吗？”我笑眯眯地问。“我的确也是这个世界上很特别的一个学生吗？”阳阳反问道，眼睛里竟然有亮晶晶的泪花。“当然！每个人都是特别的啊！相信自己就像一棵小苗，只要努力地吸收阳光雨露，就能变得越来越茁壮！就像今天给老师跳舞一样，你只需要努力地、真实地去表现自己，我希望你自信、快乐，像一缕阳光一样明媚！”“嗯，我会努力的。”阳阳再一次露出了灿烂的笑容。

四、焕发自信的神采

从那以后的系列班会课，我继续通过《南瓜汤》《好朋友》等交往主题绘本带领学生们学会认识自己、学会交朋友、融入集体；并且在班里开设了“心情管理园”来鼓励阳阳和学生们在交往中分享自己的情绪：大家每天都可以把自己的心情卡片挪放在“开心、快乐”等“晴天区”，或者“烦恼”“伤心”等“阴天区”。分享快乐时，快乐加倍；分担烦恼时，烦恼没有了！情绪的改善让阳阳自信了许多。

我还及时给予鼓励，每隔几天都会把一张“魔法小纸条”悄悄地放进她的铅笔盒，给她带来莫大的惊喜、信心和鼓励！小伙伴们也总是给她和每一个进步显著的学生及时送上真诚的掌声，因为，在我重视情绪和交往引导的这段时间里，“学会为他人鼓掌”是整个班级的学生们成长的重要功课。

我还与阳阳的爸妈分别进行了恳谈，建议他们在工作没法调整的情况下，一定要每天通过电话或视频的方式关注孩子的内心感受，让孩子真切地感受父母的爱；并且在放学后和周末尽可能多地带孩子和小伙伴一起玩。这样的“特别关注”持续了大约两个月，课堂上的阳阳终于抬起双眼，眼睛里没有了泪花，焕发着欣喜的光彩，渐渐开始回答问题了，还敢于主动举手，功课在一点一滴地进步。她终于适应了小学的学习生活，勇敢地打开了自己，融入了集体。有一次，她在我耳边轻声说道：“老师，您也很特别哦！您是最特别的老师！”我会意地笑了。

在我看来，在所有事情中，有一件事必须在学生的心里扎根，那是每一个学生都需要知道的真理：“大自然的造物是神奇的，你永远是这个世界上独一无二的人，你很特别，不需要任何条件。”作为教师，尤其是面对刚刚入学的小学生，我们所要做的就是对每一个学生无条件地接纳与尊重，及时捕捉他们的心灵之光，帮助他们在小学的起步阶段认识自己、悦纳自己，积极乐观、快乐自信地适应学校的学习，享受在学校的生活。

教育反思

“入学适应”是幼小衔接阶段低年级学生面临的普遍问题，主要涉及学生的情绪和心理变化，以及对集体生活的融入程度。从学生的长远发展来看，出现适应不良问题时，恰恰是培养适应能力的契机。班主任作为小学生进入校园后最重要的指导者，将陪伴他们勇敢接受挑战，帮助他们实现积极的自主发展。

因此，一年级学生的教师需要特别关注集体中行为有些“退缩”的学生，保持从容和耐心，通过积极暗示、故事引导等多种方法鼓励他们融入集体、树立自信心、获得校园生活的积极情感体验。与其他学段相比，一年级新生的可塑性更强，可采用的生活化、故事化、情境化的引导方法更容易达成预期教育效果。尤其是当教师发自内心地对每一个学生无条件地接纳与帮助时，学生会逐渐认识到自己的生命是“独一无二”的，每个人都有自己闪光的地方，因而迸发出充沛的成长能量。在这个案例中，教师捕捉到阳阳同学“想为老师跳支舞”，也就是想得到教师鼓励和赞美的心灵之光，便用心地选择了《你很特别》这本个性教育绘本，让学生认识到自我的独特性，去坦然接纳自我。面对刚刚入学的小学生，我们所要做的就是对每一个学生无条件地接纳与尊重，及时捕捉他们每一处细微的光芒，帮助他们在小学的起步阶段悦纳自我、树立自信心，适应小学生活。

“捣蛋大王”成长记

——低年级学生的转化

苹果园第二小学 王茉

教育故事

一、出事啦

“王老师，您快去群里看看吧！群里出事啦……”

大周末，我就接到一位热心家长的来电。我火速进入班级群，不看不知道，一看吓一跳。

“要是扎着我家闺女的眼睛，我不要别的，就要你家儿子的眼珠子……”原来，班里一个叫依依的姑娘眼角下面被班里的“捣蛋大王”悦悦同学用铅笔划了一道子，看了着实让人后怕，歪一点恐怕就出大事了。本来小姑娘的家长先加的对方微信，想单独交流，结果悦悦家长直接就让对方群里说，不但不道歉，反而态度强硬。小姑娘的家长也称“大不了鱼死网破”。双方家长是针尖对麦芒，事情越闹越凶。

看着群里吵得不可开交，我冷静地思考着悦悦出现种种问题的根源。

二、“著名”人物

说起悦悦，故事多得讲不完。在幼儿园，他就不服从教师管理，经常与其他孩子发生冲突。幼儿园教师只要找家长，悦悦就要赖不去幼儿园了，家长也就顺从了他，于是悦悦在幼儿园生活的日子很短。升入小学，没过多久，他就成了“全校闻名”的人物。

他有两大爱好：首先就是“吃”。他在所有的课上都坐不住，有一次一位教师问他：“悦悦，你成天折腾，知道自己到学校是来干什么的吗？”没想到悦悦极为得意地说：“吃饭！学校的饭好吃！”真是让人哭笑不得。他不但吃自己的饭，还到饭箱里翻其他同学吃剩的饭盒，如果发现肉丸子，他会毫不犹豫地塞进嘴里。有一次，他反复盛了五次饭，最后全吐在教室里。

第二大爱好就是“折腾”。他吃得饱，有的是力气，抬手就能把同学从楼梯上推下去，抬脚也能给同学“下绊子”，曾经仅仅一个课间他凭借一己之力打了班里十个同学。好奇心还促使他踩着凳子把笔插进电门。体育课上，他从不站进队伍，满操场都是他的舞台，说不定到哪个班的队伍里转一圈。

这样一个精力充沛、让大人不省心的孩子，究竟来自什么样的家庭？通过家访我了解到：由于悦悦的父母忙于工作，照顾孩子的主力是爷爷奶奶。老人隔辈儿亲，对这个大孙子全是宠溺。宠到什么程度呢？放学后，悦悦憋不住内急，爷爷就让他在校园外的墙根撒尿。每次放学，一出校门，爷爷就接过书包，宠爱地背起身材圆润的他，动作娴熟。长此以往，家长毫无底线的溺爱，让悦悦毫无规则意识，他像一匹大草原上的野马无拘无束、自由奔放。“野马”来到了集体里，搅动了大家的班级生活。这不，因为他伤了依依眼睛的事，已经在班里引起了公愤，甚至引起了其他班的意见。

三、家长来了

为此，我约悦悦的家长来学校一起谈谈关于孩子的教育问题。悦悦妈妈一进门，就气势汹汹地说："王老师，不用他们找学校领导，我先找！我先问问为什么都这样针对我儿子！他就是个孩子啊！"

听了悦悦妈妈的话，我微笑着说："你们先别着急，坐下来，慢慢说！"

说着，就拉过来两把椅子让他们坐下，并给他们一人倒了一杯水。我对家长的尊重，让悦悦妈妈的情绪稍微平稳了一些。看得出，悦悦父母既然能一起来到学校，他们也是重视孩子教育的，但孩子问题这么多，他们也很无力，这更坚定了我要和他们一起努力去帮助孩子的决心。

我接着说："我知道你们今天来的目的，我也特别想跟你们好好聊一聊。你们知道吗？上学一段时间以来，孩子进步其实挺大的，上课发言特别积极，思维还特别灵活，哪怕是犯了错误，老师提醒他，他也能够耐心地听，认真思考老师的话……"

悦悦的家长没想到，先听到的竟然是我对悦悦一顿大大的表扬，他们紧皱的眉头又舒展了一些。我可以感到，两位家长已经意识到教师叫他们来不是指责，而是要与他们结盟，共同帮助孩子。此时，家长已经卸下了防备，开始正视问题，和我坦诚地交流起来。

我语重心长地说："我想这一次的事，咱们也应该换位思考一下，如果悦悦的眼睛旁边让同学划伤了，您是不是也会很担心呀？"悦悦的妈妈认可地点了点头，我接着说："其实，家长们不是对悦悦或者您有多大的意见，咱们班好多家长都很喜欢白胖白胖的悦悦，只不过大家比较担心，班里不光悦悦一个人淘气，万一伤到眼睛，后果不堪设想呀！咱们悦悦的问题，一定是有原因的，我们一起帮助他，他那么聪明，一定可以改变的……"家长听了我的话，眼眶湿润了，红着眼圈说："王老师，没想到，您比我们还了解孩子。孩子出现这么多问题，我们有责任！"接着，我又提出了家长一定多陪伴孩子、走进孩子的内心世界，教给孩子一些与朋友相处的方法……

悦悦的家长真心意识到孩子的问题，很乐于听我的建议，与我达成了共识。第二天，他们就给依依买了两大包好吃的，又跟依依的家长好好谈了一次，诚恳地表示道歉。家长愿意和孩子一起面对错误，这令我欣慰之余又十分感动。

四、大家支招

后来，我又约来我们班的部分任课教师，跟悦悦妈妈一起商讨如何帮助孩子成长。教师们每个人站位不同，角度不同，分别讲了孩子在课堂上的各种表现，让妈妈对孩子在校情况有了全面的了解。然后，大家又集思广益给妈妈支招该如何教育孩子，道德与法制教师还特意送给妈妈一本《弟子规》，希望孩子天天诵读，养成好习惯。有位老教师还语重心长地对她说："家长是孩子的榜样，我们也要从自身做起，才能更好地教育孩子！"这个过程在愉悦的气氛中度过，看到这么多教师的关心与帮助，一脸愁容的悦悦妈妈，脸上也绽开了笑容。

回家后悦悦妈妈根据教师们的建议，制订了培养学生行为习惯的 21 天成长计划。每周一总结，只要孩子达到要求，家长就会奖励一顿大餐，或者带他出去看场电影。不但做到了及时反馈，还增进了亲子关系。班里的家长们都感受到了悦悦家长的行动力，还有的家长表示其中一些教育孩子的方法自己也可以借鉴呢！微信群里的氛围一下子变得融洽了。

这一次的事件，虽然用了我很多时间去做各种沟通，但同学的指责，全班家长的担心，教师的苦口婆心，自己父母的焦头烂额……悦悦都看在眼里，他也开始默默地努力起来。妈妈经常在接送学生的路上陪他聊聊天，他也主动地和妈妈分享在学校的事情。为了帮他减肥，周末家长带他去爬山，努力攀登的过程中，锻炼了他的意志品质。学校会操比赛前，妈妈还陪他一起练习广播体操，他在家里对着视频认真练习，集体荣誉感不断增强……

五、功在日常

父母的关注和积极引导让悦悦发生了很大的变化。在学校，我也从方方面面关注悦悦、帮助悦悦。

学习方面：上课看到他没坐好，就悄悄过去摸摸他的头。看到他认真听讲立刻说："大家快看看悦悦同学坐姿多标准，听讲多认真！"每次听到我的表扬，他的腰板挺得更直了。上课只要他有意愿，我也是尽量叫他来回答问题，给他展示的舞台，看到他的精彩展示，大家总会为他送上最热烈的掌声。只要他作业完成好了，我就会请他去给学习上有困难的同学讲一讲，帮助他树立威信。每到周末我还会把悦悦的闪光点写在家校沟通本上，及时进行反馈。

生活方面：有一次给他批改作业时，发现他嗓子不舒服，我马上就拿出自己的润喉片给他吃，他有礼貌地跟我说："谢谢老师，我的嗓子冰冰凉，舒服多了！"晚上，悦悦妈妈就发来感谢短信。不仅如此，由于他每天吃饭都吃得特别干净，全班同学一致同意，评他为"节粮标兵"，并由他担任午饭管理员。

同学关系方面：我和悦悦约定好，以后再与同学发生矛盾，先冷静停下来，思考后果，然后再采取行动。有一次，同学投诉悦悦作为午饭管理员过于苛刻，说话太难听。我引导悦悦换位思考，告诉他，哪怕同学再淘气，错误再严重，教师也会耐心讲道理。这让他懂得了如何当好一名管理员。和同学们建立起良好的关系后，悦悦的情绪更加稳定，还经常用自己的小幽默，在课间给大家讲笑话，教室里不时传出一阵阵欢快的笑声。

六、当选小队长

虽然现在的悦悦称不上完美，但在教师和家长的理解与帮助下，各科教师都越来越喜欢他，大家都看到了昔日"捣蛋大王"的成长。他与同学也能够友好相处，乐观幽默的性格总能带给大家欢乐。经过大家的选举，二年级他就已经是一名小队长了，我在班里郑重其事地采访了悦悦的入职感受，他小大人儿似的说："谢谢大家对我的信任，虽然我还有一些缺点，但是我一定努力改正，工作上我也一定认真负责，为大家服务好。"最后，还深深地给大家鞠了一躬。

教育反思

一、分析问题成因

布朗芬布伦纳的生态系统理论认为：儿童的成长发展是多种因素相互作用的结果，这些因素之间复杂的相互作用构成了一个完整的生态系统，包括微观系统、中观系统、外观系统和宏观系统四个方面。各方面在儿童教育中都很重要，其中最重要的、对儿童影响最大的是微观系统。在微观系统中，对孩子影响最大的是家庭。

故事中的悦悦，在上学前缺少父母的陪伴和教育，主要的抚养人（祖辈）又过于宠溺孩子，造成孩子毫无规则意识，行为习惯差，不会与小伙伴相处。学校的教育困于家庭的不配合，如果家庭不改变的话，孩子很难改变。

二、寻找解决策略

在学校，我对学生开展了相关的教育活动，学生的家庭微观系统和学校微观系统有力的结盟，使学校与家庭形成了合力。如何才能和家庭很好地联盟呢？为了取得家长的信任，班主任要在家长的心目中树立良好的形象，使家长对班主任有好感、有信任，或者比较敬佩，感觉学生所从之师让自己放心。为了与家长建立良好的关系，班主任要多换位思考，想家长之所想，为家长排忧解难。主要是在教育学生方面，如果家长在教育孩子方面遇到了困难，班主任要一马当先，帮助解决。另外，为了建立好的家校关系，班主任应该与家长如朋友一样相处。如果班主任与家长建立起了“统一战线”，教师配合着家庭，家庭配合着教师，携起手来，步调一致地去教育学生，那么就一定会收到事半功倍的教育效果。

文中对悦悦的教育正是如此，学校的教育最初困于家庭的不配合，又突破于家庭的配合和转变。我和任课教师通过一系列的方法，开展了家校共育的活动，带动了学生家庭系统的变化，真正为学生营造了一个良好、积极的生长环境，从而使得学生发生了变化。

三、正面管教，培养高自尊

正面管教提倡在教育学生的过程中不用惩罚或骄纵的方式，而是用相互尊重、平等的态度，共同建立家里或学校的规则，让学生在得到与他能力相符的最大化的权力的同时，也要尊重他人的感受和社会规则，从而培养学生高自尊、自律、自信、责任感、合作以及自己解决问题的能力。

在教育悦悦的过程中，我和家长约定好少说教、多鼓励，尽最大可能尊重他，给孩子创造舞台，家长和教师多与学生一起交流和学习，这在培养学生高自尊的同时，也慢慢让学生懂得了尊重他人。

低年级学生的心灵就像刚露出地面的幼芽，只有倍加呵护，才可能茁壮成长。班主任要和家长携手，常把爱与信任传递给他们。对于这些学生来说，表扬和鼓励就像旱地注入了一股清泉，滋润心田。不论是一次好的发言，还是一次进步，信任、欣赏、鼓励和引导，都会促使学生内在生命力的觉醒，他们自然而然地就会追求向上。

谁动了我窗边的小豆豆

石景山外语实验小学 张翠

教育故事

一、一个喧闹的早晨

一个阳光明媚的清晨，我照例快步往教室走去，还没进门，就听见班里的吵闹声，似乎有什么大事发生了。我三步并作两步走进教室，学生们正纷纷围在窗台边吵闹着……

透过层层包围的人墙，我看到了包围圈里，放在窗台上的两盆生石花。生石花的花纹别致，身形圆润，非常可爱，就像我的这些学生们一样。我将它们养在教室里，一方面美化环境，另一方面也锻炼学生们的养护能力和责任意识。“这一大早的，都围着生石花做什么呢？”我心里正犯着嘀咕，就有学生激动地朝我奔过来了。

“张老师，不知道是谁把您种的‘小屁股花’扎了。”

“真可恨，这是谁干的？”

“小花多可怜啊！谁弄坏的？让他赔！”

“它还能活吗？”

“太可恨了，一定要抓住他！”

叽叽喳喳地乱作一团，这是替生石花担心呢！我的这班学生正是二年级，刚刚加入少先队，都争着抢着为班级做好事，这份热心让我感动。我急忙走上前一看，最大的那棵生石花身上，有一个被铅笔扎过的洞，不知道是哪个“淘气包”干的。我可真心疼啊！学生们更是义愤填膺，表示一定要找到“凶手”狠狠批评。不过心疼归心疼，我倒是松了一口气，事儿不算大，先上课，下午班会咱们再调查。

喧闹的早晨又恢复了平静。但我知道，生石花上的那个洞已经留在了学生们的心上，正等着我去填补。都说班级里无小事，再小的事，也要第一时间调查处理，否则，小事就会成为大事。我利用上午的空课时间，找来每天都早到学校的小 H 同学了解情况。起初，他不敢正视我的眼睛，支支吾吾的。他一定知道事情的真相，只是不敢告诉我。“你告诉我是谁，老师会为你保密，而且这样做咱俩是在帮助他改正错误……”一番思想工作之后，他卸掉种种顾虑告诉了我事情的真相：原来是班里的“淘气包”小 D 用铅笔扎的。

课间时，我故意让小 D 留下来帮我摆桌椅，给他创造了跟我单独在一起的机会。他一边认真地摆桌椅，一边偷偷地瞄着我……我首先开口：“小 D，你有什么想跟张老师说的吗？”

他有意回避我的眼神：“没事啊！”

“那你知道那棵生石花是谁扎的吗？”我这么一问，他显然心虚，小声嘟囔了一句：“不……不知道，反正不是我。”

“好吧，那我还是等着这个学生主动跟我说吧！其实，也没什么大不了的，只要他能主动找我承认自己的错误，我一定会原谅他的。”

午休时，我赶紧准备了一些班会素材，准备下午给学生临时加一节有关“诚实与担当”的班会。

二、一节热闹的班会

下午班会课到了，我平静地向学生们陈述了这件事，之后让学生们谈谈自己的想法。我只是静静地听着，听他们最真实的想法。学生们你一言我一语地说着，有的说：“到底是谁干的？”有的说：“对，对，不能原谅他！”我微笑地望着他们，没有做过多的评价。

“同学们，我很欣赏你们能关心班集体的事情，而且每个人都有自己的看法并说出来。对于这件事，张老师也有想法，你们想听听吗？”

“想听！”学生们异口同声地回答。

我走到学生们中间，说道：“遇到了问题，特别是当别人做错了事情的时候，不要先忙着责怪别人，而是要多一份好奇，多问一个‘为什么’，搞清楚背后的原因很重要。也许，知道了原因，我们反倒就站在别人的角度理解他了呢！同学们要在集体中共处六年，我希望大家都能记住这句话，彼此帮助，宽容相待。好不好？”学生们听了我的这番话，激动的状态渐渐平静了下来，似懂非懂地大声回应我：“好！”“没关系，孩子们，你们慢慢会明白的。”我默默地想。

几乎每一个学生，都是在探索和犯错中成长起来的，周围的人对他们的错误是宽容的、允许的，才不会使学生在犯了一个错误之后，再用其他的错误去掩盖这个错误。通过我的教育，班里的学生们已经由愤愤不平的“找到真凶批评他”，转变为“好奇原因想帮他”。小 D 肯定都听到了，也感受到了，我猜他承认错误的压力也随之减轻了。随后我趁热打铁，又给学生们声情并茂地讲了《负荆请罪》的故事，告诉学生们“人非圣贤，孰能无过”，错了要敢于承认错误，勇于改正，改了就是好学生。

“我们给那个小朋友一个改正错误的机会，好吗？我希望那个同学能够主动找我承认错误。”我用期待的眼神看了一眼小 D，他没有再躲闪我的目光，反而抬起头来久久地望着我。

三、一场真诚的对话

下午大课间时，我组织学生们排队到操场上准备体育锻炼。我发现小 D 总是有意无意偷看我，似乎时机已经成熟，我心领神会地说：“小 D，咱俩一组吧！”一边做运动，我一边笑眯眯地对他说：“这回有话跟我说啦？”他不好意思地低下了头，支支吾吾地说：“是我……扎的，我怕您……”

不出我所料，班会的教育是有效的，小 D 在一番思想斗争之后主动来承认错误了。我看着他低得很深的小脑袋，心中泛起了暖意。“小 D，听到你这么说，老师为你的诚实感到高兴。因为我知道，当我们做了不恰当的行为，甚至犯了错误，主动去承认，是很需要勇气的。老师没有看错你，我一直都相信你有这份勇气和担当，也一直在等你。”

听到我肯定了他诚实的行为，小 D 抬起了低垂的眼，一脸惊讶地问我：“老师，您真的不生气吗？您不会怪我吗？我其实扎完就特别后悔，那可是您最喜欢的一盆生石花！是您从特别小养到现在这么大的！”

原来之前不敢承认，对我撒谎，是担心我怪他，不喜欢他了。别看学生才二年级，竟已经发展出很好的同理心，犯了错误，一边担心自己受罚，一边又怕我会心疼，怕我伤心。我轻轻地摸了摸他的头：多么善良的孩子，做完后就知道后悔了，还能够想到我会因此难受。

“生石花扎了一个洞，还会长起来，即使长不起来，也并不会影响它的存活，所以你扎洞的行为并不会让老师真的生气。但是你后来撒谎说不是你干的，倒是让老师很担心。撒谎是非常不好的行为，老师特别担心你会习惯性地撒谎。这真的是非常错误的行为。”

小 D 一脸难为情，又埋下了头。“老师我错了，我不应该扎洞，更不应该撒谎。上次您讲了《负荆请罪》的故事，我就特别后悔自己撒谎了，我以后一定不会再这么做了。”

小 D 的眼睛里闪烁着泪花，从内心深处感受到了教师对这件事的重视，也因此郑重地下了决心。我拍了拍他的肩膀，想要解开心中最后一个疑惑。“但是你能告诉老师，是什么原因让你拿着铅笔去那么做的吗？”“我就是想知道，生石花摸上去软软的，它里面会是什么样的呢？于是我就用铅笔扎了一下……”原来是好奇心惹的祸，但谁又能说自己不是从这种阶段过来的呢？学生的好奇心是需要呵护的，我灵机一动：“张老师拜托你一件事行吗？”他睁大了眼睛好奇地望着我。“我相信咱们班有很多同学像你一样也想了解更多关于生石花的知识，你愿意给大家讲讲吗？”“张老师，我愿意！我愿意！”望着他自信的眼神，我欣慰地笑了。

我想我们很多时候都误会学生了，他们并不是真的捣乱淘气，有时是因为好奇或者失手而干了令其后悔的事情。这个年龄段的学生本来就对这个世界充满着好奇，我们要扶植他们的好奇心和求知欲。我们要想帮助学生，就要真正走到学生心里去，了解他们最真实的想法，教给他们解决这一类问题的办法，避免类似的事情发生。面对许多新鲜的事物，我们都会产生好奇心，好奇心正是我们观察和认识这个世界最好的钥匙。我们可以寻求小伙伴、教师和家长的帮助，遇事多问问他们，也可以动手上网查查资料，一定会揭开秘密，从中找到答案。之后我拜托他一件事：

相信好多同学也有这个疑问，请他找找资料，为同学们揭开这种多肉植物的秘密。

四、一堂精彩的多肉小课堂

放学后，我给小 D 的妈妈打去了电话，他的妈妈是个性格急躁的人，很多时候不问青红皂白就要训斥孩子，导致不愿意跟她说心里话。我婉转地告诉她今天发生的事情，并再三嘱咐她不要埋怨孩子，听听孩子心里是怎么想的，我们要帮助孩子正确地认识这件事情，鼓励孩子勇敢地承认错误、改正错误，我愿意为孩子保密。通过一个多小时的电话交谈，小 D 妈妈接受了我的建议，并按照我教给的方法回家耐心地给儿子做了思想工作。

在小 D 爸爸的帮助下，小 D 搜集了很多关于生石花的知识，精心地制作了 PPT，为同学们讲解了番杏科植物的知识。

“这种植物原来生长在热带及亚热带地区，当地降雨较少，所以植物呈现肉质化，里面储存大量水分，所以它们不需要太多的水。”他一边讲解着，一边时不时偷偷看看我。我在远处向他竖起大拇指，他似乎讲得更加精彩了。学生们一下子了解了其中的秘密，纷纷感谢他，夸他知识丰富。

在他的号召下，班里还成立了养植小组。他们在家长的热情支持下，也开始在家种植多肉植物，彼此交流养植心得，学写观察日记，在呵护植物的过程中，自己动手种植花草，近距离亲近感受大自然，体会劳动的快乐。并且在养花的过程中，学生亲自播种、松土、施肥、浇水，渐渐地，学生的动手能力也在不断提高。增进父母与学生之间的感情，培养学生的耐心，拓宽学生的知识面，培养学生的责任心和爱心，领悟人生哲理。

秋去春来，学生们早已淡忘了这件事情，那棵圆滚滚的生石花开出了美丽的花朵，之后通过蜕皮，原来被扎的痕迹也渐渐消失了。

教育反思

小学低年级的学生刚踏入校门，处于对新环境的适应阶段。这时的学生对未来的学校生活充满了憧憬，对身边新奇的事物充满了好奇心。他们内心非常信赖长辈，渴望得到教师和父母的肯定，特别希望得到教师的夸奖。虽然他们已经形成了基本的是非观念，但是意志力相对薄弱，容易被身边的事物左右，也会随着自己的心境随时产生动摇。

这个阶段的学生大多在犯错后为了趋利避害，因此可能选择撒谎。文中的小 D 正是如此。当学生知道自己做错事会受到惩罚时，会恐惧，潜意识想逃避惩罚。然而，学生在犯错时，过分的追问会增加学生撒谎的概率，因此如何应对小学低年级学生的不诚实行为，需要知其然，还要知其所以然。

学生会撒谎一方面体现出其心理的发展，另一方面又必须重视学生撒谎这事。在最初发生的前几次，就应当给予恰当且坚定的处理，要付出足够的爱心与耐心，引领他们养成良好的习惯，陪伴他们走过这一阶段，就会达到预期的教育目标。

我在处理时，聚焦这一年龄段学生的心理特点，无论是鼓励了解真相的小 H 勇敢地说出真相，还是为小 D 保密，引导他自己主动承认错误，每一次谈话都是建立在充分理解与尊重的基础之上。整个故事，没有一次劈头盖脸的批评，有的只是温婉亲切的聊天；没有一次大庭广众下的训斥，有的只是刻意创造的单独谈话的机会。真正走进学生的内心，了解他们最初的想法，蹲下身子，站在学生的角度，用我们成年人温暖的怀抱，去呵护学生们暂时还有些脆弱的自尊心。然而，不仅仅只是停留在让他认识到自己的错误，还要继续为他搭建成长的台阶，充分信任他，让他给同学们讲解多肉的知识，揭开同学们都好奇的秘密。把照顾绿植的任务交给学生们，培养他们的责任意识，同时引导他们学会观察与思考。在爱与责任中，让学生调动内在的源源不断的能量，得到长久的进步和成长。

其实，在班级管理中，每天会遇到很多突发事件，这就需要教师用一双慧眼，善于捕捉教育的契机，用身边的人和事来做好学生的教育工作。班主任要善于发现学生感兴趣的事物、游戏和偶发事件中所隐含的教育价值，把握时机，积极引导，适时适度地开展系列的班级教育活动，通过讲座、让学生反思等形式，取得良好的教育效果。本来班里一件习以为常的小事，教师却在“小”上“大”做文章。

可以采用平行教育的策略。平行教育理论是以集体为教育对象，通过集体来教育个人的教育方法，使教育者对集体和集体中每一个成员的教育影响是同时的、平行的。班主任在教育中要处理好集体与个人的关系，坚持两者的教育相结合，通过教育集体影响个人，通过教育个人形成集体。班主任利用集体对个人施加影响，给予了学生成长的时间和空间，同时，同伴和集体的教育会使学生更加容易理解和接受，提高了教育的实效性。学生能够体验到自己是教育的主体，从而提高学生的自尊心和自信心。

小结

本书共收集了6篇小学低年级的教育故事。其中，学生的发展问题主要表现为入学适应不良，进而引发的一系列情绪、行为问题。具体表现在不遵守校规校纪、未养成良好习惯、没有诚实守信、不自尊自信等方面。个别化的问题折射出了该学段学生发展中面临的主要挑战——怎样做好幼小衔接的过渡，如何帮助学生尽快适应小学生活。同时，故事还涉及学生“诚实”品德培养的问题，这也是学生成长中的重要问题。

面对小学低年级学生的这些典型问题，班主任们该怎样分析，选择何种策略来解决呢？我们对案例中学生的行为表现进行了详细解读，对教师的具体做法进行了深入分析，对带班育人策略提出了指导建议，希望能够为学习者在低年级学段带班育人提供有价值的参考。

教育策略

小学低年级阶段学生的入学适应问题

问题一：什么是入学适应

入学适应是指学生在刚入学后的一段时间内能否很好地适应学校的生

活。学生进入小学，最大的变化是从游戏活动转为正规学习。这一阶段需要关注学生的入学适应和幼小衔接问题，为学生未来的学习生活打下良好的基础。

问题二：小学生的入学适应有哪些方面

小学生的入学适应包括学习适应、行为适应、情绪适应、人际适应、对学校的态度五大方面。小学低年级的学生学习压力小，任务简单，但习惯养成、遵守规则、调节情绪、人际关系对他们来说挑战和压力很大，所以与学习适应相比，其他几个方面更应该引起教师和家长的关注。这几个方面相互影响，一方面的适应不良很可能会影响其他方面的适应不良，容易形成恶性循环。

问题三：刚刚入学，为什么总有学生不守规则、破坏纪律

小学低年级的学生，从幼儿园以游戏为主的学校生活，转变为小学以学习为主的生活状态，难免会出现学习和行为方面的适应不良，主要表现为无法遵守课堂纪律、无法集中注意力听讲、无法和同学建立良好的人际关系，行为习惯较差，有较多的违反纪律和人际冲突的行为等（见表 1）。教学故事《两枚小印章》和《“捣蛋大王”成长记》中，就涉及了遵守规则和行为习惯的问题。

表 1 小学生入学适应

入学适应的指标	指标的含义	适应良好的表现
学习适应	学生自我调整以达到学习要求，如，适应教师的语言表达方式、课堂节奏，其中常用的指标是学习成绩、成绩的进步幅度	在学校能安心学习，在课堂上能认真听讲，能独立、按时、按要求完成作业，对学习有关的活动感兴趣，能做好学习准备（如课前准备），能掌握需要掌握的知识
行为适应	学生在学校是否有积极的社会行为，是否有行为问题	在学校表现出一些积极的社会行为，如合作、助人、分享，没有或极少出现问题行为，如打架、破坏纪律
情绪适应	学生对学校相关的主观情绪体验，如愉悦、满意、焦虑、孤独、无助等	在学校或谈及学校相关的事物时，大多数时候的情绪体验是积极的，如高兴、开心，而非沉默、不满
人际适应	学生在学校与教师和同学的关系是否和睦、亲密	与教师有积极的互动，喜欢教师，有能玩在一起的同学
对学校的态度	学生对学校的态度是喜爱还是逃避	认为上学很有趣，喜欢参加班级、学校的活动等

资料来源：边玉芳，《读懂孩子——心理学家实用教子宝典（6 ~ 12 岁）》，北京师范大学出版社，2014 年版。

有些学生在学习适应和行为适应方面存在困难，究其原因，既有学生个人方面的，也有家庭教育的问题。

1. 认知发展阶段

受到认知能力发展的限制，一年级学生在适应课堂学习和学校学习方面存在困难。一年级学生的注意时长一般为 15 ～ 20 分钟，注意力集中时间短，容易受到外界的干扰而分心。因此，他们常常在课堂上坐不住，难以适应较长时间的教学。

2. 道德发展阶段

一年级学生处在“他律”阶段，缺乏自我管理的意识，不懂得自我监督，难以做到“自觉遵守纪律”。这时候，成年人就相当于学生外挂的“自我”，可以帮助学生管理自己。因此，当我们看到小学低年级的学生不能自觉遵守校规班规时，要知道他们可能并非有意为之，只是受到发展水平的限制，需要多加监督和提醒。

3. 家庭环境

规则意识较弱的学生，其主要抚养人的教养风格更可能是宠溺型或冷漠型（忽视）。宠溺型的家庭，过度的关注和纵容让学生一味地满足，没有习得规则意识、学会等待和控制冲动、养成好的行为习惯；反之，冷漠型的家庭，学生也缺乏指导，没有学会如何遵守规则，还有一些学生可能通过破坏规则的方式寻求成人的关注。教师需要了解学生习得规则、习惯的发展规律，用正确的方法引导学生习得规则，培养习惯。

4. 学生人格结构的发展

规则意识与行为习惯源自学生自我控制和调节能力的发展。自我控制是自我意识发展的一个重要方面，指个体对自身的心理与行为的主动掌控，在没有外部限制的情况下，克服困难，排除干扰，控制自己的行为，保证目标的实现。按照心理分析理论，人格由三部分组成：本我（遵循快乐原则），自我（遵循现实原则），超我（遵循道德原则）。

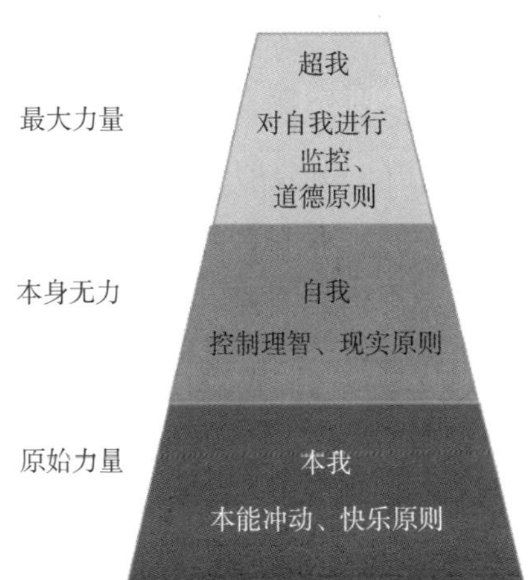

其中，本我遵循快乐原则，寻求一味的满足和享受。按照人格发展理论，本我就是由本能构成的。自我遵循现实原则，在个人需要和外部要求发生冲突时，起调节和平衡的作用，它的大部分精力都消耗在对本我的非理性冲动的控制和压抑上。按照心理分析学派的鼻祖弗洛伊德的比喻：本我是一匹马，自我是骑手，驾驭本我，给本我指出方向；但马可能会不听话，违逆自我。超我遵循道德原则，是道德的我，代表自我理想，是父母管教和社会化发展的结果。超我按照至善的原则，指导自我、限制本我，从而让个体达到自我实现。来自宠溺型家庭的学生，超我往往被弱化，毫无节制的力量会影响学生适应学校生活。

还有一类学生，家长比较暴力，在学生犯错时非打即骂。这样家庭出来的学生，超我的功能也是受限的，往往不能面对错误和批评，受到批评后容易出现压倒性情绪，很难教育。比较恰当的超我是温和而有力的，起到阻止、限制、禁忌的作用，同时也起到保护作用。当需要用超我去管控自我、限制本我的时候，个体内心的感受是温和又有力量的。既能有所为有所不为，又不会有太多的冲突挣扎。

超我在人的发展过程中会通过一些方式形成。第一个维度是内化的父母禁忌。父母给学生的种种不允许的信号、态度、要求，都能潜移默化地传递给学生。父母的态度决定学生内心深处对自己行为的规矩、边界、要求、禁忌的认知。这些认知一旦确立，他们就会自觉不自觉地恪守、履行、自我遵循。因此，对于规则意识不强的小学低年级学生，家校共育是非常关键的，要让家长接受：爱孩子是在边界内包容，在底线上接纳。没有边界对学生形成稳定的自体表象是很不利的。无论父母在怎样的条件下养育孩子，都要记得给孩子适当的困难、挫折，用得当的纪律、秩序和规范，帮助孩子建立内心的边界、禁忌。

超我形成的第二个维度是社会准则。在学校需要遵守纪律，懂得与教师、同学的交往方式就属于这个维度。教师如采用得当的教育方法，在学校也可以支持学生发展出健康的超我。

超我形成的第三个维度是自我理想化的需要，即学生想成为什么样的自己。如果学生为了得到教师和同学的喜爱、欣赏、肯定，成为优秀的自己，展现自己的能力和体现自己的价值而努力，这就是自我的成长。作为教师，如果可以激发学生自我理想化的需要，鼓励、支持他们成为受人欢迎、尊重的人的愿望，也可以帮助学生超我的发展。

可以看出，无论是内化的父母禁忌、社会规则还是理想化自我的需要，自我控制和调节能力并不是一出生就有的，而是在成人的指导下，在与环境的不断交互过程中逐渐发展起来的。

这个过程包括价值的内化和技能的获得。价值的内化是指个体赞同和认可社会规范、道德准则的要求而控制自己的某些行为。比如，在教学故事中，学生们对什么是应该遵守的规则，什么是好的行为习惯是缺乏清晰的认识的，教师需要通过一些方式，让他从内心认可是非对错。而技能的获得，是指个体按照已经内化的标准，掌控自己行为所需要的技能。也就是学生知道什么是正确和错误的，但是有时控制不住自己犯了错误，这时，教师需要教会学生一些方法来遵守规则。教师可以通过不同的方法，实现价值的内化和技能的获得。

问题四：如何帮助学生规范行为、培养习惯，提高自控力

1. 借助语言

语言作为一个重要的思维工具，可以提升儿童的自我指导策略，从而提

高他们的自我管理和自我控制能力。教育也可以说是语言的沟通。教师借助教育语言与学生互动，可以帮助学生丰富认知、习得知识、明辨是非、追求进步。

在 6 篇教育故事中，我们能看到大量的师生对话，这些对话有针对客观事实的询问和陈述，也有充满感情的关切和鼓励。在《两枚小印章》中，教师用语言调节的方式，把严肃的纪律和规则梳理成活泼有趣的儿歌，让学生每日习诵；并用“家长的话”专栏，将纪律和规则演变成学生的行动指南。教师的语言内化为学生的内部认知和行动指南，帮助学生提高了自我调控的能力。

2. 利用自我暗示和自我监督

在《“捣蛋大王”成长记》中，教师用有效的家校沟通共同制订了行为习惯成长计划；在《两枚小印章》中，教师使用的印章小册子给学生提供了自我监督的视觉化“把手”。对于小学低年级学生来说，这种视觉化的奖励形式是可见的、可感的。这既是对他们自己的提醒，也是向他人展示自己有益表现的“光荣榜”，还是他们理想化自我实现的路径，可以极大地强化他们遵守规则、养成好习惯的动力和意志力。在执行过程中，教师通过积极关注且不断强化学生的进步，督促学生通过自我暗示建立良好的规则意识和行为习惯。

问题五：为什么内向敏感、缺乏自信的学生入学适应更加困难

从幼儿园向小学过渡，学生面临陌生的环境、人际关系、学习任务，新的挑战对学生的自信心会产生很大的冲击。在小学一到三年级，学生对自我的评价会呈下降的趋势，他们发现自己没想象中“能干”，会经历一些挫折，自信心会下降。

内向敏感的学生一般自我效能感偏低，需要教师有足够的耐心和细心，帮学生树立自信，融入集体。心理学家班杜拉提出：每个人都有对自己完成某件事的能力的主观评估，这就是自我效能感。简单地说，人们对自己能够取得成功的一种信念，就是“我能行”。所以，自我效能感对于学生是否可以顺利开始小学生活有着极其重要的意义和价值。

问题六：如何帮助缺乏自信的学生丰富自我认知，成功适应

1. 多用积极正面的语言，引导学生发现长处，树立自信

低自我效能感的学生，一般容易产生悲观的自我评价：认为自己不好、不行、不受欢迎、会失败等。产生这种自我评价的原因，可以追溯到父母，或学生成长过程中的“重要他人”身上。因为在儿童阶段，学生的自我评价是建立在外界评价基础上的，学生要通过成人的评价来形成对自己的评价。也就是说，当父母、教师或身边的人对学生有不恰当的评价，就会容易让学生形成负面的自我评价。而这些负面的自我评价又会不断地向着“预言”的方向发展，导致学生形成消极、悲观、不自信、敏感的人格特征。

作为教师，如果在刚入学的学生中发现这类学生，我们要多用积极正面的语言，让学生慢慢发现从未意识到的自身的长处和优点。当学生遇到困难和失败，也要及时鼓励、肯定他的努力和付出。通过这样积极的互动，学生才能逐渐对自己产生积极的自我评价，增强自我效能感。

2. 建立正确的归因方式，培养成长型思维，形成乐观解释风格

归因即对成功和失败的解释。认知发展使小学生能够建立一定的归因风格。自我效能较高的学生通常会定向归因：他们把成功归为能力，并且

认为能力可以通过努力来获得，可以凭借它来面对新的挑战。他们把失败归为可以改变和控制的因素，比如努力不够或任务太难。所以这些学生无论成败，都会对学习采取继续努力的态度。而自我效能较低的学生常常把失败归因为自己能力不行。并且认为能力是固定不变的，不能通过努力发生变化。成功的时候往往认为是外因（运气）在起作用。所以在遇到问题时经常会躺平，而且容易在批评面前情绪崩溃或感到无助。

对于“困难学生”的转化，教师首先要引导学生正确地看待失败。“困难学生”往往更多地体验着失败，很重要的一点是让学生明白自己的能力是会不断增长的，失败并不可怕。引导学生不断探索如何解决问题，在解决问题的过程中找到成就感，久而久之学生的自我概念就会慢慢提升，也慢慢会积极主动地面对问题，思考解决办法。

“困难学生”常常偏向于用“固定型思维”进行归因，把错误或失败归因为“我不行”“我能力差”，并且把这当成是永久的、普遍的原因。与之相对应的，是“成长型思维”，笃信无论在哪方面，自己的能力都可以通过后天努力得到改善。“固定型思维”是一种悲观的解释风格，习惯这种解释风格的学生往往容易躺平。教师要引导学生，即便遇到了挫折、失败，也把它们归因为个别的、暂时的、特定的原因。慢慢学生会习得乐观，敢于面对困难，提升自信。

问题七：小学低年级学生情绪发展有哪些特点

情绪作为一个非常重要的心理元素，就像空气一样在学生的生活中无处不在。进入小学之后，随着学生学习环境的改变，认知能力的提高，他们的情绪理解、情绪表达，以及情绪调节能力均有更大的发展，表现出明显的年龄特征。

小学低年级的学生比起幼儿，更能用内心状态，而不是外部事件来解释情绪，并且能慢慢懂得混合情绪。比如，他们在一件事情上能体验到不止一种情绪，这些情绪可能是消极的，也可能是积极的，程度上也是不同的；并且更能理解情绪的掩饰，即有时表达的并不是他们的真实情绪感受。这些情绪理解能力的发展，促进了学生对于自我意识的情感的觉察。教师如果能对学生的情绪有较高的敏感性，并用温和积极的态度与他们讨论情绪，就可以促进学生情绪理解和调节能力以及共情能力的发展。

1. 情绪理解能力

即学生能从认知层面对不同情绪进行分析，尤其是能够发现和解释他人的情绪反应，能够找出不同情绪的原因。情绪理解能力在自我反思和人际交往中发挥着关键作用。学生识别和理解情绪的能力越高，其社会适应能力和学业成就越高，越可能具有同情心，越受欢迎。低年级的学生能够逐渐理解他人的情绪，以及对情绪进行合理的解释。

2. 情绪表达能力

即学生能够使用合理有效的方式表达自己的情绪，实现与他人的有效沟通。小学低年级的学生，情绪表达容易外露，也容易受外界的影响。情绪变化直接反映着他们内心活动的变化。如《牵手“仙人掌”，相伴向阳开》中的田田，就用推倒桌椅、大喊大叫的方式表达自己的愤怒。这种情况并不会一直如此，学生对情绪表达规则的理解能力发展较快，随着年龄的增长，他们慢慢从“所有情绪都写在脸上”，转变为“懂得看场合、看情况表达情绪”，有时候出于保护自己、尊重对方、向对方表示友好等原因，不会把自己真实的情绪表达出来。

3. 情绪调控能力

即管理和改变自己与他人情绪的能力。情绪调节的策略可以划分为以问题为中心的调节和以情绪为中心的调节。低年级的学生已经会用情绪为中心的调节策略，如不开心的时候通过吃美食、玩游戏等方式调节负面情绪。调节策略与学生的个性也有关系。外向的学生更可能采用以问题为中心的应对方法来寻求他人的支持，而内向的学生更可能会采用逃避、转移的方法。如《牵手“仙人掌”，相伴向阳开》中的田田，就是一个性格内向的学生，暂时无法主动思考问题的解决方法，需要教师的帮助。

问题八：如何引导小学低年级学生调节负面情绪

小学低年级学生开始慢慢懂得如何用适应性的方式表达消极情绪，而不是哭、生气或攻击。但对于“困难学生”，有时仍然比较容易停留在不适应性的情绪宣泄上。作为教师要通过适当的方式进行引导。建议小学低年级的教师按以下方法处理情绪问题。

1. 引导学生正视自己的情绪

教师首先要正确看待情绪。当学生出现负面情绪，不宜通过否定、压抑的方式阻止，长期压抑情绪，会令学生形成不成熟的心理防御机制，通过否定（不肯认错）、行为倒退（躲在家里不来上学）或发泄（冲动行事、成瘾行为）等方式获得心理平衡。教师要理解学生，让他们明白情绪本身没有好坏对错之分，无论是高兴开心还是愤怒沮丧，都是正常的，不需要因为自己的负面情绪感到内疚或自责。接纳自己的情绪反而不会使情绪激化。教师要让学生知道情绪是短暂的，只要找到合适的方法，每个人都可以有效疏导情绪，不会一直陷入负面情绪。并且，所有的消极情绪也都是有功能的，与其试图控制消极情绪，不如引导学生正确地处理情绪，学会与消极情绪相处。

2. 引导学生正确表达自己的情绪

在小学低年级学段，有些学生的情绪管理能力比较弱，常常不能准确地表达情绪，会直接用发怒、攻击、哭闹等方式宣泄情绪。作为教师当然不能任由学生一有消极情绪就用不适应性的方式表达，这不仅不利于个体学生的身心发展，也会影响到正常教育教学秩序。当学生出现负面情绪时，教师可以鼓励学生把情绪感受说出来。同时应注意，教师不要带着比学生还负面的情绪指责学生，或是催促学生赶快恢复过来。这样只会加重学生的负面情绪，并且越来越不愿意跟教师倾诉。教师也可以通过共情性的理解，把自己感受到的学生的情绪说出来，问问学生是不是这样，让学生感觉到教师的关注和理解，也更有可能继续分享他们的情绪和感受，并进一步讨论、理解、调节情绪。如《牵手“仙人掌”，相伴向阳开》中，教师一直在鼓励学生将情绪表达出来，并在学生表达有困难时，主动表示了对学生的理解，很好地与学生建立了关系。

3. 根据学生的特质，引导学生学习不同的情绪调节策略

对于外向的学生，耐心地倾听学生的情绪表达，与学生一起讨论如何面对问题，如何解决问题，调节情绪。对于内向的学生，需要让他们逐渐意识到逃避、远离等以情绪为中心的调节方法无法从根本上解决问题，只能暂时缓解不良情绪，要慢慢引导学生直面问题。如《牵手“仙人掌”，相伴向阳开》中，教师充分地理解和共情了田田的情绪，顺应田田的心理特点，为她提供了更多的选择，如深呼吸、数数法等，更为可贵的是，教师还进一步与家庭沟通，指导家长接纳学生的情绪，同时多与学生沟通，教学生如何去解决问题，真正让学生掌握有效的调节策略。

培养小学低年级学生“诚实”的品质

问题一：为什么要重视小学时期的撒谎行为

从发展的角度来说，学生懂得撒谎、会撒谎意味着学生心理理论能力（对他人想法和意图理解的能力）获得较大提升。因为撒谎的前提是学生需要能理解背后的意图，把握对方的心理状态（意图、观点等）。小学阶段学生的撒谎与学前期的撒谎有区别，学前期的学生不能正确区分自己的想象和真实发生的事实，因此他们的谎言带有浓烈的幻想色彩，与诚实无关。但小学阶段不同，如前所述，因为心理发展更进一步，此时的撒谎与诚实有关。

研究发现，6 岁以及更大的学生撒谎能力有了质的提升，他们懂得包装自己的谎言，试图隐瞒自己的真实目的，通过其他事情来提高谎言的可信度，比如为了要零花钱骗父母学校要收饭费。

小学生的撒谎行为随年龄的增长呈下降趋势。调查显示，6 ~ 8 岁学生撒谎行为较为普遍，此时正是小学低年级阶段。7 岁以后撒谎行为变得稳定，7 岁以后经常性撒谎的，以后撒谎的频率也要高于其他学生。而且，小学时期的撒谎行为与以后的盗窃和犯罪有关。大量证据显示，成年后的违法犯罪者，往往始于儿童期的不良行为，包括撒谎。因此，在小学教会学生诚实至关重要，可谓影响学生未来的人生。

问题二：撒谎背后的原因是什么

小学阶段，若学生有撒谎行为，以后更容易撒谎。因此每次学生撒谎的时候，成人都应该指出来，并纠正学生。与关注撒谎行为本身相比，更要关注撒谎背后的原因。成人不能把自己臆测的内容强加到学生身上。弄清楚背后的原因，有利于防止对学生产生负面认知和消极态度，更有利于防止成人将“品质不良”的标签贴到学生身上。弄清楚原因，才能真正解决问题。

多种原因：撒谎的背后，可能是为了规避惩罚，比如《谁动了我窗边的小豆豆》一文中，学生担心遭到教师的批评，从而不敢承认自己犯的错；可能是为了逃避责任，比如《掬诚实之水，灌祖国之花》一文中，学生不想上学，就谎称被同学欺负；还可能是为了得到奖励，以及为了满足自己受到重视、得到表扬的心理。对于刚刚进入小学阶段的学生，撒谎也是他们调节自身压力、满足内心需要的一种防御方式，虽然不利于他们成长，但是作为教师需要看到撒谎背后纷繁复杂的原因和心理需求，用有效的、有利于成长的方式引导学生表达需要和调节压力。

问题三：如何应对学生的撒谎行为，培养学生诚实的品德

1. 不当场戳穿，不直接训斥，不贴标签

面对学生撒谎的问题，教师直接斥责往往效果不佳，为了逃避惩罚，学生往往会用新的谎言去遮盖旧的谎言。教师首先不要给学生贴标签，如“坏学生”“不诚实”“他说的话不能信”之类的标签。因为标签效应，有些学生就把自己定义成那样的人，明明可以说实话，却因为较劲而撒谎。这样并不能改掉学生爱撒谎的毛病。教师不妨把负面的标签换成正面的鼓励，换一种信任的口吻：“老师相信你是一个诚实的好学生”“我相信你”等。这样，学生慢慢就会把教师的话看成是鼓励和信任，进而慢慢改掉撒

谎的毛病。在这两个教学故事中，教师都没有在第一时间拆穿学生们的谎言，而是给他们信任。但不训斥并不等于讳莫如深，回避撒谎的问题，而是通过一些方式让学生意识到撒谎的错误。

2. 帮助学生找出撒谎的原因

学生撒谎，教师不必畏之如虎。但有必要弄清楚学生为什么会撒谎。

（1）不能区分想象与现实

有时低年级学生并不具备完整表达整个事情经过的能力。他们的想象天马行空，通常会坚称自己想象的事物是真实存在的。并且幻想本身就是一种防御机制，通过假想自己获得某种成就来满足自己没有实现的愿望，比如：成绩不好的学生，幻想自己能考第一名，并把它当成现实。

（2）害怕被批评

学生不能正视自己的错误，多会在担心、恐惧的情绪驱使下做出撒谎的反应。就如《掬诚实之水，灌祖国之花》中莎莎害怕迟到被批评而撒谎，《谁动了我窗边的小豆豆》中小 D 扎坏植物担心被批评而撒谎。小学阶段，大多数的撒谎行为都是这个原因，因为这个阶段的学生充满好奇心，自我管理控制能力也还不成熟，经常会因逃避错误可能带来的惩罚而撒谎。

（3）为了达成愿望

比如：为了不去上学，装作生病的样子；为了玩游戏，撒谎说作业写完了……这种类型的谎言，单纯是为了达成自己的期望。心理学研究发现，这种类型的谎言，学生年龄越大，撒谎的概率越高。而学生撒谎的原因，很可能是因为结果对学生很有吸引力。就像《掬诚实之水，灌祖国之花》中莎莎撒谎骗零用钱一样。

对学生撒谎背后的原因表示理解，让他不要害怕，教师会帮助他用一些其他正确方法来解决问题。

3. 为学生树立诚实的榜样

教师以身作则，在学生面前不撒谎、说实话。为学生提供一些有关诚实的故事和例子，诱发学生对不诚实的内疚感和对诚实的向往。诚实的环境以及强化性的教育，一方面能够避免学生受到其他不良信息的影响，另一方面能够坚定学生保持诚实价值观的信念。《谁动了我窗边的小豆豆》中，就引用了《负荆请罪》的故事，通过实例，让学生意识到诚实的好处。

4. 针对不同的撒谎现象，运用不同的教育方法

学生撒谎的原因是不同的，针对不同的原因，教育的重点也不同。

（1）如果学生是为了掩饰错误、趋利避害，那就要严肃对待，与学生一起交流，寻找解决办法，教会学生承担责任。

（2）如果是为了避免给他人造成伤害而撒谎（如说善意的谎言），教师需要帮助学生明确善意的谎言与一般谎言的关系，以免学生对诚实的含义产生疑惑。有时候善意的谎言是允许的，但要把握好度。

（3）如果小学低年级的学生不能区分幻想和事实（幻想型谎言），教师不能训斥学生，而应该与学生一起分析这样为什么不对。

5. 正确使用奖励和惩罚，避免增加学生的撒谎行为

当发现学生撒谎之后，一定要明确地指出来，并告诉学生这是不对的。当学生犯错时，鼓励他们诚实、说实话，坚持“坦白从宽，抗拒从严”的原则。惩罚时，多使用讨论和引导的方式，让学生明白自己为什么错。当学生说实话后，一定要给予肯定，肯定诚实的行为，将对说实话行为的奖励和对实际错误行为的惩罚分开。《掬诚实之水，灌祖国之花》一文中，学生承认了自己的错误后，教师一方面批评了学生的不诚实，另一方面也肯定了学生的勇敢和坦诚。

6. 创建诚实守信的班级氛围，让学生敢于说真话

说到底，撒谎的真正原因是学生还“不放心”与教师、父母掏心窝子说真话。也许是教师有时过于严厉，也许是父母曾因他的某些“真话”劈头盖脸地责骂过他。在这两个教学故事中，教师们都采用了主题班会的形式，让学生们放下防御，多角度地去理解谎言的危害，去敞开心门，相信教师、相信父母、相信身边的同学，敢于把自己的“小秘密”慢慢表达出来，寻求理解。

每个学生都是不同的，每个学生在小学适应阶段遇到的困难与挑战也是不同的，我们要关注个体差异在入学适应过程中的影响。当然，这 6 个教育故事只涉及了规则习惯、撒谎、内向敏感、缺乏自信的案例，现实教学过程中，一定会有各种各样的适应问题。作为教师，我们首先要接纳学生在入学适应过程中出现的种种问题，并尊重他们的认知、情绪、道德感的发展阶段，循序渐进，理解行为背后的需要，用耐心、爱心陪伴学生，慢慢引导他们适应小学生活。

小学中高年级篇

引言

小学中高年级学生的生理和心理成长速度逐渐加快。这一阶段是培养学生自我意识、人际交往、学习能力和意志品质的重要时期。

伴随身心的不断发展与成熟，这时的学生日益感受到了成长中的诸多烦恼：在自我意识方面，他们的独立意识开始增强，拥有了更多的个人主张，逐渐开始用批判的眼光看待外部事物，有时还会反抗和抵制师长的教育和要求；在人际关系方面，他们开始要求平等与尊重，家长和教师的影响力逐渐下降，同伴开始成为影响他们的“重要他人”，开始重视友谊，关注朋友的内在品质，越来越在乎同伴对自己的评价，但辨别是非的能力和自我情绪的调控能力尚待发展，所以不免遭遇自己难以解决的问题，从而感受到一定的焦虑与烦恼；在学习方面，这一时期的学生抽象逻辑思维能力迅速发展，开始进行社会比较，竞争意识高涨，他们更加关注自己的学习成绩，不甘落后，当面对难度和数量直线增加的学业任务时，如果学生多次体验失败，有可能会对学习失去兴趣和信心。

成长本就是“痛并快乐着”的过程，生命之火也正是在不断接受挑战、征服困难的过程中愈燃愈旺。基于小学中高年级学生的身心发展需求，我们希望通过一些典型的育人故事，聚焦这一阶段学生在规则建立、习惯养成、自我概念建立和情绪管理等方面的方法与策略，以帮助学生更好地认识自己、悦纳他人、善待生活、突破自我。

让课堂不再沉默

红旗小学 陈晨

教育故事

一、沉默的课堂

“有谁还想分享吗？”讲台下一片静默。这场景自从学生步入小学高年级就在课堂上时常出现，不同于他们在一、二年级，一个问题就如同甘霖，让学生的小手如春笋般纷纷“探”出来，如今却是石沉大海。课堂发言是教师最直接、及时了解学生对知识掌握情况的第一手资料，没有人发言，对于教师来说是痛苦的，因为教师无法判断学生们是否达到学习目标，只能事无巨细地讲授灌输；对于学生们来说也是痛苦的，没有思维的碰撞，只能被动听讲，感觉知识食之无味，更会丧失动力，陷入恶性循环。每每询问同年级的任课教师，得到的回答都是“我们班也这样，回答问题的学生就剩下那几个”“到高年级都这样，怕回答错误，不敢举手”。为什么会出现这样的行为变化呢？我开始了调研。

二、课间谈心

课间是学生最为放松的时刻，也是教师最能了解学生内心的时候。记得那一天，几个学生围在讲台边看我批改作业，叽叽喳喳地谈论不停，于是我挑起了话题。

“你们平时作业做得也不差，为什么课堂都不爱举手发言呢？”

爱表现的小千率先抢答：“他们都是怕自己说错，不敢发言。”话音刚落，我看了看站在前方成绩优秀却不爱发言的学生，她迅速避开了我的视线，低下了头，看来是被说中了心思，不必再问。

于是我又问小千：“那你在课堂怎么也不常举手呢？”

小千尴尬一笑：“陈老师，上次我回答错了，被同组的同学唠叨了半天，还不如不回答，如果是简单问题您又不提问！”语气中充满了对我的埋怨。的确，有时候我为了帮“学困生”树立自信，一些比较简单的问题总是让他们回答，但仔细回想起来，效果甚微，记得好几位教师跟我反馈，明明刚刚讲完的题，班中“学困生”站起来还是不会。

正好我批改到了一名“学困生”的练习册，虽说错题还是比较多，但她书写规范，而且按照教师要求，每一课都用蓝色笔认真改错，我立马举起来给周围的学生看：“看看小雨的学习态度！多值得学习！”

几个学生伸着头往前挤着看，“是耶，字写得比我的都漂亮。”

“改错也都改对了。”

“小雨，你是我的榜样！”激动的学生们都冲到了小雨面前去夸赞她了，小雨听到同学的夸赞，很腼腆地微笑着，这是我不常见到的笑。

上课铃响了，这次的课堂与往常不同。刚刚围在我身边的学生，主动举起了手，不仅如此，小雨在遇到简单问题时，也高举起了小手。一堂课下来，我发现大部分学生都在专注学习，积极思考，但为何之前不愿举手，而现今又勇敢起来了呢？

三、自我反思

当晚我查阅资料了解到，美国著名的发展心理学家——埃里克森提出了人格的社会心理发展理论。小学高年级学生正处于心理发展的学龄期向青春期过渡的时期。这一阶段主要特征是勤奋对自卑的冲突逐步转化为自我同一性和角色混乱的冲突。其中，同一性是指儿童从其信赖的人们中获得所期待的认可的内在自信。所以学生在这一阶段如果能够勤奋不自卑，会为青春期形成自我同一性，避免角色混乱奠定基础。

这一阶段的学生更注重朋友间的交往，小团体不断产生。在发生矛盾冲突时，情感会由原来的外露逐渐变得内向，有时候即使不高兴，可能表面上没有太在意，但是内心活动很丰富，就像那个爱表现的小千，一方面怕同组同学嘲笑她回答错误，另一方面由于没有回答的机会，久而久之也就不愿举手了。

学生们对自我的评价往往来自同伴、教师和家长，如果能得到成人的支持、帮助与赞扬，则能进一步加强他们的勤奋感，使之进一步对这些方面产生兴趣；反之没有给其足够的鼓励和支持，学生就会产生自卑感，导致大部分学生不愿意举手，他们畏惧同学的嘲笑和教师的批评。所以在这个阶段要鼓励他们尽自己最大努力与周围人发生联系，进行社会交往，使他们相信自己是聪明的、有能力的，任何事情都能做得很好，今天课堂上，小雨的转变正是验证了这些。

透过现象看本质后，就要实践出真知。于是我采取多种措施，让学生重拾自信，焕活课堂。

四、逐步树立自信

（一）四人小组消顾虑

了解了学生逐步形成小团体的心理发展特点及在全班分享交流的畏难心理后，我先从座位上下功夫，根据学生的性格、学习能力及平时社交安排位置，让课堂上以四人小组为单位时，学生能够有话说，并敢于将想法分享到组内。接着，我改变教学方式，以学生为本，课堂上多设计任务驱动式的环节，先让学生自己积极思考、动笔完成批注等任务，有了思路后在组内轮流分享，并制定小组分享规则：每个人轮流发言，发言时间不超过一分钟；倾听者及时评价，先肯定再补充；全班交流时可以每个人都发言，也可以选择代表发言。既保证了每个人都有展示自我的机会，也能及时得到同学的正面反馈，并且在全班发言时可以有选择，逐步削弱学生的自卑心理。

记得学习《狼牙山五壮士》这一课时，我布置了批注关于班长马宝玉描写的任务，故事引人入胜，让每个学生都沉浸其中，用笔画出自己感受最深的语句。自学后，开始小组交流。我观察到课上经常走神的小月在组内第一个发言，眼神不同于以往的迷茫，此刻炯炯有神，而且说得有理有据，其余三人也发现了小月的转变，都不约而同地称赞。果不其然，小组讨论结束后，他们小组四人全部举手，想要全班分享。

同伴的认同，使得学生先在小组内获得自我认同，树立起自信，为后续全班发言奠定了情感基础，打消之前的畏难情绪。

（二）“发表”激发原动力

课堂上的时间是有限的，能回答问题的机会也是有限的，不是每个小组、每名学生都能获得展示自己的机会，但为了不让小千这些课内知识掌握得非常好的学生再次失望，我搭建线上平台宣传学生，让他们获得更多认可，带动课堂学习。利用微信平台，我创建了“向阳的成长足迹”这一公众号，将学生的优秀作业和作品发布在微信公众号上。每到微信公众号更新的第二天，班级中都是关于微信公众号文章的讨论。

“你的文章上榜了！”

“老师，我这次的文章哪里还需要改？”

班中上榜的学生眼中闪烁着自豪的光，未上榜的学生充满着对下一次更新的期待。原本最枯燥的写作文，成了他们最期待的课，学生们都期待着完成自己的“大作”。学习《变形记》这篇作文时，班中有两个学生第一次完成习作就是范文的水平。我肯定了他们在文章中的独特立意，并把文章在班级公众号发表。渐渐地，我发现他们在课堂上也逐渐积极起来，几乎每节课都会发言，并且如他们的文章一样，会有独特的见解。现今在他们的带领下，班中不少学生开始了自己的小说创作，就连班中字迹潦草的小王同学也在某个课间，拿着一摞稿纸，神神秘秘地走到我身边说：“老师，您看我也写小说了。”他竟然也被带动了！怪不得最近发言也变积极了。

（三）夸夸卡双重肯定

除了同伴与教师，很多学生的学习动力和状态与家庭息息相关。通过六年相处，我发现班中不少问题学生，都是在家中受到父母的关注较少或者直接被家长忽视，所以这类学生在课堂上不举手，也不在意学习，直到我设计了夸夸卡。学生能够根据日常表现兑换夸夸卡，即教师可以通过语音电话、微信语音等形式对学生进行表扬。小孙，人如其名，是个无视规则的“孙行者”，造成其行为习惯差的原因是他的父母对他关注少，导致他在课堂上不仅不举手，还经常扰乱课堂秩序，但他兑换完夸夸卡后，我给她母亲发了近三分钟的称赞语音，从他的数学天赋到动手能力都表扬一番。第二天课堂上小孙有了变化，不仅专心听讲，并且积极发言，恨不得当天再换一张夸夸卡。课下，看到他吹嘘自己得到父母称赞的小模样，我也不禁笑了出来。

五、再现活力课堂

“老师，我们组！”“我想给他们组补充！”如今的课堂又热闹了起来，学生高举的手如雨后春笋。在生生互评与教师的表扬中，极大地鼓舞了学生们的学习热情，增强了他们的自信心。自此之后，我常常听到任课教师说：“陈老师，在你们班上课好有成就感，学生们课上积极发言，有不懂的就直接问，效率真高啊！”

是呀，当我们了解学生曾经畏惧回答是符合他们心理发展规律的，自然能对症下药，用夸赞让学生收获所期待的认可，逐步形成内在自信，克服内心恐惧，勇敢发言！让课堂不再沉默！

教育反思

随着学生年龄增长，升入小学高年级的学生正处于心理发展的学龄期与青春期的过渡阶段，可能会因为他人的评价，产生自卑的心理与情绪，从而导致课堂上不敢举手发言。故事中我班级的学生就是在这一阶段出现了“沉默的课堂”这一现象。例如有的学生明明知道答案，但害怕自己说错被同学嘲笑，不敢举手发言；有的是由于课上没有被教师过多关注，久而久之就无所谓了；还有的同学是在之前就得不到学习的成就感，到高年级在课堂上就更加沉默寡言。

针对以上情况，我先通过聊天拉近与学生的距离，建立联系，了解学生课堂沉默这一行为背后的心理原因，之后通过座位调整、小组合作、创建班级微信公众号、运用夸夸卡等丰富且贴近儿童需要的正强化措施，帮助学生逐步树立信心，激发他们对学习的主观能动性，在课堂上积极发言，焕活其学习的自信。

课上经常走神的小月，对学习没有成就感，在精心设计的座位调换下，在小组内等到发言机会，感受到被他人倾听与尊重，小月逐步削弱自卑心理，在课堂上与同伴大放异彩；像小千一样在课上没有得到过多关注的学生，通过公众号上展示他们的作品与点滴，让学生看到了自己的能力与价值，重拾信心，并感染班中像小王这样待提升的学生不断奋进；还有班中无视规则的“孙行者”，不仅不举手，还经常扰乱课堂秩序，通过向家长夸赞，再由家长称赞，双重表扬让学生收获更多自信，并认识反思自己，为了得到下一次的夸赞，不断约束自己课上的行为，并自觉遵守课堂纪律，积极发言。

作为教师，要透过学生的行为，向内看，及时了解学生的内心，将其内心的矛盾顺利解决，才能使其人格健康发展。

与“小大人”做朋友的那些时光

石景山区实验小学 陈媛

教育故事

一天下午，我刚回办公室，还没坐稳就听见有人喊：“报告。”随着我的一声“进来”，就听见班里有着大嗓门之称的小亮说：“陈老师，您快去看看吧，小海和同学在科学课上又吵起来了，老师管他，他不听。”又是这样的情况，从我五年级刚接这个班起，这已经是好几次了。这种情况还不只发生在科学课上。

我随着小亮快步走到了科学教室，只见小海的手臂还在不停地挥动，情绪很激动，大声地喊着：“没让你们动，你们非得动！”其他同学也不甘示弱地说：“为什么要听你的，老师又没让你管！”“我说不能动，就不能动！”此时的小海已经和同学争论得面红耳赤。又是和同学在小组合作的过程中出现了问题，小海和同学合作，常常出现这样的情况。见到我来，科学教师讲述了经过，无奈地摇了摇头，我一边倾听，一边看着仍在生气甚至有些“委屈”的小海。随后我来到小海身边，先示意旁边的同学安静下来，并轻声说：“你们接着按老师要求上课，小组活动的时候听从小组长分工，要合作。”说完便带小海离开了。此时的课堂终于恢复了秩序，小组实验也能正常进行了。

我将小海带回办公室，一路上思考着：要对他进行批评吗？毕竟他干扰了班级正常秩序。可是批评能让他改变吗？类似事情经常发生，批评解决不了根本问题，有没有更好的办法呢？

到了办公室，我让小海坐下，不动声色地观察着他。我清楚地知道小海以自我为中心，导致和同学产生矛盾的情况仍在发生、继续…… 小海从小习惯了以自我为中心，有需求就要立刻被满足，以至于在学校群体生活中无视他人的感受，没有场合意识，一旦不如愿，便会无休止地释放自己的负面情绪。

面对这种情况，我首先帮助学生觉察自己的情绪，然后肯定、接纳他的情绪，再借助行为矫正术，改变其不恰当的行为方式。于是我问小海："你想做实验可小组同学不同意，还没轮到你，你肯定特别着急和难过，是不是？"我先帮助小海察觉自己的情绪。"是的，为什么不能让我先做？我最喜欢做实验。"小海迫不及待地回答。"我非常理解你想做实验的心情，换作谁遇到想做的事没让做的情况，都会感到难过甚至生气。"我肯定、接纳了小海的情绪，继续说，"但小组合作有要求，应该听从组长的安排，不应该只想着自己做实验。如果你想先做，可以和小组同学商量，而不是用发泄情绪来应对，这样不仅影响了课堂秩序，还影响了你和同学之间的关系。陈老师理解你，但同学们理解不了，你要学会控制自己的情绪，学会表达自己的想法，学会与别人相处。"小海认真地听着，一副若有所思的样子。"陈老师教你几种情绪管理的方法，以后再遇到类似的情况就使出小妙招来帮助自己。""好啊！好啊！"小海如获珍宝一般，激动又期待。"你可以跟着老师说的试一试。当你愤愤不已的情绪即将爆发时，可以用意识控制自己，提醒自己不发火、不生气，用这样的自我暗示帮自己缓解、平复情绪。在情绪激动的时候，还可以采用注意转移的方法，比如：看看别处的风景，想想自己喜欢看的书，默默在心里哼唱最爱听的歌，回忆最近开心的事等，这样让自己激动的情绪得到有效的缓冲。还可以找一个想倾诉的人，说说自己的想法，把心里话尽情地告诉他。”在这一次聚焦问题的谈话中，小海知道了怎样做才能转变自己，成为更好的自己。

第二天早读时间，我提起昨天科学课上发生的事，同学们不约而同地看向小海。这让小海再次成了班级的主角。“大家一定还记得小海同学昨天课上的表现，他自己并不了解别人会怎样看待自己，怎样评价自己，也就是说他在做事之前，只考虑了我想这样做，并没有考虑小组其他同学会怎样评价自己的做法。”很多同学听了连连点头。“其实，每一个人都有得到别人认可的需求，都有受到别人尊重的需求，而尊重他人和被他人尊重又恰恰是相互的。同学们，大家一起学习生活已经五年了，有些同学成了形影不离的好朋友，而有些同学至今却没说过几句话，究其原因是这些同学彼此之间缺乏了解，不懂得怎样与同学交往。那么下面就请大家夸夸身边的同学都有哪些闪光点吧。知道同学的闪光点才会和他交往，成为朋友。其实小海也特想和同学们成为好朋友，现在咱们就先夸夸小海的闪光点。”

我的话音刚落，有的同学就高高地举起了手，大声说：“老师，小海特别喜欢画画，我经常看到他一有时间就画，画得还特别好！”“我也看到过，是画得很好！”“是的……是的……”“小海还特别爱看书，他的课外知识非常丰富，还是我们小老师讲堂的一员呢。”渐渐地，更多的同学纷纷举起了手，教室一时热闹起来，同学们你一言我一语，像一只只小麻雀，叽叽喳喳说个不停。此时的小海脸上露出了笑容，这笑容还透着有些难为情了。

“同学们，诗人金子美玲曾写过：‘虽然我展开双臂，也绝不能飞上天空，会飞的小鸟却不能像我，在大地上奔跑。虽然我晃动身体，也不会发出美妙的声音，会响的铃却不会像我，会唱许多歌谣。大家不同，大家都好。’每一个同学都有可爱的一面，也都有自己身上的闪光点，你们用善于发现的眼睛，看到了小海同学身上的闪光点，为你们点赞。”接着，我把目光投向小海，微笑着对他说：“原来你身上有这么多闪光点呀，正像同学们所说，你爱读书喜欢思考，看到广阔世界；你爱写作情感丰富，把整个世界都装在自己的本里；你爱画画有审美的追求，展现出一个少年的梦想。陈老师有幸欣赏过你的作品，真是梦笔生花，相信以后能生出更多更闪亮的花。”小海听了笑容也像花儿一样灿烂。

“同学们，咱们班将继续开展‘寻找身边闪光点’的活动，希望大家继续观察身边的同学，一起去发现同学身上的闪光点，比比谁发现得更多，快快行动起来吧。”“好。”同学们异口同声地回答。小海对此项班级活动也充满了期待，兴奋地说着“好”。这次的早读成为帮助小海转变的第二次焦点访谈活动。我心中不禁暗喜，这活动竟如此成功！

一把钥匙开一把锁。为了更好地帮助小海，我决定进行第三次焦点访谈。于是我走进了他的原生家庭，和孩子父母展开深入交谈。原来小海的爸爸工作十分繁忙，回到家见到孩子就想着多陪伴，并常常满足孩子提出的各种条件，以此作为弥补。妈妈自然而然成为小海主要的陪伴者和管理者，在小海身上投入了很多，可以说是事无巨细。长此以往，小海更加以自我为中心，遇到不顺心不如意的事只会埋怨指责，就像是一朵“玻璃玫瑰”，虽然艳丽，但易破碎。

在与家长一次次的接触中，我能感觉到小海父母心里也很着急，不知什么原因使孩子变得十分自我、任性。再加上教育孩子方面也没有什么好的经验，所以心里感到非常无助与焦虑。妈妈告诉我，她能为孩子做的几乎都做了，但当孩子出了问题时，自己还没多说什么，小海就会顶嘴，发脾气。原来小海的父母和大多数家长一样，对于已经进入小学高年级阶段的孩子，家长仍把这些“小大人”们当作小孩一样去照顾、说教。我告诉小海父母：“孩子已经渐渐长大，依赖中求独立，才会出现对成人的反抗。当孩子升到小学高年级时，变得比较独立，他们渴望得到更多的尊重和理解，而不希望大人对自己过多干涉，与大人说话越来越少。但他们仍希望获得教师、家长的关注和喜爱。这个阶段的孩子如果家长只是一味地满足迁就，当他们遇到不是自己所想的事情时，就会抱怨、不满，甚至发脾气，与人起冲突。随着年龄的增长，孩子的自我意识发展迅速。小海已经进入小学高年级阶段，正处在由儿童期向青春期过渡的关键时期，处于心理发展的骤变期。由于生理上的变化和抽象思维能力的进一步发展，他的自我意识、独立意识随之迅速发展。自我调节、控制的能力也在不断提高，自我意识的一种重要表现就是独立性增强。这时独立性就取代了依赖性的支配地位，这个阶段的孩子不喜欢家长对自己像对待小孩那样过分地照料、反复说教。”

在谈话中，我还告知小海家长：“在学校我会尊重小海，真正把他当朋友去对待，既平等、严格而又亲切，遇事多让孩子独立解决，让他在独立完成、动脑动手中体验自己的能力，从而增加他的自信心。同学们也渐渐发现了小海身上很多的闪光点，和他成为朋友。作为家长应和孩子平等相待，理解尊重孩子，努力和他成为朋友，才能更好地教育引导孩子，取得事半功倍的效果。”小海的家长听后激动不已，再表示是自己的教育方法出了问题。

为了改变小海的现状，我“乘胜追击”，让小海的家长和孩子也进行一次心灵的对话。于是，在一天放学之后，孩子和家长在我面前语重心长地长谈了一回。

妈妈看着小海，还没张嘴便流下了委屈的泪水，她说：“孩子，在这个世界上妈妈是最爱你的人，所以不管妈妈有多累，都只想着要好好照顾你，可能你会嫌我有时很啰唆，管你太多，但那是因为我真的很爱你呀！就算你出了问题，不管妈妈怎么批评你，也不能怀疑妈妈对你的爱。”我看了看一旁的小海，此时的他专注地听着，沉默着。爸爸也迫不及待地说道：“我因为工作忙，经常不在家，陪伴你的时间很少，以后你有什么需要的东西告诉爸爸，我还会给你买。爸爸就算没回家，也会尽量抽出时间和你说说话，聊聊天，你有什么高兴的和不高兴的都可以告诉爸爸，我都愿意听。”我再看了看此时的小海，他慢慢看向爸爸妈妈，眼里似乎有了些许期待。我摸着小海的头，说：“即使爸爸不在身边，你的生活也很充实，妈妈跟我说你在家经常读书、画画、做手工……沉浸在自己美好的世界中，陈老师都很羡慕你呢。”

第二天小海的妈妈给我打来电话，只听她在电话中激动地说着：“陈老师，小海昨天回家对我和爸爸说，以后他会听话懂事，不再让我们为他多操心。”还说：“他知道了我们的辛苦，也会永远爱我们。我们回家又聊了很久，感觉孩子真的是长大了，已不再是我们心中的小孩子，真是个‘小大人’啦！陈老师，真是太感谢您了。”我一边听着一边欣慰地笑了。了解孩子的年龄特点，真正懂得孩子的需求，才能收到意想不到的效果。

此后的小海和同学、教师间的矛盾也越来越少。原来那个自我任性的小海渐渐会为别人着想、能与人和谐相处、懂得爱也更会爱，成了一个小暖男。我还会经常收到小海妈妈给我发的短信，在信息中有时这样写道：“陈老师，遇到您是我们和孩子的福气。现在我们相处得很融洽，一家人其乐融融，孩子也懂事很多，学校午餐发的水果酸奶，有时还特意拿回来给我们家长吃呢。非常感谢您！”每每看到这样的信息，我心里也是暖暖的，我想这就是家校共育成就的真正幸福吧！

经过这三次焦点访谈，家长改变了以往的教育孩子的方式，不再任何事情都去管，让孩子自己学会安排。如：学习的事情由他自己自主地合理安排，自己的事情自己负责。只是在孩子有些怠慢的时候，才会和他讲些道理，孩子也很容易接受。渐渐地，孩子更愿意和家长交谈了，并且孩子的集体荣誉感也增强了不少。只要班里有什么特别的活动，他都会早早地起床到校，说不能因为自己的迟到而影响全班的荣誉。

就这样又经过一年多的坚持和努力，小海变得更加开朗、懂事、自信。相信在家校共育，携手努力下，孩子会不断地追求自己的目标，并享受达到目标以后的幸福感和满足感。

教育反思

小孩子自我意识的发展水平还不高，因此进行教育时教师不能讲更多的抽象理论，而是要从细节、从小事做起，帮助孩子认识自己。对低年级和中年级孩子要求的要具体、直观，而对高年级孩子，则要求他们用概括化的观点看待自我、评价自己的心理品质，促使自我意识达到一个新的水平。

像小海这样以自我为中心，不能正确对待别人的孩子，教师要帮助他、告诉他正确的做法，以提高自我意识水平。通过三次焦点访谈，让小海知道怎样做才能成为更好的自己；再通过开展“寻找身边闪光点”的班级活动，让同学们发现小海身上的闪光点，愿意和他成为朋友的同时，也让小海知道应如何与同学相处；最后和家长的访谈中，了解到了家长的痛处和需求，告知家长要认识孩子自我意识发展的特点，采取正确恰当的教育方式方法。通过家校共育让教师和家长的教育要求达成统一，不仅要努力成为孩子优秀品格的塑造者、身心健康的保护者、认真学习的陪伴者，还要一起携手共育孩子的自信阳光、积极进取、乐观向上等良好品格，从而成就他们体验成功、幸福成长。其中无论共育的过程多么艰辛和漫长，都是值得坚持与期待的。因为幸福的种子已悄然种下，幸福之花也会随之开放。

爱的唤醒

石景山区古城第二小学 丁琪

教育故事

“浩浩，醒醒……”任凭妈妈怎么呼喊，孩子就是不睁眼，原来浩浩又在用装睡向妈妈示威。10岁的浩浩是我从一年级一直教上来的学生。他聪明可爱，虽然有些内向，但是班集体活动都能积极参与。父母都是高级知识分子，在报社工作，在家长的引导下他非常喜欢看课外书。所以，在读书分享会上经常能看到他的身影。

三年级第二学期开学后，浩浩隔三岔五就不来上学，刚开始浩浩妈妈还发短信息请假，后来短信也不发了。每次浩浩没来上学，我都要打电话询问原因，妈妈都会说浩浩不舒服。我在帮助浩浩补课时经常嘱咐他加强体育锻炼、增强体质，这样就不会总生病、耽误功课了，他每次都是点点头并欣然接受。

四年级开学返校当天，只有浩浩一人没有到学校，我拨通了浩浩妈妈的电话。通过沟通了解到，今年年初，浩浩的爸爸被单位派到国外工作，妈妈在教育报社做编辑，工作非常忙，还经常出差，总是把浩浩自己留在家里，保姆只是早上来家里帮浩浩做早餐并送他上学，晚上接他回家做好晚饭就回自己家了，浩浩经常独自一人在家。

下班后，我拿上浩浩的新课本到他家送书，当天是浩浩和保姆在家，我看到他的电脑屏幕是游戏，就跟他聊起了游戏，告诉他自己的儿子也喜欢玩这个游戏，每次玩完游戏他都会把游戏过程、收获、失败的原因等写出来，结果游戏玩得越来越好，作文水平还提高了一大截。在聊天的过程中，我发现他眼神中的胆怯越来越少，感觉越来越接受我了。于是我趁热打铁，问他："那你 9 月 1 日能按时上课吗？"他欣然答应。

后来，保姆悄悄对我说："浩浩大多数请假都是装病，妈妈管不了他，也没时间管，又不好意思跟老师说，所以浩浩缺课越来越多，还喜欢上了玩游戏。"

回家后，我陷入了深深的思考中，突然觉得浩浩真让人心疼，如果再不帮帮浩浩，浩浩的问题将越来越大。

9 月 1 日，班中的学生都已经到校，只有浩浩的座位还是空着。正当我们准备上课时，电话铃响了，一看是浩浩妈妈的电话，接通后电话那边传来浩浩妈妈急促的声音："丁老师，您帮帮我吧！浩浩又在装睡不去上学。"浩浩妈妈着急地说："几个月前的一天晚上，浩浩睡觉时忘记关窗，结果感冒了。在家养病期间，我在家陪他，他觉得在家待着很自在，从那以后，他三天两头说自己不舒服或装睡叫不醒。"

渐渐地，电话那边的声音变得有些哽咽，浩浩妈妈接着说："从那次生病后，浩浩便觉得只有他生病了，我才可以不上班在家陪他。为此他经常以身体不舒服，早晨叫不醒为由不上学，让我在家陪伴。这样一来既影响了他的学习，又耽误了我的工作。他知道我着急上班就不管他了，结果喜欢上了玩电脑游戏，影响了学习，我实在没办法了。所以，请您帮帮我吧！"

面对浩浩，如何唤醒这颗假装沉睡的心呢？

当天下班，我驱车再一次来到了浩浩的家，轻轻地敲敲门，里面传来浩浩的声音，他问：“谁呀？”我亲切地说：“是我，丁老师。”

浩浩赶紧打开房门，惊讶地问：“丁老师，您怎么来了？”我关切地说：“看你没来上学，猜你又生病了，怕你功课落下补不上，一是想给你补补课，二是想看你身体好些了没有。你好点儿了吗？”

浩浩有些羞涩，小声说：“好多了，谢谢丁老师。”

于是我把带来的课本和作业本打开跟他一起学习当天的上课内容。大约 40 分钟后，浩浩完成了所有的功课。随后我给他介绍了开学典礼上校长的寄语、开学第一天学校里发生的有趣的事情，还有同学们的变化，浩浩听得津津有味。“这个假期你又看了不少课外书吧？周一的班会时间是读书分享会，老师和同学们都期待着你的分享呢，这几天你好好准备一下吧！”我摸着他的头说。

我随手拿起茶几上的报纸，看到浩浩妈妈的文章，跟他一起阅读了他妈妈发表的文章，当阅读完他妈妈写的一篇鼓励当今青年自立的文章后，我告诉他：“妈妈忙碌地工作，不仅是为了小家的幸福生活，更是用自己的工作唤醒更多的人。”

浩浩不解地问：“那为了别人就不用陪我了吗？”我抚摸着他的头告诉他：“虽然妈妈陪伴你的时间短了，但反过来想，你独立成长的机会不是更多了吗？你可以自己合理安排时间，可以做自己喜爱的事情……多好啊！”

学生望着我点点头。我赶紧抓住时机追问道：“明天能上学吗？老师和同学们都很想你。”他竟然答应了，我内心无比高兴。

当天晚上，我与浩浩的妈妈用电话沟通，告诉她学生之所以这样做，就是因为他想争取爸爸妈妈的陪伴。孩子的世界很简单，任何的诱惑都抵挡不了来自父母的那份爱和陪伴。很多时候，父母因为工作忙，抽不开身来陪孩子，总会觉得以后时间还有很多。但是，孩子的成长就如同花儿一样有保鲜期，错过了就没有了。

父母的缺席也许对自己没有影响，但是对孩子来说至关重要。所以，我建议浩浩父母抽时间多陪陪孩子，并推荐他们可以跟孩子通过亲子日记的方式进行沟通，这样既可以增进亲子关系，又对孩子的写作有帮助。浩浩的父母接受了，并不停地说："谢谢丁老师，我会努力的。"

第二天，我送给了按时到学校上学的浩浩一个精美的日记本，鼓励他和妈妈用日记交流自己的感受。学生接过日记本，笑着感谢我。从那以后，浩浩开始把要说的话写在日记本上，妈妈下班回来，不管多晚也要在日记本上把要说的写下来，亲子日记——见字如面，无形中促进了亲子关系的极大改善。

与此同时，浩浩妈妈也在我的劝说下努力调整了工作方式，尽量按时下班多陪伴浩浩。在我们共同的努力下，浩浩能坚持上学了，妈妈偶尔加班他也能合理地安排好自己的学习和生活。妈妈出差时，我一有时间就会到他家去陪他完成作业。每次临走时都跟他约定明天见，他都能遵守我们的约定。

为了帮助浩浩，周末我邀请他们母子参加我们的家庭聚会，我儿子比浩浩大几岁，两个孩子成了朋友。我们进山烧烤时邀请浩浩一同参加，在天然大氧吧里品尝着美味；我们去郊区采摘也邀请他一同参加，一起感受农家的快乐。就这样平静地度过了一个月，我和浩浩妈妈悬着的心也放松了下来。

可好景不长。一天清早，浩浩妈妈打来电话说："丁老师，浩浩又在装睡，我把他背上出租车带到了学校，您能帮我把他带进学校吗？"

放下电话，我叫了一名体育教师跟我来到学校门口，看到浩浩在出租车里紧闭双眼，我拍拍他的肩膀，他没有睁眼，可是我发现他的眼珠在动，很明显他是清醒的。于是，我让体育教师帮我把他抱到校医室，我坐在他旁边给他读语文书上的课文。就这样一节课过去了，他还是不睁眼；两节课过去了，他依然不睁眼。

我继续读，到了第三节课，他终于熬不住了，慢慢睁开眼睛假装刚睡醒的样子，用手揉揉眼睛，伸了个懒腰。我看着他的样子，心中窃喜，心想：小子，撑不住了吧！嘴上却关切地问："浩浩没事吧？有哪里不舒服吗？"浩浩有点羞涩地说："我没事。""能去上课吗？老师同学都在等你呢。"我笑着问。

原来浩浩又出现了新的问题——他虽然很聪明，但不能保证每天都能独自完成家庭作业，总想等妈妈帮忙，作业写不好就不想上学。怎么帮助他跨过这道坎呢？

周末我邀请浩浩跟我们全家去爬山，爬到山顶，看到山下无限风光，我告诉他："学习的过程就像爬山一样，遇到容易的知识，就像在平坦的路上前进，毫无困难；遇到难的知识，就像走在崎岖的山道上一样。但是只要心中有目标，谁能坚持下来，谁就一定能够成功。给自己加加油吧！"我一边说一边看着浩浩，他也看着我，眼里渐渐露出了坚定的目光。

同时，我跟浩浩妈妈取得联系，引导她跟浩浩制订一个学习计划，并跟浩浩约定：只要每天都能坚持上学，放寒假带浩浩去旅行。从那以后，浩浩每天都能坚持到学校上课，我和所有任课教师也交流了浩浩的学习状况，当浩浩遇到学习的困难时，教师们都会耐心地帮助他。就这样，浩浩在教师们和家长的反复鼓励下终于战胜了自己，再也没有请过假。

在这样好的势头下，我决心让浩浩的学习"更上一层楼"。而这次，我的法宝就是我们这个团结互助、积极向上，像温暖大家庭一样的班集体。我和班委一起商定，由他们轮流帮助浩浩，每个课间班委都会询问他有无不懂的问题，然后提醒他及时查漏补缺。于是，伴随着浩浩上课专心听讲、课下认真完成作业，他在学业上的困难越来越少。学习上不费力了，他又可以看他喜欢的课外书了，而这些循序渐进的积累，终使得他的成绩有了突飞猛进的飞跃。

我的法宝除了班级，还有家长。学习委员小明的妈妈是班中家委会的成员，她从小明口中得知浩浩的事情，就让小明邀请浩浩到他家和小明一起学习。周末有时还会邀请他们母子到家中做客。每逢浩浩妈妈出差时，小明的妈妈会把浩浩接到自己家住。浩浩为此深受感动，于是，他变得更加热心集体活动了。他主动报名参加班级的志愿服务队，在小明和同学们的带领下积极投身志愿服务。在活动中，他变得越来越开朗，朋友也越来越多。

教师的爱是滴滴甘露，即使枯萎的心灵也能被之唤醒；教师的爱是融融春风，即使冰冻了的感情也会为之消融。我用爱心唤醒了假装沉睡的浩浩，小学毕业时，他也以优异的成绩升入了中学。

教育反思

“教育是一首诗，诗的名字叫热爱，在每个孩子的瞳孔里，有一颗母亲的心；教育是一首诗，诗的名字叫创造，在探索求知的丛林里，有一面个性的旗；教育是一首诗，诗的名字叫智慧，在写满问题的试卷里，有一双发现的眼睛……”朱永新教授的这首诗表达了他的教育思想，同时也启发了我的思考。

故事中浩浩的父母由于工作变化使得陪伴孩子的时间锐减，原本幸福的家庭变得冷冷清清，这让浩浩的身心都受到了极大打击。为了找回父母的爱，浩浩就用早上装睡、不上学等不当方法向家长示威。针对学生出现的这一问题和学生所处的年龄段的特点，作为班主任的我，既要有爱，更要用心。

一、家校携手，助成长归航

故事中，浩浩装睡表面上看是孩子以幼稚的方式企图拴住父母，但实际上，小小的他是在用“两败俱伤”的方式填满自己内心中因父母缺位而导致的不安。所以，与其说浩浩是不对的，不如说浩浩是可怜的。于是，我做了这样的尝试与探索。

（一）理性分析，揭示问题的根源

心理学研究表明：无论是孩子处于婴幼儿还是学龄期，又或是青少年期，父母的陪伴都是不可或缺的。良好的家庭关系和用心的陪伴是塑造一个优秀的学生的基础。教师正是基于学生当前年龄特点和不良现状做出理性分析，发现父母当前的“缺位”是导致问题出现的根源。

八九岁是孩子情感发生变化的转折时期，他们的情感表达正由“外露、浅显、不自觉”向“内控、深刻、自觉”的方向发展。但这个年龄段的孩子尚需家长的悉心陪伴和教师的呵护引导，而主要养育者的工作变化，使得原本幸福感、安全感满满的孩子如入冰窖，因为失去，所以不安；因为不安，所以愈发想要挽救。于是就有了怎么也叫不醒的浩浩。

（二）家校协同，寻求改变的可能

陪伴是最长情的告白，守护是最沉默的陪伴。是啊，在孩子的心里，家庭是一个安全、可靠的港湾。父母的陪伴是最好的教育，故事中浩浩的妈妈忽略了对孩子的陪伴，使得原本爱学习、爱学校、爱阅读的孩子变得让人束手无策。此时班主任教师的协调，对愈发恶化的母子关系实现有效干预，并改变了妈妈的育儿理念。妈妈重新把陪伴孩子放到了首位，孩子也因为找回了往昔的安全和幸福而发生着积极变化。于是妈妈也能越发顺利地去工作了。这让我想到了一句话：父母和孩子，从来都是一种相互成全的状态。

（三）亲子日记，实现无障碍的沟通

故事中班主任教师送给浩浩一本精美的日记本，让浩浩用记日记的形式梳理自己的情感世界，让妈妈通过亲子日记走进孩子内心，让陪伴变得更有质量。班主任教师给予家长方法性指导，即将时刻陪伴变为精心陪伴、减量不减质，这都是很好的尝试。日记拉近了浩浩和妈妈的距离，实现了母子间的无障碍沟通，有形的字让无形的母子情得到了极大改善。

二、用爱育人，为心灵充电

古人云："尊其师信其道。"陶行知先生说："对于学生来说，老师的爱是一种神奇而又伟大的力量，是除了母爱之外，世界上又一伟大的爱。"

是的，没有爱就没有教育。故事中的班主任教师正是用真情、真心、真诚最终走进了学生的心田。当浩浩深切体会到来自班主任真挚的爱时，他才会产生亲近感与信任感。也只有这样，浩浩才能直面问题，班主任才可“对症下药”。

其实，故事中的浩浩在学校收获的是所有任课教师真诚、持续的关爱，这无疑对学生增加战胜困难的勇气奠定了坚实的基础。

三、聚焦集体，为成长提速

班集体是学生共同学习生活的地方，具有巨大的教育力量。故事中的班主任教师智慧地运用集体的力量去感染学生，通过同伴的帮助，同学家长的关怀，让浩浩提高了学习成绩、结识了更多的朋友、生活变得愈发精彩，性情变得越发开朗。

教育学生，有效的引导似春风化雨，润物无声。而班主任教师的爱和智慧就潜藏在这些细枝末节中，潜移默化地影响着学生，也渐渐改变了学生。

用爱心浇灌童心，让花儿绽放原野

北京大学附属小学石景山学校 高麟

教育故事

7月，刚刚送走六年级毕业生的我，来不及回味就被安排在了五年级。而开学第一天，也正是我和新集体、和小徐的第一次见面。

小徐，是个在我接班之前就已“如雷贯耳”的名字。虽然是第一次接触，但在三十几个学生中，我一眼就认出了那个眼神轻蔑、身姿歪斜，神情中透露着“看透世事”“宠辱不惊”，茕茕孑立在班级角落的他。就是这样的“不可雕的朽木”，给身为班主任的我增添了许多工作压力。同时，在日常教学中如何让“朽木逢春”，也给我们带来了工作挑战和实践课题。

果然，开学还不到一周，小徐的“花样百出”就已让人叫苦不迭：课上，让他写字说不会；让他用拼音代替汉字说忘了；对他“冷处理”，他却满不在乎地哼起了小调。午饭时，遇到不喜欢的饭菜，他就直接泼洒在食堂地板上，然后在大家的惊诧呼喊中扬长而去……

而我的耳朵，则简直要被磨出“茧子”——

“稍息、立正，向前看齐！”伴随着课间操熟悉的口令，学生们快而静地站好了队，却独独不见小徐的身影。

“高老师，小徐又没来上操，我找了半天还是没找到！我担心上操迟到，就赶紧回来了。”我一边安抚着气喘吁吁的班长，一边快速回想着接班时教师们的介绍：此时的他或者会在操场的某个角落独自玩耍，或者会溜回班里给课本上的人物画胡子，或者会躲在厕所里歌唱。

按图索骥，还好，十几分钟后，我终于找到了他。

数学课上，“高老师，您快去班里看看吧，小徐……”一听小徐，我的脑袋“嗡”的一下大了一圈，三步并作两步跑向班里，未见其人先闻其声：“你冤枉我，为什么怪我，有事儿就说我！”小徐歇斯底里地喊着，一边说一边挥舞着手臂。我赶紧安慰数学教师，稳住班级其他学生，然后拉起小徐走出了教室。出了教室，我真的很想马上斥责他，但我转念一想，小徐今年已经 11 岁了，这个年龄已处于青春期早期，出现较大的情绪波动是可以被接受的。于是，我拉着他走进了一间空教室。

我默不作声，静静站在一旁看着这个怒气未消的“小狮子”，只见他不时耸耸肩膀，不断变换着站姿，扭着脖子只往窗外看。此时，我知道用“遵守纪律、尊敬老师”这些大道理来教育他是几乎无效的，甚至有可能适得其反，也许最好的办法是让他先冷静一会儿，释放掉那些能量过大的负面情绪，再开始我们的对话。

两分钟后，我正式开始了与小徐的沟通。综合小徐的年龄和性格特点，这次我决定采用简·尼尔森的正面管教法——力求在平静、友善且尊重对方的前提下，积极帮助小徐。

“小徐，我知道你一定有话想对高老师说，咱们坐下说，怎么样？”我轻抚着他的肩膀，然后拉他坐下。见他不语，我便用商量的口吻继续说：“你还没告诉我究竟发生了什么呢，那高老师可怎么帮你啊！”也许是我的这番话让他感受到了来自班主任的极大理解与尊重，小徐慢慢打开了话匣子。原来，事情是这样的：上课时，坐在他后面的小杨把脚伸到了他椅子下边，还时不时踢他几下，他觉得小杨是故意的，便起身回踢……我认真倾听他的叙述，试着接纳他的想法，体会他当时的心情。“哦，我明白了，你对老师批评你感到冤枉和生气，是因为你觉得你没欺负小杨！”小徐点点头。“可老师怎么只批评你呀？”我假装不解地问，想在同理心的作用下实现和小徐进一步的交流。“我平时总捣乱，老师看不惯呗！还有一种可能就是小杨动作小，老师没看见。”

“哈哈，别看我们小徐年纪不大，分析问题可是很有逻辑呢！”我竖起大拇指，给他点了个赞。“那小徐，你再帮高老师分析分析，小杨今天上课时踢你一定是故意的吗？对了，他平时有没有和你闹过矛盾？”

“没有没有。而且小杨学习一直比我好，我每次有不会的题时，他都会来主动帮我！那……”小徐猛地顿了顿，“我想他应该不是故意的……看来可能是我误会他了。”

“瞧我们小徐，不仅善于分析问题，还有勇气反思自己的言行了！高老师真为你的进步而高兴！我要再为你点个赞！”听着我的表扬，看着我再次竖起的大拇指，小徐却不好意思地低下了头。

我知道，这回轮到我上场了。“孩子，老师希望今后你再遇到突发情况时可以试着先在心里默念 10 个数，让自己冷静一些并做出客观分析。小男子汉要学会管理情绪，可不能成为自己情绪的奴隶啊！”我语重心长地说。

小徐听着我的话，用力地点了点头。后来，他主动找到小杨，两个学生都说了自己今后要注意的地方，冰释前嫌；同时，在我的协助下，小徐与数学教师说明了情况，对扰乱课堂表示了深深的歉意。我在班里也为学生们检查了课桌椅的高度，并利用主题班会时间，组织同学们开展

“手拉手，互相帮”活动，利用同伴的激励力量，主动寻找小徐的优点，帮助他实现更大的转变。比如他按时来上操，大家会为他鼓掌；午餐时给他当值日生的机会，让他为同学们盛菜打饭；比如他能保质保量完成作业，我在批改时，不忘加上一句“你能按时完成作业，老师真高兴。”“你可要坚持呀！”“继续努力啊！”之类的评语。慢慢地，小徐身上发生了许多微妙的变化……

看着小徐能够更顺利地融入班级生活，我感到非常高兴。但是后来发生的这件事，又引发了我新的思考。

那天下午快要上课时，我走进教室，发现班级窗帘被散乱地堆放在窗台上，挂窗帘的罗马杆也因为受到外力“伤害”而弯曲变了形。当时，全班没有一个学生承认，我也没有继续追问。但下课后，我悄悄地在班里展开了调查。究竟谁是弄坏窗帘的“罪魁祸首”呢？经过询问、调查，所有证据都指向了小徐。唉，他又惹祸了！

利用课间休息，我把小徐请到了教室外，问窗帘事件是不是和他有关。一开始，小徐紧闭牙关，一脸倔强的表情。于是我转换话题，跟他唠起了学生们都喜欢的动漫人物，看着他脸上露出了笑容，我话锋一转，又问起了窗帘的事，他先是支支吾吾地说不太清楚，不一会儿就略带尴尬地说：“老师，我不小心用手一拽就把窗帘给扯下来了，上午光线太强烈，我担心影响大家看黑板，没想到用力过猛了，我、我、我不是故意的。”

听得出来，小徐心中还装着集体，有着为大家服务的想法，我觉得又一个能影响小徐的机会来临了。我趁热打铁，继续对他进行引导：“这是好事啊！你刚才为什么不承认呢？”“说了也没有人会相信我！”“信不信是别人的事，首先你要自己相信自己。虽然这件事现在出了点儿岔子，但是你的初衷是好的，这点没有错。待会儿我要把你的好意告诉同学们。

不过，现在咱俩得先看看眼前这个问题怎么解决。”

小徐愈发像个小男子汉了，他执意要敢作敢当，自己修好。但是在我反复劝说下，他最终同意了我的想法——请校工来帮忙。“高老师，那我可以自己去请吗？”“好啊！”

我至今都记得在我同意之后，小徐眼中散射出的那道光。结合后来他去请校工并协助挽回后果等行为，我再次感受到小徐心智上的成长，步入青春期的学生，其自我意识在不断觉醒，他们希望得到别人的关注和认可，但有时却也为自己找不到能够引起大家对自己关注的点而苦恼。而在这时，若能给予更多的信任和鼓励，让其体会到价值感，是转化学生不良言行的有效教育方法。

随着我与小徐的关系更为亲近，为了深入了解小徐各种行为的形成缘由，我主动和小徐妈妈联系。在与小徐妈妈的反复交流中我了解到，小徐从小父母离异，小徐妈妈长期在外地工作，平时由小徐姥姥、姥爷照顾小徐的生活起居。老人受教育水平限制，再加上生活方式比较守旧，使得小徐对两位老人的养育很不适应。同时，姥爷的教育方式也比较生硬，有时“恨铁不成钢”就会揍他。

了解到这些家庭环境后，我对小徐有了更多的理解和同情。父母缺位、情感缺失造成了小徐的野蛮生长，而隔代养育者落后的生活及教养方式、学生与老人的僵滞沟通则对学生性格、人格的形成，习惯的养成造成重大影响。所以，“家庭教育缺位”是造成小徐成长受阻的根本原因。

于是，我跟小徐妈妈说出了我的分析和思考：毕竟小徐才 11 岁，希望小徐妈妈能每天和孩子聊聊天，加强亲子交流，增进母子情感；希望姥爷放下棍棒，并能够尝试着接纳一些孩子的奇思妙想。

此外，我还专门建立了一个微信群聊，这里面只有小徐妈妈、小徐和我。每周我都会抽出几分钟时间在微信群里和小徐妈妈汇报一下本周小徐的“成果”。看着他点点滴滴的进步，我和小徐妈妈都为他感到高兴。后来，突如其来的疫情，使学生改为居家学习，小徐妈妈因工作原因滞留在外地，小徐与姥姥、姥爷朝夕相处。经过家长同意，我坚持每天和小徐视频连线，说说话、聊聊天，给予他更多的关爱。由于自己的孩子和小徐年龄一样，因此也为我们之间增添了一些共同话题。《西游记》就是当时我们最热衷讨论的话题，就在日复一日的不断交流中，我和小徐的心离得更近了。

正常开学后，我们终于又能“面对面”接触了，小徐对我也明显更亲近了，他的性格更开朗了，而且能够和同学建立起稳定的友好关系。由于疫情防控，上课师生都需要戴口罩，而我发现小徐的口罩总是“皱巴巴”的，好像好几天没换过似的。下课后，我把小徐叫到身边，直接进入主题：“口罩是不是几天都没换了？我们要注意防疫，讲卫生啊！”“老师，我姥爷说口罩一天换好几个太浪费了，什么时候用坏了再换，不给新的。”我知道，老人家的生活方式早已定型，很难改变。“没关系，那以后没有口罩就来老师这里，我给你，而且我要盯着你戴好。”随即，送给了小徐两包口罩，起初他再三推辞，我知道他是不好意思，便劝说道：“这算是老师借给你的，将来长大了挣钱还我啊！”话音刚落，他低着头，从我手中接走了口罩。虽然当时他没有抬头，没有与我眼神对视，也没有道谢，但当他转身回教室的那一刻，我看到他的双眼似乎有些湿润。

尽管小徐有时还会出现一些情况，但是可以看出他的眼神更加柔和，他的行为更加克制，他现在能够积极参与集体活动，学业表现也朝着更好的方向发展。在将来的学习生活中，我相信小徐一定会成为更好的自己，拥有美好的未来。

教育反思

回顾过往，在和小徐的同行中，我也有了很多新的体会。

一、用爱心走近学生

故事中的小徐虽然还是个小学生，但是已年满 11 岁，从发展心理学的角度来看，他已进入青春期。个体处于青春期时，大脑中负责基本行为的功能已日趋成熟，如视觉、听觉和运动脑区，而负责复杂思考、规划区域的前额叶还未发育成熟，这种脑部的不平衡发育是导致青春期学生比较冲动，且情绪多变的主要原因。

因此我们成人（教师、父母）要多关注青春期学生的情绪变化，也要调整与学生的沟通方式，不要与学生在情绪上硬碰硬，而是要理解和接纳学生的情绪，并在此基础上引导学生良性成长。

二、用慧心引领成长

除了理解和接纳，我们也要激发自己更多的智慧陪伴学生走好这段学习生涯。

（一）正面管教法

在对小徐的教育中，我尝试运用了简·尼尔森的正面管教法，正面管教是一种既不惩罚也不娇纵的管教学生的方法。这一方法的核心理念在于学生只有在和善而坚定的气氛中才能培养出自律、责任感、合作以及自己解决问题的能力。

所以，它告诉我们，只有先以同理心接纳他，才能逐步引导他开启更成熟的思考模式，进而引导他迈出正确的一步。

（二）情绪管理

在故事中，当小徐因冲动导致不良影响后，我教给了他缓解冲动情绪的实用方法，我姑且称它为“10 秒控制法”。其实并不是这 10 秒的威力有多大，而是你能够实现主动且有意识地控制自己的情绪，才是该方法得以奏效的根本原因。

当学生出现问题时，我们在教育过程中不仅要接纳学生的情绪，还要教会学生如何正确表达情绪，如何管理好自己的情绪。这既是走进学生内心，帮助他们处理情绪的重要途径，也是引导学生矫正不良行为的正确方法之一。

（三）重要他人的转移

故事中，我巧借小徐善于分析问题的特点，最终让他发现小杨并非故意招惹他的事实。其实，多数情况下，人的思维方式是相对固定的，且隐藏在潜意识中，不易被觉察。但我们的教育能否有效的根本就在于学生是否真的认同，而这就需要我们花心思去引导学生，促使他发现自己认知中的不合理成分，那么他的执念也就不攻自破了。

（四）善用环境影响

青春期学生在其社会化发展进程中还有一个显著的变化便是同伴关系的比重渐渐超越亲子关系，同伴逐渐成为学生情感和思想交流的主要对象。

所以，建立和谐的同伴关系对学生的成长意义重大。因此，我依托班集体这一强大育人环境助力小徐不断成长，比如用同伴的鼓励与赞美，让他重拾信心；创设多样化班级活动，让他在与同伴的互动中，习得和谐人际关系的方法。

三、用匠心守护稚嫩

虽然小徐在学校的表现已大为改善，但我知道若要让这个学生今后的成长道路走得稳健，我需要以精益求精的匠心实现更长情的守护。

（一）系统理论：人在环境中

根据系统理论，在儿童成长过程中，家庭系统的良性发展对其成长具有重要作用。父母是学生成长中最重要的见证者和陪伴者。小徐从小父母离异，这给学生内心和成长所带来的伤害无疑是巨大的，同时随着青春期来临，他们的自我意识逐渐增强，更渴望在家庭和学校中得到更多的关注。

所以，教育过程中我们不能忽视家庭教育的重要性，我们更要带动和支持家长，为学生构筑坚固的成长堡垒。

（二）用"精心的时刻"传递给学生最真挚的爱

"精心的时刻"是盖瑞·查普曼在其名作《爱的五种语言》中所写到的"爱的语言之二"。这是一本和谐婚姻家庭的书，但它所提到的方法也同样适用于亲子关系中。

那么什么才算是"精心的时刻"呢？笔者给出的答案是：给予对方全部的注意力。

所以，家长在陪伴学生时，要用心倾听学生的言语，用心接受他的行为。要让学生感受到此刻的自己受到了全心全意的关注和重视，进而让学生感受到家长对他那真挚而深沉的爱。

用宽容的心静待花开

北京市京源学校 葛晖

教育故事

三年级开学的第一天，小 A 出现在了我的面前。

早就听说这个班里有一个叫小 A 的“混世小魔王”，同事们说我一定一眼就能认出他。但我想再怎么调皮也就是个孩子嘛，孩子都喜欢听鼓励的话，我多表扬一下应该很快就会俘获他的心。想到这儿，我就缓缓站上了讲台，拍了拍手，随即大家的注意力都集中到我的身上。

我边自我介绍，边扫了几眼小 A，这时的小 A 已经趴在桌上用一张看起来皱皱巴巴的纸画起了小汽车，看来他挺喜欢画画的。第一次接触之后，我确实能看出来他的行为习惯不太好，但也没有传说中的那么差。我感觉首先可以借助 9 岁学生非常看重教师评价这一特点，给他提供能够发挥所长的机会，用表扬与赞美促使他加强对自身的约束。

于是，开学初我就让小 A 当上了美术委员。任命当天，小 A 害羞地来到我的办公室，扭扭捏捏地站着，用蚊子般的声音和我说，“老师，我喜欢画画，但不知能不能当好美术委员，我连组长都没当过。”说罢，他腼腆地笑着挠了挠头。我摸了摸他的脑袋，说：“美术委员最重要的是要喜欢画画，而且每个人都有第一次嘛，不用紧张。”就这样，小 A 成了班里的美术委员。我至今都忘不了他离开办公室时那双仿若会发光的笑眼。

接下来的日子里，小 A 一腔热血地准备出板报，吩咐完这个同学，又去联系那个同学，一下课就跑到后面画画，画完还记得拿着扫帚扫一下粉笔灰……看着他每天忙碌的身影，我很高兴。可令我不解的是，时间过去一个多星期了，后面的板报却没有半点起色。

一天，有名女同学气呼呼地来告状了：“老师，小 A 他根本不配当美术委员，他只找自己关系好的哥们儿和他一起画板报。这还不算什么，关键是他只画小汽车，都不好好出板报！”

我进教室看了看，果然小 A 正趴在后黑板上和另一个男生嘻嘻哈哈地画小汽车呢，之前画得挺好的图案竟然都擦掉了。我把他叫过来，对他说：“小 A，之前画得挺好的，怎么都没了，你得安排大家和你一起按照主题画啊。”

小 A 生气地说：“他们都不听我的，也不听我安排，所以我只能自己画。”

旁边的同学急了：“我们辛辛苦苦画的，你倒好，说擦就擦了。”

“就是！你自己一点儿想法都没有，我们画好了你还不服气！”其他几位同学也跟着起哄道。

场面一度有点混乱。此时的小 A 气得满脸通红，眼看着就要上手打人了，我赶忙勒令制止住了他，但他还是张牙舞爪地不依不饶：“这破美术委员我还不屑干了！谁爱干谁干！”说罢，小 A 踢倒了旁边的凳子，双手抱在胸前，气呼呼地仰坐在了座位上。

我看着眼前的小 A，回想着之前同事的介绍，我相信仅仅 9 岁的小 A

一直以来问题不断，一定不全是他个人的原因。小 A 言行举止中所暴露出的“以自我为中心”、不擅人际交往，大概都和他一直以来的成长经历密切相关。作为班主任，我觉得应该先去了解一下小 A 的家庭了。

果然，接待我的是学生姥爷。从跟姥爷的谈话中我了解到，小 A 是他一手带大的，小 A 的爸妈在他四岁的时候就离婚了，爸爸平时别说陪伴，连过来见儿子一面都很难。我意识到能够打开学生心结的那把钥匙，也许就是他的爸爸。几经辗转，我终于找到了学生爸爸，先跟他交流了学生的现状，爸爸边听边叹气，脸上的表情很复杂，有无奈、疲惫、惭愧……令我高兴的是，这次谈话让爸爸真正意识到了自己在养育孩子这件事上的巨大责任与不可或缺。我接着说：“我能感受到您的不容易与无可奈何，但把孩子交给老人抚养本身就是不利于孩子成长的，孩子成长过程中不能缺少父爱，尤其是男孩子，他要在您身上学习男子汉该有的特质，而且我看得出小 A 非常爱您，和您在一起时总是那么小心翼翼的，就是因为他怕自己犯错误您就不要他了，可您一次次的食言与不陪伴，甚至让他发狠说过不要您这爸爸这种话。孩子现在已处于中年级，这个年龄段的孩子特别容易情绪化，处于一个小逆反阶段，但我们不能知难而退。陪伴孩子成长的机会只有一次，请您千万不要让自己错过。”总而言之，希望爸爸抽出时间多陪陪儿子，平时打电话多关心一下。爸爸听完先是默默叹气，随即连连点头。应该说，这次家校沟通是非常成功的。小 A 的爸爸也确实意识到了自己的责任和义务重大，和孩子的联系密切了起来——每天跟孩子视频电话、督促他学习，每周领儿子出去玩一天。有了来自爸爸的暖心沟通，小 A 似乎变得比之前开朗了，在与我的日常交流中也常会分享父子间的趣事给我听。

记得后来学校有一次观影活动，我主动和小 A 爸爸说，希望他能来做志愿者，小 A 爸爸欣然接受了我的提议。但小 A 却还被蒙在鼓里，等我们那天到电影院门口时，小 A 猛地看到了爸爸，他露出了惊讶、羞涩而喜悦的神情。天气炎热，爸爸还给班里同学每人买了一瓶水，我过去拍了拍小 A，示意他去帮着发。同学们跟小 A 道谢时，他拽拽地说："不用谢我，我爸买的。"那种骄傲之情溢于言表。后来的好多次班级活动，小 A 爸爸也是能参加就参加，虽然每次小 A 嘴上说着无所谓，但其实每次爸爸来他都表现得非常积极，力求在爸爸面前展现出自己最好的样子。

看着小 A 越来越好，我也感觉特别有成就感。但是随着小 A 不断长大，仅靠稳定和谐的家庭氛围对一个即将步入青春期的学生来说是不足够的，我需要让他在学校的活动中、在与同伴的交往中获得更多认同以促进他更好地长大。作为班主任，我也要想办法获得学生的极大信任，所以我就增加和他交流的机会，有时还会趁着小 A 心情不错，约他到操场边走边聊。渐渐地，我和小 A 可说的话题越来越多，他也时常主动跟我谈心，或是向我寻求帮助，他越来越听得进我的话了。

一次，年级要组织足球赛，我兴冲冲地动员爱踢球的他去报名，但小 A 却闷闷不乐地和我说他不想参加。我很疑惑，忙问他为什么，他说因为之前班里同学说他不懂规则只会给班级拖后腿，其实他也觉得自己很差劲。我鼓励他说："我觉得你现在踢得挺好啊！规则这东西，学学也就会了。要不要试一下？"小 A 终于接受了我的提议。之后的几天，我和他一起学习足球规则，叮嘱他要有团队意识。后来他不仅在赛场上为班级争得了荣誉，还在赛后被选入了校足球队。得知自己入选的那一刻他兴奋极了，后来每天他都自觉去训练，之前很少有事情让他这么积极过。而且他的朋友越来越多，他的性格也开朗了起来，努力的他也最终成了班级、校级足球队里的绝对主力。

其实，我让越来越多的同学参与到小A的生活中来，除了让他感受到班集体的温暖，还有一个很重要的原因就是已升至六年级的他马上就要毕业，我固然不能陪他去中学，但是他有同学们的陪伴就会减弱初到陌生环境中的不适。同时，12岁的他已到青春期，同伴将会逐渐成为这一阶段他最重要的他人。我相信小A在同学们的认可与鼓励下会变得越来越好。

功夫不负有心人，通过家校双方共同转变观念以及同伴间的携手同行，小A在继续改变，他愈发懂事，上课听讲认真，课下遵规有礼，和同学之间也能和睦相处。时间过得真快，这一届学生如今已经毕业两年半了，他们到中学后都有着各自不错的发展。

我感到非常欣慰，在感慨时光流逝的同时，我也感谢他们，作为我的第一届学生，在我的教育生涯中时刻鞭策和启迪我，并且应用到了后来的班级。作为一名从事教育工作不满七年的年轻教师来说，我虽然没有轰轰烈烈的业绩，也没有惊天动地的壮举，但是能与学生鱼水交融、共同成长，便是我最大的收获。

教育反思

一、问题分析

家庭教育是转化小A的关键所在。

首先，家庭教育与学校教育对学生的健康发展都起着不可或缺的作用，作为班主任，要整合家庭教育与学校教育，使之形成教育合力，尤其对待单亲家庭，更要积极沟通，采取有效方法。

其次，中年级学生由于生活经验不足，他们在陌生、严肃、冲突、恐怖、约束、遭受指责等情况下，容易产生紧张的情绪，自我调节能力比较差，难以释放心理压力，这样就容易使他们的心情变坏。他们喜欢与伙伴共同游戏、学习，但情绪很不稳定，容易激动、冲动，常为一点小事面红耳赤，而且情绪变化极大，并且表露在外，心情的好坏大多数从脸上一望便知。

二、对策措施

（一）运用同理心与家长沟通，对接家庭找到问题点，鼓励家长参与活动，形成教育合力

父母是孩子的第一任老师，良好的亲子关系能够促进学生积极品格的发展，减少其消极情绪和问题行为，对学生的未来发展有着至关重要的意义。2018 年，习近平总书记在全国教育大会上指出：家庭是人生的第一所学校，家长是孩子的第一任教师，要给孩子讲好“人生第一课”，帮助扣好人生第一粒扣子。对中年级学生家长而言，孩子对自己的依赖性降低了，家长在孩子面前的权威性也有所下降，很多情况下，需要教师作为中间人，帮助家长和学生建立良好的亲子关系。但亲子关系质量影响家庭教育的水平，对学生的学习、人际关系、心理健康等方面的发展具有重要的意义。

所以我在了解小 A 家庭情况后，建议小 A 爸爸在工作之余多创造与小 A 沟通交流的机会，多参加学校活动，而不是只有小 A 犯错时才出来关注孩子，那样只会适得其反。

同时，单亲家庭的生活环境容易使学生心理失衡，出现较多心理问题。这类学生在成长过程中更容易形成自卑、敏感、孤僻、攻击、怯懦、逃避、感情淡薄、自我封闭等不良心理特征。基于单亲家庭学生这样的心理特征，我在教育过程中采取更巧妙、更灵活实用的方法，积极了解这类学生家庭中出现的问题，与各方家长积极沟通，力促家校合作，遵循“积极关注，尽力关怀”的原则，潜移默化，间接含蓄，重在细节，一切尽在行动中的方式，帮助单亲家庭学生排忧解难，引导其朝正确的方向发展。

（二）从班主任自身角度，利用积极情绪与学生有效沟通，建立相互尊重和理解的师生关系

中年级学生自我意识逐渐增强，他们对教师的认知从盲目崇拜逐渐开始具有一定的客观性与批判性。他们更加重视教师如何看待自己，对自己采取什么态度。教师对学生的看法和态度会通过表情、语言和行为等方式对学生施加影响，而学生也能够感受到教师的看法和态度，从而影响学生对于教师的看法和态度。如何构建一种理想的、和谐的师生关系，是个值得深思的问题。

在小 A 的成长过程中，他犯过很多比较严重的错误，但事实证明，家长和教师的情绪化反应引发了小 A 更大的情绪化甚至反抗性表现，久而久之导致师生关系不融洽。情绪具有传染作用，具有积极情绪的教师更容易与学生建立良好的关系。当教师保持心情愉悦、以微笑的姿态面对学生时，教室中的气氛通常也较为轻松，不会过于紧张，进而能感染学生的心情，使其也变得轻松、愉悦，为师生间的互动与情感交流奠定良好的基础。

苏霍姆林斯基说过：“如果学生不愿意把自己的欢乐和痛楚告诉老师，不愿意与老师坦诚相见，那么谈论任何教育总归都是可笑的，任何教育都是不可能有的。”与学生谈话时我总结出以下三种策略：首先，学

会倾听。教师与学生进行沟通的过程中，要学会倾听，耐心地、认真地听学生诉说，不打断、不插话，鼓励学生表达自己真实的想法，善于捕捉交谈时的有效信息，从而给学生提供切合实际的指导。其次，不拘形式。教师语气平和，对学生充满爱与关怀，善于发现学生的闪光点并及时表扬、鼓励学生。沟通并不拘于形式，除了言语，一个眼神、一个微笑、一句问候都可以作为交流的内容。最后，选择恰当的时间和地点。教师尽量选择学生心情好的时间找学生谈心，使学生更容易说出自己的心里话。沟通的场合不局限于办公室，操场、放学路上或心理小屋都可以作为谈话的地点，使学生能够轻松地与教师交换意见。

基于以上三种策略，我与小 A 的沟通从最初的针锋相对到后来的无话不谈，师生关系越来越融洽，所以师生间的沟通是一门艺术，教师懂得如何与学生有效沟通，才能建立相互尊重和理解的师生关系。

（三）同伴的力量，提高学生自我价值感，助其走得稳健而长远

随着年级的增长，学生自我意识会急速发展，这也宣告着青春期的到来。在这个过程中，同伴间的影响会逐渐增加。而良好的同伴关系有利于学生认识自我和促进社交技能的发展，有利于学生融入集体和社会，为他们日后的发展打下重要基础。所以，中年级教师要重视学生同伴关系的培养，将其作为中年级学生的教育重点。

故事中，为了让小 A 同学融入集体，提高自我价值感，在接班之初我安排小 A 担任美术委员，正是这次尝试让我发现小 A 人际交往能力很弱。虽然在此期间状况频出，但也让我对其后续的培养更有针对性。之后我又鼓励小 A 参加足球赛，为班级、学校争光的同时，也增加了他对自己的认同感以及促进了他与同伴关系的和谐发展。

高大姐的“进化”三部曲

石景山区苹果园第二小学　郝健微

教育故事

从2016年起，我与高大姐开始了长达六年的斗智斗勇。在这样的相处中，我从“菜鸟”班主任，逐渐成了有经验、有方法的“老鸟”班主任，而高大姐，也从“小刺猬”变成了偶尔炸毛的“大猫咪”。

一、初级“进化”——瑟瑟发抖的高大姐

她，姓高，个头也是全班最高的。入学时，就听说她是家里的“霸王”；而入学后，她又很快打遍班中无敌手，是班里绝对的“大姐大”，所以人送绰号——高大姐。

一年级下学期，一节劳动课下课后，小常拉着奋力挣扎的高大姐到我的办公室，委屈巴巴地跟我说：“郝老师，高大姐用铅笔扎我的眼睛！”

我吓了一跳，立刻起身查看，小常的眼睛周围确实红了。我看着高大姐，高大姐甩开他的手，辩解道：“我就是比划了一下，没有扎。”

我看了看小常的眼睛，着急地问：“到底扎到没有啊？”

小常看了看高大姐，又看了看我后，用小手的大拇指和食指比划了极小的距离，告诉我："就差这么一点点。"

高大姐比划了一个大一些的距离，肯定地说："差这么多呢。"

我问："那他眼睛怎么红了？"

高大姐理直气壮地说："他哭的。"

我安抚地摸了摸小常的后背，温柔地说："你可是吓到郝老师了，真以为扎到你眼睛了呢。"

我严肃地看着高大姐，并告诉她："这样的动作即使没有扎到，也非常危险。你正在比划的时候，万一有人不小心撞到了你，真扎到了，怎么办？"

听到这儿，高大姐害怕地低下了头，不敢再看我。我摸摸她的头，耐心地说："眼睛多么宝贵啊，你的铅笔离他眼睛那么近，他都吓哭了。换作是你，你害怕不害怕？"

高大姐抬起头看着我说："我向他道歉。"只见她向小常伸出了手，诚恳地说："对不起，我不该拿铅笔在你眼睛那儿比划。你能原谅我吗？"

小常也痛快地握住了高大姐的手回答道："好吧，我原谅你了。"

本以为事情圆满地解决了。但是一周后，这种危险的事却又一次发生了，而这次是真的扎到了。我把小常的裤子撸上去看他的腿，万幸的是没有破皮，只留了个小坑。

我严肃地问高大姐："你为什么又扎人？"她非常理直气壮地说："他跟老师说我上课说话。而且我这次没扎眼睛，我就轻轻地扎了腿，不疼……"她一边说一边比划着。

看着不断辩解的她，我首先找到了关于铅中毒的视频，想用事实去教育她。但让我意外的是，她的表情从一开始的无所谓，慢慢变成了还好没有扎破小常的庆幸，而最终变成了不安和自责。看着她紧盯视频的专注神情和愈发严肃的表情，回忆着她平日的表现，我顿时茅塞顿开：是的，人高马大的高大姐虽然如今已快8岁，但是在很多事情上我都曾觉察到她的幼稚与任性，大概是“自我中心性”最盛的四五岁孩童的样子。再联系到她的家庭情况，我想可能是她幼年时的养育者没有在相应的年龄阶段及时关注孩子的认知发展，从而导致高大姐思维发展水平的相对滞后。既然这样，那么我首先需要帮她尽快补上这关键一课——引导她学会换位思考，能够以同理心站在对方的角度去思考问题。

于是，在她看完第三个小视频后，我一边握着她有些湿凉的手，一边语重心长地说：“不管是因为什么，都不要动手去解决，你觉得你轻轻扎一下，不疼，可这些都是你觉得，而真正疼不疼只有被扎的人才知道。要是他家长知道孩子在学校被人扎了得多心疼啊！”高大姐想了想，决定再次跟他道歉。

小常看着高大姐，一边说一边摆摆手：“你真的不能再扎人了，我虽然没出血，但是我也疼，你要是能保证不再扎人了，我就原谅你。”高大姐郑重地点点头。两个人又一次握手言和了。

放学后，我与两个学生的家长说了这件事。小常的妈妈虽然心疼孩子，但听到高大姐的保证后，也原谅了她。我一边抚摸着小常的头，一边对高大姐说：“没有一个家长是不心疼孩子的。换位思考一下，今天挨扎的是你，你的家长是不是也心疼？”

她红着眼圈点点头。从那以后，她不仅没有再扎过别人，也没有再和人动手了。终于迈出了她“进化”的第一步。

二、中级“进化”——讲卫生的高大姐

一天上课，我让高大姐回答问题。而随着她起身的一刹那，她桌斗里的东西，也如雪崩一样瞬间掉了一半；坐下以后，另一半也随即掉了出来。只见她左手和右手一起把地上的书端起来，再一股脑地全塞进桌斗里，用时不到 10 秒，熟练得让我叹为观止。

回到办公室，我的脑子里仍是课上那一幕。我知道培养学生的行为习惯仅靠学校是不够的，学生年龄还小，家庭教育的品质也至关重要。所以，围绕着“给学生营造适宜成长的家庭氛围”这个话题，我与她的妈妈取得了联系。把当天发生的事与她妈妈进行沟通，她妈妈回复：“好的老师。我们今天就开始让她整理书桌，保证在学校也能收拾好。也谢谢老师及时反馈她在学校的情况。”

看到她妈妈这么配合，我更加期待她第二天的变化。但第二天她却带着一脸的伤来到了学校。我在班级门口拦住了她，吃惊地问：“你的脸是怎么了？”

她满不在乎地抬起胳膊用袖子蹭了下脸说：“我爸不在家，只能我妈跟我一起整理物品，整理得不满意，她就打我呗。”

我看着她的脸，自责不已：“你妈平时总打你吗？”

“我做什么让她不满意的事儿了，她就会打我，我爸在家还好。但是我爸上一天班，休息一天，不总在家。”

看着鼻青脸肿的她，我心里再没有她往常淘气后的气愤，只有满满的疼惜：“你先进去上课吧，要是哪里不舒服了，到办公室找我。”

回到办公室，我又拨通了她妈妈的电话。还没等我说话，学生家长一反昨天的态度，问道：“老师，她又怎么了？难道我昨天的教育还不够吗？”

我想了想，决定还是当面跟学生家长沟通更好一些，便回复道："没有什么事儿，孩子很乖，早上到学校后也很有礼貌。主要是想和您当面沟通一下，对孩子习惯的培养，毕竟是长期的工作，也希望和您一起让孩子变得更好。您今天有时间吗？"在得到肯定答复后，我接着说："今天下午 3:00 您来学校，这样放学您可以和学生一起回家，好吗？"电话那一头一直没有回音，我的心也跟着揪起来了，怕家长不配合。在漫长的等待中，她妈妈终于回复道："可以。"

下午，我怀着忐忑的心情见到了孩子的妈妈。"昨天和您沟通孩子习惯的问题，是真的想要从家校两方面来帮助孩子养成好习惯，并不是跟您告状，让您修理她。"

高大姐妈妈捧着我倒的水，心平气和地和我说起了她家的情况："老师，我的脾气比较急，有的时候孩子达不到我的要求，就容易起急动手。上幼儿园的时候都是她爸爸和姥姥管她，所以她性格也像男孩儿一样，大大咧咧。她爸爸比较宠她，她只要有什么不愿意的，撒泼打滚，她爸爸就能满足她。我工作比较忙，上班走时她还睡着，下班回来她又睡了，一周加起来也没多少时间陪她。这孩子从小就和我不亲。她上小学以后，她爸爸就没工夫陪着她了，我晚上倒是有时间和她在一块，但不像其他母女那样有说有笑，我们总是有矛盾。就像昨天，我看着她收拾东西，告诉她，从下到上，从大到小码放。她非要跟我对着干，我一急，就揍了她，打完她，她倒是听话了。什么事儿都是挨一顿揍，她就老实了。"

听了孩子母亲的诉说，我深感这位母亲的不容易，同时也知道了孩子现在的状况与她的家庭有很大的关系。我看着她妈妈说："可咱们也不能总打孩子。孩子慢慢长大了，她自尊心就强了，别的孩子看见她一脸的伤，也知道是怎么回事，会不会笑话她啊？等她大了，打也就没用了。"

她妈妈突然眼圈红了，有些哽咽道："老师，你教教我吧。我真不会教育孩子。"

我递给她一张纸巾，诚恳地说："我们要先弄清楚孩子为什么不听您的，弄清了问题所在，就找到了突破口。您说呢？"看到她妈妈点了点头，我接着说道："一会儿孩子就放学了，等其他孩子走了，我单独跟孩子谈谈。您先别进去，我不告诉她您来了，您偷偷地躲在门口听着吧。"

放学时，我把高大姐留在教室里。摸了摸如同她一样倔强的头发，告诉她："你妈妈说稍微晚一点接你。咱们一起等等她吧！"她好像不太习惯与他人这么亲近，晃了晃脑袋，但并没有抵触与我的接近。她点了点头。我看着乖巧的她，说："你跟我说说你妈妈吧！她平时怎么与你相处的，总打你吗？"

她点点头后，说："我妈在家里也是乱七八糟，衣服扔得到处都是，还不如我呢。她自己也不怎么样，为什么说我啊！还说脏话，不听人说话就打人，她说的要是对的，我也会听，但是她自己都做不到，我为什么要听她的呢？她一点也不像别的妈妈那么温柔。也从来不夸我，只会说，我的水彩笔扔得到处都是，她都扔进了垃圾桶。"高大姐说着说着，眼泪如断了线的珠子，不停地流着，仿佛用了最后的力气，喊道："我不是她亲生的吧！"

刚说完，只听门"吱"一声开了，孩子妈妈快速地走到高大姐面前，也已泪流满面。她想要去拥抱高大姐，但是被她躲开了。我从来没见她哭得这么伤心，我问高大姐："老师抱抱你，好不好？"她躲在了我的怀里。我就这样抱着她跟孩子妈妈说："孩子是一张白纸，您是孩子的第一任老师，也是孩子的镜子。您想让她改变，首先您要改变，言传身教很重要。"

她妈妈一边哭一边点头。安抚好高大姐的情绪，我松开了她，看着她妈妈，想让她们母女说上两句。她妈妈也看懂了我的眼神，充满愧疚地说："妈妈错了，不该打你。你原谅我好吗？"

高大姐半信半疑，抽泣地问："那你……以后……都、都不打我了？"

"不打你了。但和你好好说，希望你能听，我是你亲妈，都是为你好。"

高大姐点点头，又说："你……能不说脏话吗？我喜欢有礼貌的……妈妈。能和我一起收拾吗？你让我干的活，你自己也不干，都是让我爸干。"

学生妈妈郑重地点点头："行。以后我们一起收拾，我收拾我的，你收拾你的，看谁收拾得好，行吗？"

"让我爸当裁判。"

她妈妈又点点头，说道："是妈妈不对，原谅妈妈行吗？"说完，朝孩子张开了双臂。高大姐终于扑到了妈妈的怀里。母女俩又哭了起来。

等到她们心情平复后，我拿出了早已准备好的表格，对母女俩说："这是好习惯养成表，专家说 21 天培养一个好习惯。正好咱们一起验证一下。本来这个表是给孩子准备的，现在你们母女俩可以一起用了。梳理一下要养成的习惯，你们一起去完成，互相给对方做记录，比如今天你们都把物品码放整齐了，就互相给对方画一个星星，连续 21 天，可以互相奖励。孩子在学校，我也会给她定一个目标，保持 21 天位子整齐，奖励一个她喜欢的物品。"母女俩欣然同意。临走时，高大姐充满信心地说："21 天后，我想要我喜欢的水杯。"这是对着她妈妈说的，又跟我说："我想要当一天体育委员。"

21 天后，高大姐拿着那张表格给我看。表格上是高大姐自己画的她和妈妈的各种 Q 表情，生动并形象。从这一个个时而愤怒、时而开心的表情中，我看出了母女俩关系变好了，两个人也一直在坚持达成每天的目标。

我开心地说："真是太棒了！没有中断过，怎么坚持下来的？"她自豪地说："我有的时候忘记了，或者想拖延到第二天，妈妈就会跟我说，我还想看你画画呢，画得真好。我就又有动力了。"然后又在我耳边悄悄地说："我妈妈有一天要加班，是我帮她收拾了早上换下来的睡衣。但是我也给她画了表情。"看着这样的高大姐，我激动地抱住了她："看到你的改变，你的坚持，郝老师太高兴了！"

三、高级"进化"——"追星"的高大姐

升入五年级，孩子都开始发育了，有的女孩子害羞总是含着胸；有的女孩子早早就穿上了内衣；而高大姐发育特别快，胸部很丰满，但她每天都不穿内衣，夏天衣服又薄，看着非常明显。基于这样的情况，我给女孩子们单独开了以青春期发育为主题的生理课，着重讲一些女生身体发育和生理期的问题。

"胸部发育是非常正常的事儿，证明你们都长大了，是大姑娘了。不需要害羞，可以穿上内衣，既遮羞又对我们的胸部进行保护。"

班里开始讨论起了去哪里买好看的、舒适的内衣。这次生理课后，害羞的女孩子也挺起了胸膛。只有我们高大姐，依旧我行我素。跟她说了几次："要穿上内衣，这样会更舒服，对胸部起到更好的保护。"她当时能做出保证，但过后又不记得了，甚至每天写在记事本上也会忘记。

我与孩子妈妈联系，孩子妈妈也很无奈地说："我现在上班早了，她起床后都是一个人在家，穿什么出门，我根本就不知道。我把内衣晚上放在她床头，也提醒她要穿上。她就是不爱穿，觉得勒得难受。我会不断叮嘱她的。"从那以后，高大姐偶尔会穿上内衣，但大多时候还是会忘。

班里有个很干净漂亮的小姑娘，又可爱又利落。学习、生活各方面都很优秀，是班里女孩子的榜样。我偶然发现，这个小姑娘前一天梳什么发型，第二天高大姐也梳什么发型。这让我有了新的想法：进入青春期的学生，很容易受到同伴的影响。所以充分发挥同伴中榜样人物的示范，很可能会达到意想不到的效果。

于是课间我装作不经意地拉住高大姐说："你今天这小辫儿真好看，姥姥给你梳的？"她害羞地点点头。我假装记不清了，看着她问："昨天欧阳是不是也是这个发型啊？"她诧异地看着我说："是。我觉得她的发型好看，也让我姥姥照着梳的。"我心中暗自窃喜："你还觉得她哪里好？"高大姐不假思索地回答："她不仅善良，学习还好，我有不会的问题她都告诉我。她做操非常优美。体操台上的领操员，我只看着她。""那她就是你的榜样了吧！"高大姐点点头。我又接着说："她确实很优秀。跟榜样学习，可是方方面面的，相信你在跟她学习后，也会变得更好。"

我趁热打铁，马上找到欧阳，明知故问："你穿内衣了吗？"小姑娘很天真地说："穿了呀，我妈妈还给我买了个跟自己同款的，颜色也是我最喜欢的紫色。"我激动极了，拉着她的小手说："是吗？我记得高大姐也喜欢紫色，你也给高大姐看看。告诉她哪买的，好不好？"小姑娘兴奋极了，看得出她想与高大姐分享。

榜样的力量，是不容忽视的。第二天，高大姐穿上了内衣。之后，几乎每天都穿。她的榜样在之后的日子里，又帮助不爱穿袜子的高大姐"穿上了"袜子，还彻底解决了很多问题。

我和高大姐斗智斗勇的故事，每天都在发生，痛并快乐着。"痛"的是，她还会小错不断，犯过的错也总是反复犯；快乐的是，看到了她一点一滴的进步。相信只要不断努力，高大姐一定能实现终极"进化"。

教育反思

从“高大姐”的三个故事中可以看出，她问题行为的主要原因就是因家庭教育缺失导致的自我成长受阻。

换位思考是人对人的一种心理体验过程。将心比心、设身处地是达成理解不可缺少的心理机制。它客观上要求我们将自己的内心世界，如情感体验、思维方式等与对方联系起来，站在对方的立场上体验和思考问题，从而与对方在情感上得到沟通，为增进理解奠定基础。学生能设身处地地推断他人的感受，比如，看到别人伤心，他们会站在他人的立场，考虑他人的痛苦，从而做出安慰、助人等行为。父母和教师在管教学生时，如果能采用角色扮演的方式，或者鼓励学生去考虑别人的感受，就能在很大程度上促进学生移情能力的提高，从而增加其亲社会行为，减少其攻击行为。在高大姐初级“进化”时，从班主任教育角度出发，在与同学相处发生冲突时，引导其实现换位思考，是比较常见的方法。让学生站在对方的角度去思考，产生共情，以促进其道德水平发展进而达到教育目的。

班杜拉研究发现，当成人言行不一致时，儿童更加关注榜样的行为而非语言，说明身教的作用大于言传。第一次与家长沟通，在家整理物品没有效果，因为学生妈妈只“言传”。第二次，在进行沟通时，发现学生妈妈也有同样的问题，所以，她们是需要共同去改变的，教师引导学生和家长制订习惯养成计划，并共同完成，在计划完成后给予奖励。这样的“言传身教”起到了很好的效果。从家庭养育角度来看，小学中年级学生，通过有效的家校沟通，帮助学生获得稳定规律的生活环境，营造适宜个体成长的良好家庭氛围。

往往一个学生身上存在很多的不良生活、学习习惯，比如高大姐生活中还有很多不良习惯。逐一去进行改变，不仅需要大量的时间，学生的问题还会反复，学生吃不消，也会让教师备受打击。

从班级教育角度来看，小学低年级学生喜欢模仿成人，所以教师和家长要做到以身作则，为学生树立榜样。进入青春期的学生，其重要他人也从教师家长转换成了“同伴”。由于他们很容易受同伴影响，所以让学生找到适合的榜样，向榜样学习，充分发挥同伴中榜样人物的示范、引领作用，就能达到良好的育人效果。

我这个长达六年的教育故事算是画上了较为圆满的句号，有爱的教育、科学的教育，才能收到理想的效果。

外号变形记

石景山外语实验小学分校 李春艳

教育故事

“李老师，不好了！张晨晨和董小锦打起来了！”班长慌慌张张地跑到办公室喘着粗气说。听到这个消息，我二话不说赶紧走向教室。只见两个人还在对峙中，董小锦一脸怒气：“老师，他先打我。”“他给我起外号！”张晨晨也不示弱。“我没有。”“起了，你叫我臭臭！”“上幼儿园的时候别人都叫你臭臭……”俩人你一言我一语地争辩着。我把俩人叫到跟前：“同学之间不要因为一点小事就大打出手，要相互谦让，也不许喊别人的外号了。”我把俩人批评教育了一番，此事似乎很快就风平浪静了。

班级里像往常一样，所有事情有条不紊地进行着。伴随着行云流水般的古筝乐曲，同学们都在全神贯注地练字。这时，却看到马怡然在偷偷地抹眼泪。这可是一个挺要强的女孩子，发生了什么大事了吗？我把她叫到教室外，摸了摸她的头发，轻声地问：“怎么了，孩子？”她看看我，泪水一下子夺眶而出，“老师，朱晓明给我起外号。”说着，止不住地抽泣起来。“别哭，跟老师说说怎么回事。”“我也不知道为什么，他叫我非洲黑母鸡。”又是外号！还是带有侮辱性的外号，怪不得小姑娘委屈成这样！

顿时我也火了，立刻把朱晓明叫了出来，大声训斥道："为什么要给马怡然起外号？"他低着头，一言不发，好半天，才听到他怯生生地说道："我就是觉得好玩。""好玩，别人给你起难听的外号你也觉得好玩吗？""老师，咱们班也有人叫我'烤猪蹄'。"我脑子一蒙，真是哭笑不得，一时间语塞，不知道该说什么好。难道班级里起外号的现象已经风行？当询问班里的同学时，才得知班级里很多同学都有外号，"芋头""朱朱""凉皮""小李子""胖墩"……

回到办公室，我认真思索事情的来龙去脉，外号真的令人深恶痛绝吗？也不是，孙悟空被称为"齐天大圣"，多么威风！《水浒传》里性格沉着冷静的吴用被称为"智多星"，这是赞称呀！女排教练郎平 30 多年来大家一直叫她"铁榔头"，这是对她扣球一锤定音的尊重和认可。如果真的让全班同学禁止给别人起外号，也不准有任何人喊别人外号，这样真的好吗？学生们能做到吗？于是我制定了一个调查表让学生填写，主要调查了这几个问题：你有外号吗？你喜欢别人给你起的外号吗？你给别人起过外号吗？为什么起这个外号？调查结果出乎意料。

班级里 95% 的同学都有外号，有的一个学生就有十多个外号，苏潇潇别人叫他"苏打粉""苏宁易购""苏大聪""苏轼"……在这些外号里面，有夸奖意味的外号他很喜欢，对于无端衍生出来的外号就不喜欢，而且他也给别人起过外号，叫杨子辰"羊肉串"，起这个外号的原因就是"名字像"。大多数同学起外号的出发点没有恶意，只是觉得好玩，朱晓明口中的"非洲黑母鸡"真的是侮辱性外号吗？也不见得，或许在他眼中的非洲黑母鸡是一只可爱的小宠物，作为班主任不能给外号贴标签，更不能给学生贴标签。四年级以来，学生们的个性差异和兴趣特长已经明显表露出来，他们不再像以前那样完全依赖教师、家长，他们更喜欢与同伴交往，个人的认知进一步发展，自主想法也更加丰富。但是很多学生缺少正常交往的技能，不懂得如何尊重他人，就如这些外号，因为别人给自己起外号了，为了回击对方，就开始了“外号大战”，在无形中给其他人带来了巨大的伤害，引发了很多矛盾却不自知。孩子们长期在负面情绪的影响下，肯定不利于身心发展，也会影响班级的凝聚力，必须要引导大家和睦相处。

班会课上，我和学生们一起讨论：如果别人叫你特别讨厌的外号时，你心里什么滋味？“我心里肯定不舒服，甚至想揍他一顿。”“我太讨厌这样的同学了，再也不要和他做朋友！”……在大家的义愤填膺中，只见朱晓明、董小锦等几个爱给别人起外号的同学满脸通红，羞愧地低下了头。此刻，孩子们已经意识到给对方起不喜欢的外号，会给他人造成多么大的伤害。接着我们又分析出给别人起外号有两个原因：一是觉得好玩，二是想引起别人的注意。“面对自己不喜欢的外号我们应该怎么处理呢？”同学们经过商议，达成一致，首先郑重地告诉起外号的同学：“请不要叫外号，我不喜欢，我希望你叫我的名字。”如果对方还是起外号，就采取冷处理的方式，对外号置之不理，时间长了，他们也会觉得无趣。看着学生们分析得头头是道，我深切地感受到在班级管理中确实要发挥每一位同学的主观能动性，学生们已经有一定的分析事物的能力了，改变学生行为的错误，还是要让他们从思想上先认识到错误。我趁机对学生们说：“尊重是大家和睦相处的基础，尊重是相互的。”同学们若有所思地点点头。

“同学们，并不是所有的外号都令人反感，老师只有一个大名，其实挺想有两个名字呢，谁能帮我出出主意，起个什么名字好呢？”班里一下子炸开了锅。

“老师，要起一个符合您特点的。”小董率先说。

“还要文雅一点的！”

欣欣高举起小手，“老师您整天工作这么忙，叫‘工作狂’吧。”

“您叫艳丽春天吧，和您的名字像。”

爱看书的涵涵不紧不慢地说：“李老师，我觉得您的名字里有一个‘春’字，您就像春天的阳光总能带给我们温暖，您叫‘春日暖阳’吧！”

“我们就叫您暖阳老师！”

“暖阳老师好！”“暖阳老师好！”……学生们争先恐后地喊了起来。我当机立断，“不错，这个我喜欢！和煦的春风，满园的春色，老师似乎看到你们这一朵朵小花争奇斗艳！就它了！”

“老师，我也想让咱们班同学给我起个好听的外号。”这个机灵鬼！“我也想！”“我也想！”……“好啊，咱们讨论一下，结合各自特点，挖掘自己身上的优势，起一个朗朗上口、有趣的外号。”一石激起千层浪，在七嘴八舌的讨论中，我们的外号再次亮相了，刘太白（姓刘，皮肤白皙，又喜欢李白写的诗）、墨瑶（最擅长书法和瑶琴）、奇异果（性格有些与众不同）、张巡查（班级文明礼仪监督员）、快乐小鱼、梁飞人、安静王子……

从此，那些因为外号而引发的同学之间的不愉快消失了，取而代之的是“暖阳老师，早上好！”“快乐小鱼”“安静王子”，然后是默契地相视一笑。不仅如此，“张巡查”在班级工作中检查得更加认真了；“篮球小巨人”平时训练起来也格外卖力；“鲁迅”更加爱学习了，还要立志做鲁迅那样的人；“电脑高手”对电脑更爱钻研了，还获得了北京市青少年编程设计一等奖。

一个好的外号，就像一抹润滑油，不仅融洽了师生、同学之间的关系，而且激发了学生们潜在的动力，成为他们前行的风向标。

教育反思

四年级学生随着年龄的增长，独立意识也逐渐增强。在人际交往活动中，他们不再依靠父母或教师来解决问题，更加以自我为导向。由于个体之间在性格、品行、能力方面出现差异性，他们喜欢互开玩笑，这与他们的语言表达能力、观察模仿能力、思维发展能力的提升息息相关。但这个阶段的学生缺少辨别能力和与人沟通的方法，往往在开玩笑时伤害他人。由于男女同学性格的差异，在发生冲突时，两个男同学直接大打出手，采取攻击性方式解决问题，而女学生气得直掉眼泪，采取退缩、回避的方式。

面对班级里出现的矛盾，首先教师要准确分析问题的根本原因。在班级内刚出现起外号现象时，采用强制性手段，不允许他们再叫对方的外号，表面上看抑制了叫外号的行为，其实并没有从源头阻断。由于学生模仿的行为能力超强，导致班级内 95% 的同学都和外号扯上了关系。仔细思考，根据学生的行为发展特点，还是应该改变解决策略。由于中年级的学生在人际交往中缺少交往的技能，班会课上，让学生进行换位思考，感受在活动交往中尊重是基本原则。积极心理学提倡用一种开放和欣赏的眼光看待每一个人，强调研究每个人的积极力量，在这次事件中同样可以寻找各种积极力量。随即，让学生们给我起雅号，这种积极的力量在学生们身上得到迅速扩大，同学们相互之间把“外号”变成“雅号”，比如“刘太白”“墨瑶”“张巡查”“鲁迅”“电脑高手”等，这样一来给学生们贴上了积极的标签。正如罗森塔尔效应，这些标签发挥了暗示和引领作用，培养他们的自信，同时也成为学生的进步催化剂。

在集体的力量下，外号华丽转身，真正疏通了学生之间的矛盾，让学生学会融洽相处，促进了班级和谐亲切的氛围。

一场辩论点燃一场“变革”

北京市石景山区银河小学 屈蕊

教育故事

“屈老师！小徐又跟正正打起来了，您快点来！”我跟着学生飞奔到操场上，拉开正在“激战”的两位，安抚了学生们的情绪，接着处理近期发生在伶牙俐齿的小徐身上的“常态事件”。“你俩谁把这件事的起因、经过、结果说一下？”“他说我是‘撒谎精’，我才不是‘撒谎精’！”没想到青筋暴起的小徐抢着说。

听到这里，我皱了皱眉。的确，小徐的撒谎问题也是令我最头疼的。升入六年级以来，欺负弱小、扰乱课堂，尤其是撒谎这种行为常常出现在小徐身上。渐渐地，他留给周围人深刻的印象便是：“坏小孩”。班里的学生吃过“苦头”，几乎没有人愿意跟他一起玩。

此时，我面前的小徐仍瞪着眼睛，对着周边议论的同学喊道：“你们也一样，都不愿意跟我玩，还老说我是‘撒谎精’！”我让学生们回教室准备上课，把小徐带到树荫下，问道：“你想过同学们为什么不愿意跟你一起玩吗？”

“不用想，他们跟我家里人一样，都不喜欢我呗，我还不愿意跟他们玩呢！”小徐带着气愤，不屑地说。

“老师喜欢你呀！课上你积极举手回答问题，而且善于思考，好几次的习作都被老师当作范文在班里朗读，让同学们学习，多棒呀！”听到这句话，小徐的情绪逐渐平稳下来。

等了几秒钟后，小徐小声说：“老师，我错了，不应该跟正正动手，他说我是‘撒谎精’，我才没控制住的。我要是改了，您以后还会喜欢我吧？”他低着头，用脚摩擦着一个小树枝，看起来有点紧张。

“如果我把大家不喜欢的地方都改了，他们也会喜欢我吧？”他紧接着抬起头，眼眶里噙着泪。

在很多次的谈话中，小徐都表达过希望自己能如大家所愿，改正错误变得更好。我能感受到他不想成为别人口中的“撒谎精”，那他为什么总是撒谎呢？从平时的观察和多次与学生、家长的交流中发现，小徐从小生活在单亲家庭，缺少父母的关爱，尤其是没有母亲的爱；父亲的管教方式比较暴力，小徐一做错事就被打骂；家人与小徐之间缺少沟通，他很少得到肯定和鼓励。

也许小徐只是想通过撒谎来保护自己，武装自己，不敢让别人看到那个弱小的、希望被爱的自己，甚至故意用谎言来引起他人的关注。想到这些，我突然感到小徐不是那个被贴满“撒谎”标签的“坏学生”，他是那样的无助和不知所措，只能把“撒谎”当成盾牌来保护自己，哪怕他明知道这种方式是错的。我需要尽快找到突破口，帮助他做点什么。

一次语文课上，“口语交际”的内容是学生最喜欢的辩论赛，学生们个个摩拳擦掌，跃跃欲试。小徐也不例外，但是在自由分组讨论的过程中他遭到了“滑铁卢”，没有一个小组愿意吸纳他，他哭着来找我诉苦：“屈老师，我真的没撒谎，我真的准备很久了，我都求他们了，但没人加我，他们太过分了！”小徐很少会掉眼泪，我意识到这次的辩论赛，也许会成为他改正撒谎缺点的切入口，因为这个辩题正是对症下药——“讲诚信与善意的谎言”。

于是，我从分组开始为他创造一个进入团体的入口，首先改变了分组形式，从自由分组变成男生与女生猜丁壳，赢的一组输的一组。这样，小徐同学首先属于了一个“组织”。接着，要求当过辩手的同学这次要把机会让给没有当过辩手的同学，凭借着小徐的充足准备和“三寸不烂之舌”，他得到了一个辩手的位置，为满足他需要大家的关注提供了机会。最巧的是，他们组是猜丁壳赢方，有优先选择辩题的权利，组内投票选择了正方：“生活中要讲诚信”，我观察到小徐当时愣了一下，但面对他好不容易争取来的“组织”和辩手位置，他虽然失落但没有反驳。

周一下午，大家盼望已久的辩论赛终于开始了。经过三次实践练习，学生们很快根据流程进入了状态，小徐同学观点明确，口齿伶俐，在发言的时候可圈可点，得到了组员的掌声和点赞，我能看出他脸上绽开的笑容是发自内心的，仿佛终于看到有个“组织”向他招手了。

辩论进入白热化阶段，双方对峙不下，学生们的情绪也越来越高涨，其中不乏情绪激动的人。

很快到了自由辩论阶段，现在小徐所在的正方略胜一筹，只见反方“智囊团”的小李同学气势汹汹地站起来，用响亮的声音说：“我只问正方一个人一个问题！”大家都屏气凝神。

“小徐同学，刚才你用了好多事情在说‘生活中应该讲诚信’，那你为什么总是不讲诚信，几乎每天都在撒谎？”

小徐一下子愣住了，而反方响起了热烈的掌声，还有附和的声音：“就是，你说呀！”

“我，我有时候不是为了骗人才撒谎，有很多时候也为了别人好！”涨红了脸的小徐慌了。

小李乘胜追击：“你说‘撒谎的时候是为了别人’，那不就是善意的谎言吗？正方的辩手总是这样撒谎，不正好证明了我们的观点吗？”

“就是！”

“对呀！”

“老撒谎还让别人讲诚信！”有几个学生开始起哄了。

正方的学生想为他辩解，但反方说的是大家都知道的事实，于是有几个觉得要输了的学生还跟了一句：“输了都怪小徐！”

我组织了一下课堂纪律，刚想为小徐说几句话，没想到他开始哭了起来。可由于他平时的所作所为，学生们大多并没有安慰他，反而觉得他在装可怜或“罪有应得”。

“咱们今天只是就辩论题目辩论，不能人身攻击啊！都回到题目上。小徐你先休息一下，正方准备总结陈词。”我赶快打圆场。

“老师，您能不能给我两分钟，让我说两句？”小徐哽咽道。我听得出他近乎哀求的语气，注意到他眼里噙着泪水，突然察觉到，这次辩论赛在打开学生思维的同时，也许是打开小徐与同学们心中那道屏障的双向通道。

“同学们，请听完这位辩手的发言，试着去发现你未知的地方。”

“我知道你们都不喜欢我！告诉你们，我最讨厌撒谎的人了！”伴着哭音，他近乎喊出来了这句话。

“说善意的谎言也是谎言，说的人认为是保护，知道了真相的人最受伤害！我爸爸，我奶奶，都是这样伤害我的人！你们知道什么呀？你们什么都不知道！”他断断续续地哭诉。

看着逐渐“爆发”的小徐，我快步走向他，扶着他的肩膀，轻拍着他的背，说：“别着急，你先做几个深呼吸，我们会等着你调整好，听你说你想说的话”。

两三个深呼吸后，小徐的情绪逐渐缓和，伴着哭声说道：“我从有记忆以来就没有见过我妈妈，家里只有爸爸、奶奶和我。他们都说，我妈妈在很远的地方工作，很难回来看我。其实我三年级的时候就知道，是我妈妈不要这个家，也不要我了，她走了就再也没回来过。但是我有爸爸，我觉得我爸对我也很好，结果每次问到我妈的事情，我爸爸和奶奶就一直撒谎，让我觉得自己不值得被信任，我心里特别受伤。”学生们听得都很认真，虽然小徐说得有些语无伦次。

“我知道你们都不喜欢我！我想让你们喜欢我，我改还不行吗？”

“同学们，现在有谁想说点什么吗？”我看到了有两个女孩和一个男孩已经在抹眼泪了。

“小徐，你别哭了，我相信你能改，以后我可以帮你改。”

“我也可以帮你，我愿意下课带你一起玩。”班长和卫生特助说道。

“小徐，我平时跟你玩的时候说过你‘撒谎精’，对不起，我以后不说你了，希望你能改好了。”正正有点不好意思地说……

“小徐，我现在跟你一样没有妈妈，我知道我奶奶也骗我，但我知道她是因为爱我，所以我不恨她，你也别恨你奶奶，他们一定也是因为爱你。我愿意跟你一起玩，就是你以后不能骗我跟你跳墙了。”小刘哽咽着说。

说到跳墙，有学生笑了起来，气氛渐渐回温，同学们发自内心的安慰让小徐紧绷的身体慢慢放松下来，情绪也平复很多。

当下课铃声响起时，辩论赛结束了，但这次辩论点燃的一场“变革”正在悄然来临。

“屈老师，我们原来排斥小徐，现在看来对他有点过分，虽然他很讨厌，但太可怜了，我们以后要对他好一点。”辩论赛后，班长和卫生特助哭着告诉我。

“好孩子，你们俩一直是老师的得力帮手，我相信这次你们也一定能帮上忙的。”

接下来我以此为契机，进行了“你好，朋友！”的微班会，在之前“一帮一”伙伴活动原则的基础上，增加至四人小组，自由组合。小班长和卫生特助身先士卒，吸纳小徐为组员，组成了一个微型“朋友圈”。

在之后的一周中，我明显感觉到大家对小徐的态度有变化，以前他“犯坏”的时候，大家都会聚群指责，而现在“朋友圈”会提醒他：“小徐，你已经改了很多了，别前功尽弃呀！”而小徐似乎从大家的宽容中寻找到了一个方向。他也在朝着自己希望的方向前进，虽然对他来说确实有些困难，但是有了班长和卫生特助“撑腰”，有了“难兄难弟”的友谊，他开始主动改正自己的问题了。

小徐在大家的鼓励和陪伴下，“点赞本”上，平时作业一项上的“赞”越来越多；纪律一项上的“赞”从无到有；听写、知识点比赛上的“棒”也越来越多了。在“光荣榜”的墙贴上，通过大家每周投票，他的改变赢得了两次“最佳进步奖”。

一场辩论点燃一场“变革”，这样的尝试给予我更多的信心。在之后的教育教学中，持续观察，抓住教育契机并适时引导，为学生们能遇见更好的自己、更好的伙伴、更好的生活而努力。

教育反思

升入高年级，学生心理特点由崇拜家长、教师等权威慢慢转向寻求朋友群体的归属感，相比较教师和家长的评价更在意同学同伴的评价，小徐在这方面表现尤为突出，所以才有了在学校的种种“吸引眼球”的不当行为。

在整个干预过程中，面对“小刺猬”一样的小徐，作为教师的我在理解和接纳的过程中不放弃任何一个可以帮助他的机会，持续细微观察，在一切可能性中寻找突破点。尊重小徐的个性特点，抓住他的兴趣所在，在辩论赛中进行平行教育，帮小徐感知真诚待人的重要性。整个过程中，根据小徐的内在需要，创造每一次机会：1. 改变分组，建立“团队”，给予初步归属感。2. 减少竞争，取得“C 位”，满足关注需求。3. 削弱屏障，建立同伴支持系统。4. 培养微型“朋友圈”，在同伴鼓励中提升自我。在后续的学习和校园生活中，我常常鼓励学生们给予小徐更多爱与关怀，教师们也适当激励教育。这样的干涉过程使一次辩论“点燃”了一场变革，为小徐同学搭建了一个找到“归属”和“朋友圈”的切入口。

感谢学生们的善良和宽容，让小徐找到了融入同伴之中的那条小路。相信他慢慢地也能跟着大家一起在快乐、幸福的小路上前行。

家校携手拨动学生的心灵琴弦

爱乐实验小学 孙琨

教育故事

“孙老师，小溪吐了，您让他家长赶快把他接走吧！”电话那头传来美术程老师焦急的话语。

我联系了小溪姥爷到校接他后，心里犯起了嘀咕：“怎么又是小溪？又生病了？他最近频繁请假真的是身体状况吗？”

我找到程老师了解情况。程老师说：“早上小溪很晚到校，进班时就蔫头耷脑的，还说自己肚子疼。跑操时，一转眼没看到他，他去了厕所回来后跟我说他吐了。”

我叹着气跟程老师说：“唉，小溪一直都是老人带，是个较内向的学生，在班里也没什么知心的朋友。最近总是请假，学习也心不在焉的，会不会是另有隐情呀？”

休完病假已是周一，八点半了小溪还未到校，我焦急地打开手机，也不见家长请假的信息。于是我马上联系小溪的姥爷。

老人回电话时，焦虑而无奈地给我道出了事情的原委。

小溪姥爷边叹气边说：“孙老师，不瞒您说，由于疫情原因，现在周末都是他父母进京看孩子。他妈妈的抑郁症您是知道的，最近病情又严重了。周末两天他妈让孩子随便玩手机，只要高兴就好。我和小溪姥姥阻止，他妈妈就跟我们发脾气，我们老两口怕他妈妈病情加重就不敢管了，反正他爸妈过了周末就走。”电话那头传来老人无奈的叹息声。

“哦，原来是这样。”

小溪姥爷接着说：“原来有两次都是为了不让您知道，就撒谎说孩子病了。”

我急忙问：“现在小溪在哪儿？”

“就在学校附近。”

我赶忙跑出学校，找到他们。我平静地拉着小溪说：“孙老师知道你的小脑瓜特别聪明，现在大家都在上数学课，咱们赶紧去上课吧。”

小溪愣愣地看着我，发现我并没有责怪他，于是跟着我进了学校。我把小溪送进了教室，在门外看他跟着大家一起听课、学习，没有异常表现后才离开。

针对小溪的情况我思来想去，认真仔细地分析。小溪的家人担心孩子遗传妈妈的抑郁症，已经在医院有了排查性诊断，学生没有抑郁倾向。他主要在班级中没什么知心朋友，由于周末一直打游戏，没有完成学习任务，担心教师批评，所以周一就总以身体不舒服为借口逃避学习。我因其特点施策，采取双管齐下的方法：一方面联系语数英教师给小溪“开小灶”，在学习上帮他追赶大家的脚步；另一方面安排几个小伙伴悄悄地帮助他、开导他、陪伴他，同时在班级中创设安全、放松、鼓励的班级氛围。

我认为，问题儿童背后一定有个问题家庭，所以要想解决小溪的问题需要多措并举，既要跟孩子沟通好，转变孩子的思想，又要与家长沟通，取得家长的支持。只有与家长形成教育合力，家长和孩子都转变，教育才能真正达到较好的效果。

我首先与孩子的姥爷沟通，每天坚持送孩子上学，而且不替孩子撒谎。尤其是周一要与教师合力让孩子走进学校，班级的氛围就会影响他，能按部就班地做该做的事情。

课间，我特地设计在楼道里与他偶遇，并鼓励他“老师相信你只要付出努力，在学习方面肯定能进步，所有老师都会帮助你的。还有跑步锻炼时我把你安排在队伍的第一个，由你来带队，全班同学跟着你的速度好吗？”

他高兴地点点头说：“我会努力地跑，争取不落队。”

在一次帮他补习功课后，我跟小溪聊，让他感受到老师对他的关心。他无精打采地说：“我妈有病，我爸平时在固安的家照顾她，每星期只能周末见。”

“你很想得到更多来自父母和老师的关爱，你的感受老师明白，你的愿望也一定能实现，但是不能逃学，因为在咱们班，你和其他同学一样，在老师的心里非常重要，老师可以和你一起跟家长沟通，咱们一起想办法。”

小溪渴望父母的关心和爱，他爸爸周五放学来接他，从小溪的脸上我看到了甜甜的笑容。抓住时机，我和父子俩约法三章：“爸爸一定要多陪陪孩子，减少玩手机的时间，多逛逛博物馆、散散步、打打球，孩子也就更健康快乐。”小溪爸爸点了点头。

我又语重心长地说：“妈妈的特殊情况，我都了解，可是小溪这个阶段是成长的关键期，咱们大人扶一扶，陪着孩子迈过这道坎儿，以后他一定能成为您的好帮手的，错过了孩子的最佳教育期，再关注可就来不及了。”

“我认为家庭是习惯的学校，父母是习惯的老师。真的希望您和我一起培养学生的良好习惯和健康人格。学校教育、家庭教育是相辅相成、不可分割的。帮助孩子健康成长，家校合心，咱们联手一起努力。”我高兴地听到小溪的爸爸郑重表示一定配合教师的工作。

我以请小溪帮忙为由，将一箱拼插模型送给他，希望他将打游戏的注意力转变到专注地完成拼插模型这件事上。千余块大小不一、形态各异的零件，需要仔细观察，按照说明书一点点儿组装，真非易事。当我看到小溪提回拼装好的玩具模型时，真诚地感谢他帮助我完成了心愿，并且展示给班级同学们，当着大家的面表扬小溪心灵手巧，做事专注，我对他的行为进行正向强化。令我没想到的是，他提议把拼插好的模型作为奖品，奖励给同学们。

更让我感动的是，小溪每次都很快地吃完午饭，并悄悄地走到我跟前说：“孙老师，您休息会儿吧，我来帮同学们打饭。”

通过留心观察，我发现午休时小溪对打篮球感兴趣，于是组织了八个学生分成两队打篮球，我当裁判。看着小溪打球后和小伙伴的关系更加紧密了，我悬着的心终于放下了。

我发现小溪是个主动担当、有责任感的学生。我鼓励他发挥头脑灵活、打字快的特长，在学校帮助老师和同学们。小溪很高兴地帮教师完成打评语的工作。我在班会时间着重表扬了他，并且跟全班同学交流我的思考：每个人都走在自律的路上，努力成为最好的自己。我们每个人都有该做的事，该做的必须做，而且要尽力做好。具有挑战性的事情，应该勇于面对挑战，别人的事情也可以帮助做，毕竟“赠人玫瑰，手有余香”。

每个人都如同一篇神奇的乐章，如果唤醒内心深处的那根琴弦，一定会奏出动人的旋律。

教育反思

五年级的小溪处在青春早期，在心理上他渴望得到别人的肯定和接纳。但是较内向的他没什么朋友，在集体中缺乏存在感。由于缺乏父母的亲子陪伴，所以他周末沉溺玩手机，周一不想上学。回想起小溪的转变过程，我认为教师首先是在接纳学生的基础上进行认知教育，告诉学生正确的时间要做正确的事。面对小溪的不当行为，我采用共情的方式回应他的情绪表达，并为他的行为设定限制。其次，我跟学生家长联系沟通。在家校密切沟通的基础上，我指出学生积极的人格品质，鼓励学生表现好的方面，用积极正面的形象来鼓励小溪良好的行为，以强化学生好的行为习惯；赏识学生的行为过程，以激发学生的兴趣；创造环境，以指明学生的发展方向；适当提醒，以增强学生的心理体验。因为小学中高年级的学生更加偏好同龄人榜样，渴望被同伴接纳，所以我引导他和伙伴们一起玩耍并利用身边小伙伴的影响力，鼓励学生“见贤思齐”。

作为教师，我了解学生是通过沉浸在游戏的世界中寻找日常生活中得不到的成功体验，所以联手家长一起去关爱他、理解他。当学生体验到教师和父母对他精神层面的关爱时，他真正成长了。使用“滤镜”缩小问题行为，强化良好行为。我将问题行为和学生区分开来，即问题是问题，学生是学生，对他的良好行为给予积极的反馈，强化他的良好行为。

家庭教育必须与学校教育形成一股合力。家校同步开展赏识教育，能使教育效果事半功倍。我通过与家长交流、家校互动等形式，帮助家长掌握学生的心理需求，让他们了解到一些现代教育的特点和规律，从而学会了解学生，尊重学生，赏识学生，理解学生。那么，学生心灵的苗圃就会阳光明媚，学生个性的幼苗就会茁壮成长。

球场上的倔强

北京市石景山区红旗小学　杨莹

教育故事

两年前，我接手了四年级（2）班。开学一个月以来，我发现学生们乖巧懂事，连续几周都被评为学校的五星班级，一切都在按照正常的轨迹运行着，直到有一天……

“杨老师，你们班的体育委员怎么还没把足球比赛报名表给我呀？明天就开始比赛了，就差你们班的了。”

于是，我急匆匆地回到班里找到体育委员，也顾不上询问原因就让体育委员把表填好交给了体育教师。后来从体育教师那里得知，我们班在足球比赛中一直是平少负多，从来没赢过，于是我立刻明白了为何平时积极参加活动的学生们，却对足球比赛提不起兴致。

比赛开始了，我满怀期待地带着学生们来到了操场，但学生们似乎并没有像我一样期待这场比赛。我兴致勃勃地给他们简单讲解了比赛中要注意的事项，学生们便上场了。

两个半场的比赛下来，尽管一个个球员都使出了吃奶的劲儿，在球场上奔跑着，可是总感觉学生们的腿比对手短了一大截，散兵游勇，毫无配合，大部分时间都碰不到球，不到20分钟我方球门已经被攻破4次，而对手一直保持零封。面对这样的场面，我方场上队员本就不多的斗志丧失殆尽，场边站着助威的啦啦队也沮丧地抱怨道："老师，我们又要输了。"裁判一声哨响结束了这场一边倒的比赛，平时叽叽喳喳像一群小鸟一样的学生们此刻都像霜打的茄子，一个个耷拉着脑袋，一声不吭。

我正想着怎么去安慰他们，忽然，一阵小小的啜泣声传入我的耳中。

"老师，董静哭了。""朱涵也哭了。"几个学生跑到我面前说。

我循声望去，可不是，两个小姑娘正泪流满面，小肩膀还一抽一抽的。我忙走过去，从兜里掏出纸巾给她们擦脸。"不哭了，老师看到你们都尽力了。"我轻声劝着、安抚着。

比赛结束后，我带着学生们回到教室。同学们情绪依然低落，全然没有了平时的欢腾劲。

"得让学生们受受挫折教育，学会如何面对挫折。"打定主意，我面带笑容，双手击掌："同学们，脑袋抬起来，昂首挺胸。在人的一生中，谁也不可能一帆风顺，都会遇到困难，遇到挫折。关键是从中找到原因，吸取教训，不断磨砺自己，不断进步。无论成功与失败，我们都应该从中学点什么。"看着学生们抬起了头，不解地望着我，我接着说："拿这次比赛来讲，我们输在哪里呢？"沉默片刻，这群小家伙们又开始了活跃。

"他们跑得快！"

"他们比我们技术好！"……

"老师，他们的力量好大，我真没想到7号会从边路那么远的地方起脚，我都没反应过来，球就进门了。"李子阳说。

"所以在球场上注意力集中真的很重要。"我及时点评。

"老师，我觉得是我们的心没有想到一块去。"班长刘梓娇发表了自己的见解。

“有道理，加强体育锻炼，提高身体素质、磨炼球技是一方面。另一方面，我们要心往一处想。大家都很想赢得比赛，但如何获胜，除了球技，球员之间的配合非常重要。”学生们认真听着，小眼睛亮晶晶的。

“在一个童话中，有这样一个情景，一辆车陷入了泥中，动物们都来帮忙拉车。可是，天鹅往天上飞，螃蟹往旁边拉，小狗往前拽，它们能把车拉出去吗？”

“不——能——”学生们异口同声回答。

“对呀，它们只有把力气用在一个方向上才能拉出车。同样，我们是一个集体，每一个成员都要为这个团队的进步付出自己的努力。在足球场上不积极拼抢，不克服躲球、等球的毛病，难道足球会自己跑过来吗？不努力跑位、为队友创造机会，难道要靠对手失误得分吗？每个位置都不是自己一个人在战斗，‘一个好汉三个帮’，只有心往一处想，大家相互配合，我们才能取得成功。你们说对吗？”

“对——”

“加油，同学们。只要你们吸取教训，咱们下次即便不能胜利，至少也能让观众看到我们的气势。有信心吗？”

“有——”学生们声音洪亮，小脸又充满了自信。

晚上，我把比赛时的部分照片、视频发到了班级群里，家长们也对学生们给予了鼓励。家委会的成员主动开小会探讨了下一场球赛的备战计划，还有的家长提出了关于比赛的建议。刘坤煦的父亲是资深球迷，他亲手利用战术板来给班里的学生们讲解：“……前腰作为组织核心，一定要发挥自己的护球特长，把握好传球时机；中后卫站位不要太突前，遇到强敌时，边卫要谨慎前插，别给对手留下以多打少的机会……”学生们听得别提多认真了。

有一位家长还给学生们推荐了非常励志的球赛录像——2005 年伊斯坦布尔举办的欧冠决赛，利物浦在半场 0：3 落后的逆境下众志成城，毫不气馁，在看台球迷高唱《你永远不会独行》的歌声中，连追三分，最终在点球大战中击败 AC 米兰逆袭夺冠。在看到队长杰拉德含泪捧起奖杯的画面时，学生们的眼睛里也燃起了希望的火苗。

此后，在课间、在午休、在每一次上学或放学的路上，经常能听到学生们讨论足球的话题；周末，学生们也逐渐离开了平时不愿放下的手机、电脑，约着一起踢球……

我还找到了体育老师，根据班级的实际情况制订了我们班强身健体的每日计划，每天早晨我和学生们一起进行晨练，放学后学生们也没闲着：带球跑，仰卧起坐、跳绳……班里失聪的冬冬也每日参与到强身健体的队伍中来，他是这样说的："虽然我不能站在比赛场上，但我们是一个集体，我要陪伴大家。"在近两个月的坚持中，学生们表现出的毅力让人感动，我和各位家长看在眼里，也十分欣慰。

就这样，我们在第 16 周的一场球赛中终于打出了斗志，取得了 3 个进球，赢得了宝贵的一次胜利。虽然因为总积分落后太多，已经没有机会进入决赛，但学生们感受到了团结拼搏的意义，获得了披荆斩棘的勇气，这些对他们的人生而言比任何一座奖杯都更加重要。在未来的每一天，当他们遭到挫折时，不会对眼前的困难感到恐惧，不会再对自己产生怀疑，不会再对目标产生动摇。因为他们总能够告诉自己，不断思考，不断坚持，永远不要停下前进的脚步。不论能否到达期盼的终点，一点一滴的进步都是成功的标志。生命是一场长途旅行，风景都在路上，只要不停下，总会有美好的画面一一出现。

教育反思

胜败乃兵家常事，而关键的是处于下风的队伍如何调整心态。教育无处不在，我们要抓住生活中的细小环节，使学生们在情感态度与价值观上得到正面的、积极的教育，提升综合素质。

小学高年级的学生在思维、认识等方面的差异日渐增加，使得一部分学生遇到挫折，遇到困惑时情绪低落，自信心不足，而学生正处于勤奋或自卑的心理阶段，发展顺利，就会处于一种积极的心态；如果发展出现障碍，学生就会缺乏生活的基本能力，充满失败感，从而产生自卑心理。每个人都可能会遇到困难和挫折，我们要引导学生有战胜它们的勇气和信心，勇敢地去面对，才能成为一个不怕失败，勇于接受挑战和考验的人。对学生的关心和鼓励也是非常必要的。学生受了挫折后，精神相对脆弱，要避免说一些消极的、否定的评价，这样只会强化学生的失败感，令学生更不自信。我们要及时关心和鼓励学生，引导学生积极地思考解决问题的办法，让他们知道值得表扬的除了胜利，还有不断的拼搏，以及永不言弃的努力。

我们身处一个班集体，每一位同学都是班里的一分子，每一个人都应该为班级的成长出一份力，每个人都有责任和义务来尽这份力量。一个具有教育气息，具有良好班风的班级是团结友爱的，学生会自发地形成一股浓郁的和谐风气，融洽地与同学相处，与教师交流，友好地进行合作，互帮互助，共同进步。在这样积极向上、温馨和睦的环境中，学生会有强烈的集体荣誉感和归属感。

搭父子“心桥”，迎心灵阳光

石景山区古城第二小学 赵艺秀

教育故事

记得三年级刚刚接班时，我满心欢喜地看着面前这群天真无邪的学生们，和他们一起聊天、唱歌、说笑话……渐渐地，我的目光从一张张纯真的笑脸中凝聚到了一个小男孩身上，他叫小雨，性格十分外向，上课随便离开座位，课下经常与同学发生矛盾，还为自己的过错找诸多借口。可谓问题不断……

一次，我在办公室批改着作业，一阵急促的“报告”声后只见两名学生慌忙地向我冲来，原来是小雨又跟同学发生了矛盾。我急忙进了教室，只见小雨对着他前桌的同学小李指指点点，一副生气的面孔，而小李委屈地一动不动站在那儿，周围还围了一大群同学。

我走近了一步，抚摸着小李的头，问他：“你来告诉老师，刚才发生了什么。”

“老师，我……”小李刚说一句就哽咽地流下了眼泪，“我刚才从座位上一站起来，不小心把小雨的笔碰到地上了，他推了我一把，还从我的桌上拿了一支笔踩在了他的脚底下，您看，笔尖都坏了……”

“我没有，老师，他瞎说！是他把我的笔摔坏的！”还没等小李说完，小雨就火冒三丈地打断了他的话。

“小雨，”我放低声音，“是小李把你的笔碰到了地上，对吗？”

“对！您看这笔都没法用了！……”

“那之后你是怎么做的？”我紧接着问。

看到我盯着他的专注的眼神，又看了看周围同学的目光，小雨意识到躲不过去了，含糊地小声说道：“我把他的笔扔地上了，谁让他弄坏我的笔。”说罢，把头扭到一边。

看到此情景，我大概了解了事情原委，为了不耽误全班同学上课，我让所有学生都回到了座位……

中午吃完饭，我把小雨叫到了办公室，想和他谈一谈。没想到小雨一上来就战战兢兢问了我一句话：“赵老师，今天的事您能不告诉我爸爸吗？”说完他看了我一眼就赶快低下了头。

看着学生躲闪的目光，我似乎找到了解决问题的突破口。“小雨，老师并没有说要告诉你家长啊。告不告诉你家长，这完全取决于你。”

“取决于我？”小雨疑惑地看着我。

“是啊，老师要看你怎么解决好这个问题，怎么平息你俩之间的矛盾。”我语重心长地说。

“那，那我赔他一支不就得了。”

“我要的是你的态度，这不是一支笔那么简单啊！”我再次用坚定的眼神注视着他。小雨一阵沉默……“你心里怎么想的，能告诉我吗？”

小雨抬起头，看着我，但目光有些躲闪，支支吾吾地说道：“其实，我知道他不是故意的，但他弄坏我的笔，我很生气，就是想报复一下他，才……”

我松了一口气，摸了摸学生的头。“小雨，老师知道了，知道了你是一个诚实的学生。”

小雨听了我的话，也显得轻松了很多，“老师，我这就回去跟他道歉。”我坚定地对他点了点头，目光中充满了赞许。

这次的问题虽然解决了，但坚持不到几天就又反复了。小雨时常和同学发生矛盾，还总是强调同学怎么“招惹”他了，他才这么做的。慢慢地，他的身边几乎再没有朋友了。

该怎么办呢？一次心与心的交谈让我感慨颇深——

放学后，我把小雨从托管班叫出来，想和他谈谈今天一天的表现，当我提到小雨的父亲时，小雨眉头紧锁，眼圈通红，紧咬嘴唇，欲言又止。我俯下身子，摸摸他的头和蔼地询问他时，小雨强忍的泪珠一颗一颗地滚落下来，顿时哇哇大哭。看着小雨泪流满面的样子，我顿时心如刀绞……待小雨情绪缓和下来，我柔声问道：“怎么了？老师能帮助你吗？”

小雨听后嘴唇抽动了一下，眼泪又大滴大滴从眼眶涌出，哽咽地说：“我爸爸，他……讨厌我，不管我了……”

“怎么会！”我边安慰边拿纸巾擦拭着小雨的泪水。

“爸爸……就是这么说的！上周末他跟妈妈……在屋里吵架，说怎么生出我……这么差的儿子，太丢人了！还说……再也不管我了！”说罢，小雨又陷入了沉默与啜泣中……

小雨颗颗泪珠滴落下来，同时也滴在了我的心上。我一把搂住了小雨，把他紧紧地抱在怀里，泪水也悄悄地滑过了我的脸颊……

也许就在那一次后，我又找到了感化小雨的新突破口，小雨缺少爱，又是那么渴望得到爱，要让小雨重拾自信，能够感受到周围人给予他的爱。

解铃还须系铃人。首先要解决的一定是这紧张的父子关系。经过了解，小雨父亲在外企工作，工作日几乎是早出晚归，小雨往往等不到父亲回来就入睡了，父子间出现了矛盾经常是没有化解的机会就不了了之。而这一次，一定要积极解决。

一个下午，我终于约到了百忙中的小雨爸爸来到学校，一上来他就对我说了一大堆的抱歉与感谢的话语，对于小雨的表现更是说得一无是处，一边说一边微低着头，每每我在试图与小雨父亲眼神对视时，他总是一秒就躲闪开了，看得出，他的心里只有愧疚和自责。

“小雨爸爸，”我微笑地说，“您看您，这还没等我说话呢，您就说了这么多小雨的问题和不足。其实今天请您过来咱们可不是要教育孩子的，而是想让您了解孩子。”

“了解孩子？”

“对，您了解自己的儿子吗？”

“了……了解啊。”

“真的了解吗？”我轻声地问。见小雨爸爸有些迟疑，我继续说道：“您知道小雨很在乎您吗？”

小雨爸爸猛然抬起头，眼神中充满了惊讶的神情。随后，我把那天在办公室小雨和我的交谈娓娓道来。我一边说着，眼眶不知不觉地湿润了，声音也哽咽了，小雨爸爸的头一直没有抬起，一只手半掩着面，半天没有作声。

“赵老师，”小雨爸爸再次抬起头，那双眼已经被模糊的泪水淹没，“真的特别感谢您，要不是您，我真的不知道小雨他这么在乎我对他的态度……赵老师，您知道吗，我其实很对不起我的儿子，我平时工作太忙，根本没有陪他的时间。有时回家知道他又在学校惹了事就真的压不住火了……但现在想想，真是挺后悔的。”

“小雨爸爸，我特别能理解您的心情，哪一个父母不爱自己的孩子啊，而且小雨还很懂事呢！孩子那么在乎您，那么爱您，您也得让孩子知道您也是爱他的啊！”说罢，我看到小雨爸爸深深地点了点头……看到小雨爸爸的反应我继续说道：“其实父母才是孩子的第一任老师，咱们不仅要言传，更要身教，咱们和孩子沟通时尽量压着点火，平和一些，不要总是疾言厉色的。”

“是，赵老师，”小雨爸爸连忙说道，“我们确实得注意。”

“咱们还要让孩子树立规则意识，在学校我会按照《小学生日常行为规范》去约束学生的行为，在家您也要跟孩子一起制定家庭规则，并去执行，通过行为表现达标表去进行评价，这样孩子才能一点点进步发展啊！”

那一次的沟通可谓收获颇丰！从那以后，小雨爸爸越来越关注小雨的在校表现，经常主动与我沟通。我也几乎每天跟小雨的爸爸以短信或电话的形式进行联系，报喜、提建议，把更多的问题与不足转换为鼓励孩子的话语或是提出如何做得更好更出色的建议。我还建议小雨爸爸给孩子恰当的期望，并且在孩子努力的过程中重过程轻结果，对孩子多些耐心，对小雨说话时要注意语气表达。多用“你比昨天有进步了！”“你又交到了一个朋友，可真了不起！”……这样的话语来鼓励小雨。一周过后，果然有了起色：小雨觉得自己的爸爸对自己另眼相看了，有时候为爸爸给他的一个鼓励和一个笑脸而眉飞色舞地给我讲上半天，他说着，笑着，仿佛他封闭的内心也透进了缕缕曙光一样，那么亮，那么美……

父子紧张的关系终于缓和了，还给小雨带来了学习上的动力，但小雨与同学相处中的矛盾还在频频发生，不是下课追跑打闹，就是给同学搞恶作剧。我想，对于精力如此充沛的小雨，让他把劲儿用在“正道”上岂不一举两得？

小雨表达能力很强，思维也很活跃。于是我让他早读时领读课文，每当这时我都会表扬他，号召全班的同学向他学习，我还任命他管理走廊里的秩序。一段时间后，我惊喜地发现他变了，上课开始听讲了，下课也不欺负同学了，同学们的抱怨也少了，大家渐渐对他有了新的认识，也慢慢成了他的朋友。小雨在行为规范方面取得了很大的进步，学习成绩也有了明显提高。每当获得教师及同学的啧啧赞叹时，他别提有多高兴了！

渐渐地，小雨告别了因他胡言乱语而被同学们指责的课堂，告别了没有朋友自己独自在操场上狂跑的课间，告别了受冷落后蜷身哭泣的角落……因为，阳光照进了他的心房，我看到了小雨和同学的矛盾越来越少了，他得到的掌声越来越热烈了……现在四年级的小雨重拾了自信，感受到了身边的人给予他的温暖和爱，同样，他也在尽力回报着这份爱……

学生们就像是一个个含苞待放的花蕾，我愿把我有限的生命化作哺育花儿成长的无限阳光，一缕缕，照进心灵，照亮笑脸；一朵朵，尽情沐浴，灿烂开放！

教育反思

苏霍姆林斯基曾经说：“如果你想成为一个真正的教育能手，那么你就不要企图用某些断然的、闪电式的、异乎寻常的措施，一下子就要学生心里结成的冰块融化开。”中年级的学生，自我独立性渐渐增强，不再认为凡事都要由成人来管束自己，形成了“别人怎样对待我，我就怎样对待别人”，以及以德报德、以怨报怨的公平意识，但这种公平意识的心理表现形式仍然是利己主义的。这一现象在小雨身上的体现尤为突出。

小雨之所以与同学频频发生矛盾，时时处处强调公平意识，是因为学生内心缺乏爱，缺乏自信。为了能够感化小雨，让他重拾自信，我首先与小雨进行沟通，在共情的基础上与学生建立信任关系，了解学生的真实需求。其次，从家长入手，让家长成为学生进步的后驱力。最后，从教育方法入手，建立学生的自信心，让他一点点走出“阴霾”，迎接心灵阳光。

一个学生的成长过程，是不断螺旋往复的，要允许他犯错，接受他犯错，并给予他足够的时间去改正，这才是成长！面对着一棵棵幼苗，我们所能做的就是浇灌与守候，静待花开……

小结

本书共收集小学中高年级的 11 个教育故事。其中，问题主要集中在学生的规则习惯、自我概念、情绪管理等方面。如帮助因家长缺位而造成行为习惯不良的问题、学生融入集体困难的问题，帮助有厌学倾向的学生发掘自身潜力、重拾信心，为自尊水平低的学生搭设平台以助其发现自身价值、得到同伴关注等。此外，在集体教育中，教师关注到班级学生在课堂上的参与度普遍下降，这个问题也是学生进入小学中高年级后的典型表现。

面对小学中高年级学生的问题，班主任要选择什么样的教育方法来引导和帮助学生呢？我们对教师们的做法进行梳理，整合案例中的典型方法，从规则习惯养成、自我概念建立、情绪管理提升三个维度分析解决问题的教育策略，希望能够给广大教师提供有价值的参考。

教育策略

规则意识培养与行为习惯建立

我们总结出两个适合低年级阶段学生规则意识培养和习惯养成的方法，一是语言调节，二是自我暗示与自我监督。这两个方法也依旧适合小学中高年级的学生。

下面，我们将依据小学中高学段的教育故事的呈现，继续拓展总结一些实用的方法，以供教师参考，同时也是对《小学低年级篇》总结的补充。

方法一：通过有效的家校沟通，帮助学生获得稳定、有益的成长环境

前面篇章中讲过，学生的自我控制与管理首先来自内化父母的禁忌，也就是父母是如何给学生立规矩、养成习惯的。特别是对于小学生，如果没有一个稳定而规律、既有支持又有约束的生活环境，他的规则意识和行为习惯都很难养成。在这 11 个教育故事中，我们可以看到很多在这一方面存在较大问题的学生都来自特殊家庭——他们的基本需要没有得到养育者很好的关照，因而生活状态混乱、成长进程受阻。比如在《用爱心浇灌童心，让花儿绽放原野》中，小徐长期离开父母，一直与年迈的姥姥、姥爷生活，而隔代养育者对学生的生活缺乏高质量的陪伴。久而久之，导致小徐的性格、人格发展受阻，不擅长人际交往，日常只能通过“欺负弱小、扰乱课堂秩序、撒谎”等不当方式博得他人关注。而在《高大姐的“进化”三部曲》中，学生妈妈混乱的生活习惯不能给学生提供榜样作用，导致学生邋里邋遢、行为习惯“乱七八糟”，情绪状态也不平稳。

教育家苏霍姆林斯基曾说：“儿童只有在这样的条件下才能实现和谐全面的发展，就是两个‘教育者’——学校和家庭，他们不仅要一致行动，要向儿童提出同样的要求，而且要志同道合，抱着一致的信念，始终从同样的原则出发，无论是在教育目的、过程还是手段上，都不要发生分歧。”

然而，学校和家庭的协调一致，说得容易，落实到位却很难。对于特殊家庭的家校沟通往往存在更大的困难，这就需要教师以极大的智慧因势利导，建立顺畅的家校协作氛围，最终作用于学生、服务于成长。此外，当特殊家庭的家长因种种现实原因造成对学生的看管不力时，教师尽量不要采取直接指责的方式，而是要用事实说话，或利用一切机会让家长看到学生在学校的日常表现，在家长已比较全面地了解学生的言行后，再和家长聚焦问题，探讨有效的解决办法。

本学段的这几篇教育故事就不乏成功之作。比如《家校携手拨动学生的心灵琴弦》这篇中，教师的沟通让小溪父亲意识到自己在教育子女这一问题上有着不可推卸的责任；《高大姐的“进化”三部曲》中，教师先巧妙地促使家长“反躬自省”以思考自己能否成为学生的榜样，然后再和家长一起制订适合学生的个性化习惯养成方案，并在实施过程中与家长保持不间断的交流，注重常态化落实，最终使这一方案得以稳步推进，让学生受益；而在《让课堂不再沉默》中，教师的夸夸卡和称赞语音让小孙的家长终于看到了学生的优势和天赋，开始重视学生的成长，学生得到了更多来自父母的关注和鼓励，由此开始了自己的蜕变之旅。

毋庸置疑，每个家庭都有其特殊性，每个家长也都有自己的一本“教育经”。就像这些教育故事中所展现的那样，每一个问题学生的背后，都有一个亟待提升的家庭。教师能否有效转化“困难学生”的关键在家庭。这就要求我们在工作中既要帮助家长看到学生问题背后的原因，又要因势利导，发挥每个家庭的有利因素助其自主生长。

家校携手，共育成长。只有赢得家长的信任与支持，对症下药、循序渐进、不懈落实，“困难学生”的转化才可能变成现实。

方法二：用爱和理解，为学生的心理资源充电

在这些教育故事中，我们不难发现这些学生的内心都有着“遵守规则、好好学习、得到认可”的强烈愿望，但只是空有愿望，缺乏行动。遇到这样的学生，教师和家长往往想当然地把责任都归结到学生自己尚未形成明确的规则意识、行为习惯或人格特质上面。其实，明确的规则意识和良好的行为习惯，并不是教师和家长“批评一声、教育一下”就能形成的。很多在这方面存在问题的学生，是“心有余而力不足”。从心理学的角度来说，这是因为自控力的心理资源有限。

所谓“自控力的心理资源”是由著名心理学家罗伊·鲍麦斯特提出的。他认为自控力是非常重要的心理力量，但也是会消耗的，就像身上的肌肉一样，经常锻炼会变得越来越强壮，但过度使用又会感到疲劳。就像教育故事中，有些学生明明知道违反规则是不对的，或是完全懂得什么是好的行为习惯，但就是控制不住自己。其实这并不是学生没有是非意识，而是因为他们的自控力被消耗殆尽了。

每个人内心都有个“心理账户”，存储着各种心理资源：安全感、归属感、自尊自信、毅力、勇气、同理心等。对于“困难学生”，他们在成长的过程中则遇到了更多的困难，比如有更多的“不被看到”，有更多的需要不能被满足，被更多地贴上负面标签，经常被打击自尊心、自信心……因此，“困难学生”的“心理账户”里存储的资源本身就很有限。而养成好习惯、遵守规则都需要消耗自控力，这就相当于要从“心理账户”提现。那么，如果不能及时补充，“心理账户”就只有透支这一种结局了。

正是因为“困难学生”的“心理账户”入不敷出，才让他们在遵守规则和养成良好行为习惯上屡屡触线。他们渴望做个好学生，但又“心有余

而力不足”。于是这些眼前的困难让他们对自己感到失望、无奈甚至愤怒。而此刻内心所萌生的强烈自尊心便会不自觉地把教师和想要帮助他们的人推得远远的，这让援助者们感到无从下手、挫败感满满。最终，这种持续且强烈的挫败感会使以教师为代表的援助者们因为“朽木不可雕”而停下脚步。但如果大家能够找寻学生行为问题背后的原因，那么事情就会有转机。在所收录的多篇故事中，教师们的担忧可谓异口同声——如果这些“困难学生”被疏于管理，那么对学生本人、所在家庭和社会都将带来巨大的苦恼。而教师的责任感与使命感，让我们无法对生命弃之不顾。就像《爱的唤醒》中所写到的：“教师的爱是滴滴甘露，即使枯萎的心灵也能被之唤醒；教师的爱是融融春风，即使冰冻了的感情也会为之消融。”《让课堂不再沉默》中所写的：“当我们了解学生曾经畏惧回答是符合他们心理发展规律的，自然能对症下药，用夸赞让学生收获所期待的认可，逐步形成内在自信，克服内心恐惧，勇敢发言！让课堂不再沉默！”

所以，如何为这些“困难学生”的“心理账户”增加储蓄呢？就让我们用仁爱与他们做朋友，以理解让他们敞开心门吧！

方法三：设定小而具体的目标，并密切关注落实进程

在小学中高年级的“困难学生”转化故事中，往往一个学生身上存在着很多种不良习惯和问题，如果“眉毛胡子一把抓”，不但学生吃不消，也会让教师备受打击。前面讲到，好习惯的养成需要消耗自控力的心理资源，如果在短时间内期望学生在很多问题上得到改善，就会让学生的自控力过于分散。很多学生之所以在规则和习惯养成上屡屡受挫，其中最主要的原因无外乎三点：一是所拟订的目标不合乎自己的现况；二是缺乏行之

有效的科学方法；三是没有细致的进程规划和稳步落实。所以，经常是“头痛医头，脚痛医脚”“东一耙子，西一扫帚”，最后就变成教师要求哪个他就临时抓哪个，每一天都在疲惫和焦虑中度过，但是自己也没能取得实质性的进步。长此以往，学生会越来越焦虑，自尊水平也会越来越低，久而久之就形成了恶性循环，对获得高品质的学习和生活丧失了全部的勇气和信心。

因此，教师在对“困难学生”进行转化时，要特别注意科学使用学生的自控力心理资源，一定要确定目标，将自控力心理资源在一个时间段内主要用于解决一个关键目标问题，以帮助学生更清晰地了解自身问题，然后循序渐进，步步为营。同时，这些目标一定不能是宏大又模糊的，比如说“遵守纪律”“讲究卫生”，那么究竟做什么才算是“遵守纪律”，怎么做才称为“讲究卫生”呢？若没有小而具体的目标，无论是谁都会觉得一头雾水，对于“困难学生”则更是雪上加霜了。

由此可见，教师引导“困难学生”设定目标时，就要把目标具体化到易操作、可量化、便于观察和验证、易获得阶段成就感的程度。我们的教学故事中就有很多这样的优秀示范，比如《一场辩论点燃一场“变革”》中，减少“恶意事件”和“暴力事件”就是可以量化和观察验证的目标。又如《爱的唤醒》中教师也和家长一起引导学生制订学习计划；《球场上的倔强》中教师依据班级情况制订强身健体每日计划；《高大姐的“进化”三部曲》中“穿内衣”“穿袜子”都是行为习惯养成中很合适的小而具体的目标。当面对这些小而具体的任务时，学生会更有目标感，教师也比较容易客观地鼓励学生，促使学生继续努力。

当有了小而具体的目标后，可以引导学生制订具体的行动计划表，并引导学生思考诸如每天需要做些什么、避免做些什么才可以实现目标，然后对照计划表一步一步地实施，让任务变得更加切实可行。这些计划可以用专门的笔记本做记录，如果需要家校合作的，也可以邀请家长一起参与其中。在教学故事中有些教师也采用了类似的方式，鼓励并支持学生最终实现了成长目标。

方法四：发挥集体的力量，为习惯养成找到助力

对于小学生，在建立规则意识和行为习惯养成的问题上，常常会出现“三分钟热度”的情况。因此，教师要善于发挥集体的力量，让同班同学成为“困难学生”的后援团和支持者，给“困难学生”及时鼓励，适时监督，激发学生坚持的勇气。如在《一场辩论点燃一场“变革”》中，“朋友圈”会适时提醒小徐：“你已经改了很多了，别前功尽弃呀！”班长和特助都会给他“撑腰”，这些都是来自集体支持的力量。再比如《爱的唤醒》中，教师和班委一起轮流帮助浩浩，使得浩浩的成绩突飞猛进。《搭父子“心桥”，迎心灵阳光》中，教师让同学接纳和帮助小雨，让阳光照进小雨的心房。

当然，对于转化小学阶段“困难学生”的规则习惯问题，除了这里提到的语言调节、自我暗示与自我监督，家校合作创建良好的成长环境，用爱和理解为学生的心理资源充电，设定小而具体的目标并制订具体的行动计划表，发挥集体的力量为习惯养成找到助力之外，还有很多在教育实践中有效的方法。希望教师在尊重这一阶段学生自我管理、自我调节能力发展的基础上，因材施教寻找更多适合不同“困难学生”的良方，帮助他们成长。

建立积极而现实的自我概念，提升个体自尊水平

问题一：为什么要帮助小学中高年级学生建立积极而现实的自我概念

当进入小学阶段，学生会逐渐从幼儿期的虚幻世界转向现实。埃里克森认为，成人的期望与儿童掌控环境动机结合，导致了小学时期的心理冲突——勤奋与自卑。如果儿童对有用的技能和任务形成能力感，这对矛盾就能顺利得到解决。而埃里克森所说的勤奋感包括：积极而现实的自我概念，对成就的自豪感，道德责任感以及与同龄人合作。

问题二：建立积极而现实的自我概念与个体自尊水平存在怎样的关联

与幼儿期不同，小学生会频繁进行社会比较，在对自己与他人的外貌、能力和行为进行对比后做出判断，并理解他们的优点和缺点的成因，逐渐重新形成自我概念。之后，小学生采用稳定特征描述自己在学习能力、社交能力、身体 / 运动能力以及外貌等方面的自我评价，并整合为一种总体的自我心理意向，即整体自尊感。

这一阶段的教育故事中“困难学生”多来自一些特殊家庭或问题家庭，早期持续至今的教养行为，引发了学生在自我概念和自尊发展上存在一些消极因素，而自我概念和自尊的发展是儿童情绪和社会性发展非常基础的内容，会继发多维度的问题，包括学习动机不足、抗挫力不足，人际问题和情绪问题。比如，在《用宽容的心静待花开》这个故事中，小 A 因爸爸妈

妈离异而找不到归属感，缺爱的小 A 就像个刺猬一样，对别人有很强的敌意。他急功近利、好胜心强，与同学处理不好关系，这都是内心不安、自卑的外在表现。在《搭父子“心桥”，迎心灵阳光》中，小雨父亲经常对孩子恶语中伤，让小雨觉得自己很差，不值得被爱。久而久之，小雨的自信心受到打击，自暴自弃，经常暴怒，身边慢慢没有了朋友，这些问题又反过来让小雨越发地没有自信。在《一场辩论点燃一场“变革”》故事中，家庭温暖和家庭教育的缺失，让小徐用撒谎的行为，维持着自己脆弱的自尊。在《外号变形记》故事中，我们看到中年级的学生越来越渴望用自己的方式与同伴交往，但是由于不懂得自尊和如何尊重他人，缺少必要的人际交往技能，常常引发一些人际交往危机。在《让课堂不再沉默》中，我们还看到往昔在课堂上争先恐后举手发言的学生们随着年龄增长，在升入小学高年级后，也因为格外在意他人（特别是同伴）的评价，而产生了自卑、从众、怕出头等不够积极的心理，从而导致课堂上不敢举手发言的情况。

问题三：作为教师，如何帮助“困难学生”提升自我概念和自尊水平

在《小学低年级篇》的总结中，内向敏感、缺乏自信的学生在面对入学适应这一问题上，我们总结出两个提升学生自我效能及自信心的方法，即多用积极正面的语言引导学生发现自己的长处，从而树立自信；以及培养成长型思维，建立乐观解释风格。这两个方法同样适合小学中高阶段的学生。下面我们将依据所收录的小学中高阶段各教学故事的呈现，再对提升自信心总结一些方法，以供教师参考，同时也是对《小学低年级篇》的补充。

方法一：通过家校合作，引导家长采用权威型教养方式养育学生

自我概念和自尊的发展受到很多因素的影响，家庭对于儿童的教养方式是非常重要的影响因素之一。很多研究表明，权威型教养方式更能让儿童自我感觉较好。温暖、积极的教养让儿童知道他们是有能力、有价值的，是被接纳的。严格而恰当的期望，晓之以理、动之以情的教育，能让儿童依据合理的标准评价自己的行为。良好的自我概念和自尊来自过往成功的经验，如果学生过往有很多成功的经验，那么就会在反馈积累过程中变得更加自信。

那么，怎样可以给学生更多的成功经验呢？家长需要对学生有恰当的期望，并且在学生努力的过程中多强调过程、少强调结果。而在教学故事中，很多家长只看结果、不看过程，学生在家庭中很少获得成功的体验，似乎怎么努力都不能达到家长的期待。学生一旦做不好就会产生焦虑和挫败感，继而用撒谎、不去上学等方式逃避困难。但是如果家长可以看到学生努力过程中的点滴，让学生能时不时获得小小的成功体验，那么学生的自尊也会得以一点点地累积。这就需要教师在家校沟通的过程中，能够让家长对学生积极关注，并学会如何正确鼓励学生。

控制型的家长会给学生过多的帮助甚至代替学生做决定，这让学生觉得自己很无能，加之家长反复地否定与贬低，会严重损害学生的自尊。

而过于放纵、宠溺的教养方式也会阻碍学生积极现实的自我概念的发展，这种家庭培养出来的学生往往过于自我夸大、想法做法易脱离实际，且无法忍受与自己不同的意见、无法正确面对批评，常常会出现适应性问题和人际交往上的麻烦，就像《与“小大人”做朋友的那些时光》中的小海。此刻，教师更需要成为一面镜子，让家长看到家庭教育中的问题和学生不当言行的直接关联，引导家长用权威型的方式——遵循“不带敌意的坚决，不带诱惑的深情”的态度教育学生。

当然，对学生没有期望与要求的忽视型教养方式是不足取的，甚至是最具危害的。缺爱、缺乏归属感的学生不太可能发展出比较现实积极的自我概念和自尊。那么，对于忽视型的家长，教师要通过有效沟通，让家长切实承担起教育的责任。在《家校携手拨动学生的心灵琴弦》的教育故事中，教师的沟通让小溪父亲意识到自己有着不可推卸的教育责任。对于放任不管型的家长，教师需要用事实说话、用智慧引导家长重视学生成长中的“问题”。

在这些教育故事中，也不乏单亲家庭的学生出现的种种问题，那么如何给单亲家庭做工作呢？相信《用宽容的心静待花开》这则故事给了我们一些有益的启示。对于单亲家庭，教师确实需要用更加特别的方式向家长双方传递信息，让他们明确各自的教育职责。在工作中，要善于从学生的情绪、行为变化中捕捉家庭对学生的影响，从学生的角度出发，让家长感觉到教师对学生的关心，并提醒家长注重对学生的陪伴。

亲子间的沟通方式和家长的养育语言同样对学生自我概念的形成和自尊的发展有着深远影响，并直接关系学生认知和情绪的发展。如果学生在成长的过程中能够获得家长的关爱和欣赏，能够经常听到肯定、赞美、鼓励的言辞，学生就比较容易获得好的自我概念。反之，如果经常受到家长的讥笑、羞辱、轻视、否定，甚至虐待和责骂，自我概念和自尊水平就会比较低。就像《搭父子“心桥”，迎心灵阳光》中小雨的爸爸经常对学生恶语相向，《高大姐的“进化”三部曲》中高大姐一犯错就会被妈妈打得鼻青脸肿，都在严重影响学生自尊的发展。所以，教师要成为学生和家长的桥梁，引导家长转变和学生沟通的方式，学会和学生好好相处、好好说话。

方法二：不去放大“不足”，发挥积极关注的力量

诚然，“困难学生”在他们的学习生活中，存在很多恼人的问题，这也会让任课教师、同学对他们有诸多不满。而这样先入为主的主观印象，往往会给这些学生招来很多偏见，这些偏见会在更大程度上导致他们格外关注自身的不足与缺点，从而阻碍他们对自己优势与积极方面的开发。正如积极心理学家斯塔夫罗斯和托雷斯所说，我们能看到的是我们所寻找的，我们常常错过很多不曾关注的事物，即使它们就在眼前……我们关于这个世界的经验很大程度受到自身注意力的影响。所以，教师在转化“困难学生”的过程中，注重发挥积极关注的力量、开启学生的优势效应是非常重要且必要的。

积极关注是来自积极心理学的一个概念。积极心理学主张研究人类的积极品质，充分挖掘人固有的、潜在的、具有建设性的力量，以促进个人和社会的发展。积极心理学从以往的关注不足和问题的方向，转而关注有效的和积极的方向。每个学生都有自己的天赋优势，关键在于教师是否善于发现。只有发现了“困难学生”那些被忽视的优势，并引导学生看到自己、认可自己，才有可能帮助学生将其优势发挥到极致。而只有当“困难学生”得以实质性地扭转自己学习生活中的困局时，他们才可能获得关于成长和成功的真正体验。

那么，如何才能发挥“优势效应”，用好积极关注的力量呢？教育故事中的教师们也给出了很好的示范。从积极心理学来说，学生的行为可归为四类，这四类分别指向学生的核心优势、成长型优势、习得行为以及当前劣势。

核心优势指的是个体经常运用或表现出来的特征，并且对于身边的人来说，这些优势显而易见。即便是“困难学生”，如果教师善于观察，也能够发现学生的核心优势。比如在《搭父子“心桥”，迎心灵阳光》这个故事中，小雨的表达能力强、思维活跃就是他的核心优势。《高大姐的“进化”三部曲》中，“高大姐”的超强想象力和绘画能力就是她的核心优势。核心优势可以是某些方面的天赋，也可以是一些优秀的性格特征，比如富有同情心、勇敢、乐观等。

成长型优势是指有些学生可能在某些领域是擅长的，但是由于平时没有机会，这种优势利用频率不高。特别是对于一些“困难学生”，任课教师和其他同学对他们已经形成了一些偏见，更不利于他们自身这些成长型优势的发展。比如，困难学生由于人际关系不好，又比较自卑，经常被孤立在集体活动之外，此时就需要教师来为这些学生主动创造机会。在《用宽容的心静待花开》这个故事中，教师帮助小 A 最终圆了自己的“足球梦”。在《一场辩论点燃一场“变革”》的故事中，小徐同学不但获得了同学的掌声和点赞，也通过辩论赛表达了自己的需要和期待。在《让课堂不再沉默》中，学习比较吃力的小雨也因为课间获得了来自教师和同学的赞美而备受鼓舞，甚至在课上勇敢地举起小手主动发言。当“困难学生”在教师的帮助下能够积极主动地参与各种活动时，他们就可以从团队活动中汲取更多力量；同时，通过发展成长型优势，让这些学生变得乐观坚强，拥有更加融洽的人际关系。

习得行为是指在学校和他人的要求下形成的行为。习得行为可能并不是学生喜欢或天生擅长的，因此激发学生的动机就变得特别重要，这也在一定程度上更需要教师不断地提醒、督促和耐心地帮助。比如在《球场上的倔强》中，教师通过隐喻故事、开班会、观影和制订健身计划等教育方式，带领学生赢得了胜利。在《高大姐的“进化”三部曲》中，教师巧妙地利用了高大姐对班里干净漂亮小姑娘的羡慕和模仿，引导高大姐最终习惯穿上内衣。而在《家校携手拨动学生的心灵琴弦》这个故事中，利用学生手速快的优势，教师鼓励学生好好写作文并帮助自己做一些力所能及的任务，在潜移默化的引导下促进了学生的积极成长。习得行为是可以通过后天发展的，但是这不是学生的天赋所在，所以教师对此要有合理的期待，并进行持之以恒的激励。

当前劣势是指学生在当下做得不够好的方面。比如教育故事中所提到的不良的行为习惯、不畅的人际关系、不理想的学习成绩等。每个人都有自己的优势，也都有自己的劣势，教师首先需要让学生正视这个事实。同时还要让他们知道，有劣势和不足并不意味着他们不好，相反借助优势慢慢战胜劣势才更有意义。作为教师，越是能够发现学生的优势，就越容易处理学生凸显的劣势问题，而学生也会在这个过程中获得自信心和行为动力。在今后面对类似的问题时，他们会尝试用自己的优势摆脱困境，积极进取。《搭父子“心桥”，迎心灵阳光》的故事中，教师为了让小雨重拾自信，小到发言、大到集体活动，都尽可能给小雨创造机会展示自己，并给他安排一些能够胜任的工作，让他找到自己在班级的位置、收获归属感。这些帮助都让小雨在行为规范和学业成绩上取得了很大进步。

另外，优势是有迁移辐射效应的，当学生们在教师的帮助下找到自己的优势后，会不自觉地把它扩展到新的领域，以使自己在其他方面也慢慢表现得更加得心应手。这也正是积极关注力量的强大之处。一旦“困难学生”身上的优势被看到和放大，他们便会在整体上出现让教师欣慰的改变和进步。

情绪的理解与调节

问题一：较小学低年级学生而言，中高年级学生在对情绪的理解与调节方面有何发展

与小学低年级学生相比，中高年级的学生更懂得如何用社会适应性的方式表达消极情绪，他们也开始更关注别人的情感。随着情绪调节能力的良好发展，小学生会形成情绪自我效能感，这是对自己情绪体验的控制感。情绪自我效能感可以促进小学生形成良好的自我概念和乐观积极的心态，进一步帮助学生面对来自情绪的挑战。具备良好情绪调节能力的学生在心境、共情和亲社会行为方面都是乐观向上的。相反，情绪调节能力差的学生则会用冲动宣泄不满情绪，影响亲社会行为和同伴的接纳。

到了小学中高年级，多数学生可以在两种情绪调节方法间做到合理切换。一种方法是“问题中心应对”，即把困难情境看作可变的，先查明存在的困难，再决定怎么办；另一种方法是“情绪中心应对”，即对外部结果无能为力的时候控制调节负面情绪的方法。比如，面对教师的批评或朋友的不友善，小学中高年级的学生一般可以尝试去解决问题，并寻求社会支持。但是当结果超出他们当前所及的控制能力时，他们会选择转移注意力，或者用一些可以获得心理平衡的归因来解释，使结果合理化。这些都是学生情绪调节内部策略发展的结果。

问题二：教师如何引导小学中高年级的学生提升情绪管理能力

除了在《小学低年级篇》中总结的方法（引导学生正视自己的情绪和正确表达自己的情绪）以外，这里再给教师们提供两个方法。

方法一：善用 ABC 理论处理情绪

在情绪管理中，有一个著名的“ABC 理论”：A 表示发生的事件，B 表示当事人对这一事件的看法，C 是基于这种看法而产生的个体情绪和行为反应。

该理论认为引起人们情绪困扰的并不是外界发生的事件，而是人们对这一事件的态度、看法与评价等。因此要解决情绪困扰，不应该只是致力于改变外界事件，而是应该改变自己的认知，通过改变对事件不合理的认知，进而改变情绪和行为。

所以当学生产生负面情绪时，在共情倾听的基础上，教师可以引导学生分析产生负面情绪的根源，并善于在交流中捕捉这些由学生提及的看法和评价中有没有绝对化和糟糕至极的不合理的部分。之后，引导学生用更加客观理性的分析代替原先的看法和评价。在这个过程中，教师可以巧用语言的力量，引导学生通过语言的变化带动思维的变化。比如，有些学生生气是因为他认为所有同学都对他有敌意。教师可以引导学生先从改变语言开始。把“所有”改为“有些”或“某些”。再比如，有的学生在考前情绪异常紧张，他便会断定自己一定考不好。这时教师可以引导学生把“一定”换成“如果”“那么”，即“如果这次我考试失利，那么我需要做些什么……”。

方法二：引导学生选择积极行动

通过第一步对认知的调整，学生就更能客观理性地理解情绪了。接下来，教师就可以引导学生冷静面对当下处境，并积极寻找正面、有益的方法来解决问题。比如，学生因为人际问题经常苦恼。通过认知调整后，学生可以比较清晰地认识到自己苦恼的原因，此时教师再去引导学生采取适宜的办法走出困境。在教育故事《用宽容的心静待花开》中，教师鼓励小 A 在比赛前学习规则，并给他渗透团队意识，最终帮助小 A 走出了人际关系的困局。或是当结果不可控时，引导学生用一些积极的情绪调节方法安抚自己，以尽快恢复心理平衡，比如倾诉、运动、绘画、转移注意力、远离当下情境等方式。在《爱的唤醒》中，教师送给浩浩精美的日记本，让浩浩用记日记的方式梳理自己的情感世界，这些都是很好的尝试。

面对“困难学生”，教师需要通过有效的家校沟通，与家长一起理解“问题”产生的症结所在，并看到学生深层次的需要；要用爱和理解让学生敞开心门，让学生愿意再去尝试感受来自家庭和班级的温暖与信任；同时，发挥积极关注的力量，让“困难学生”重拾自信，实现问题的根本性扭转。

初中年级篇

引言

初中是人生发展的重要时期，这是一个独立和依赖、稳重和稚气同时存在的时期。进入初中后，随着自我意识的逐步觉醒，学生开始发现和认识自己；随着思维水平和理解能力的不断提高，学生满怀好奇地揭开精神世界的面纱；随着意志品格的磨砺，学生开始思考人生的意义。初中阶段将为人生长卷打下丰富的底色。

初中阶段，面对生理与心理的急剧变化，学生的心理状态往往起伏不定。在自我意识方面，他们渴望自己成为有价值的人，但常常又会因失败、挫折对自己持否定的态度，从而导致对自己的监控和调节能力降低。在情绪方面，他们的情绪变化如同疾风骤雨，感受也更为强烈，但未能发展出足够的情绪调节能力，常常会变得情绪化。在学习动机方面，随着科目增多、学习难度加大，他们在竞争激烈的中考前，往往会出现学习动力不足、自主性不强、缺乏理想与目标等问题。

问题是成长的契机。基于学生在初中阶段身心发展特点与实际需求，我们希望通过教师的育人故事，聚焦学生自我意识、情绪能力、学习动机等方面的关键问题，通过个性化指导和集体指导的方式，发现他们面临的共性问题，总结行之有效的方法和策略，帮助他们积极地探索自我、从多个角度客观而积极地认识自我，培养他们的情绪调节能力，激发他们的学习动机，顺利度过这一关键时期，健康、快乐成长。

拖延男孩解“拖”记

北京市石景山区实验中学　李墨丹

教育故事

2020 年，我所带的学生正上初二。寒假的一个清晨，我接到了小林妈妈的电话。

“老师，您快帮我说说小林吧！放假还没十天，他又原形毕露了！期末刚跟我保证这个寒假把学习补上。现在倒好，天天手机不离身，别说补漏洞了，连第一周的假期作业还没写完呢。说到做不到，亏我那么相信他……”

听完来自学生妈妈的这段“控诉”后，我拨通了小林的电话。待我说清通话的初衷，小林有些惭愧地说：“我知道这回又让我妈生气了。可是，一到放假，我就管不住自己。其实我也总对自己说，就看五分钟手机，然后马上去学习。可是，五分钟到了，我又变卦了。老师，我也讨厌这样拖拖拉拉的自己，可我该怎么办？”

小林问得恳切，看得出，他也正为此而苦恼和自责。见他这般，我没有继续说下去，只是要求他先补齐作业，再探讨如何解决拖延问题。

一天后，小林终于补完了所有作业，我们正式踏上了解“拖”之旅。

首先，只有理清事实、合理归因，才能更有效地解决问题。于是，我向小林提出了这样两个问题：

1. 是什么原因让你明知不对却还是拖延？

A. 懒得做 B. 没想好该怎么做 C. 跟家长赌气 D. 其他

2. 手机中的什么内容耗费了你过多的时间？

A. 聊天 B. 打游戏 C. 看剧 D. 刷短视频

小林的选择依次是：A（懒得做）；D（刷短视频）。

小林很诚实，而那些视听觉冲击力极强的短视频也确实很容易让人沉浸其中难以自拔。小林能够直言自己的懒惰，并意识到频繁刷短视频的行为已经严重影响了自己的成长，这令我很欣慰。所以，我首先肯定了他的真诚，同时也鼓励他增加“战胜拖延”的信心：只要积极寻求改变，一定可以早日和拖延彻底“say goodbye”。

接下来，为了能够在这段旅程中走得稳健而长远，我跟小林围绕解决拖延的关键因素——“自控力”展开交流。

“小林，如果现在请你为‘自控力’打分，其中 1 为最低、10 为最高，你会为自己打几分呢？”我问。

“大概有 8 分。”约一分钟后，他给出了分数。

我看着这个并不算低的分数，追问：“能说说你的给分理由吗？”

“我第一感觉其实想给自己打 5 分左右，但是我又仔细想了想，自己在学校的时候，即便老师不督促，我也可以按时完成作业。而且我还能有规划地进行午自习。”

“对，在学校的时候，你确实可以在老师不督促的情况下，做到按时完成作业、有规划地进行自习。”我马上给予了肯定，“那么，同样都是自己完成作业和学习，为什么在家和在学校会出现如此大的差异呢？导致你出现这种情况的原因是什么呢？”

“我想可能是在学校有同学和我一起学，或是我看到同学们在写作业我也就去写了。所以，即便没有老师的督促，但是同学们的举动让我的状态始终是紧绷的。而放假在家，看不到别人在学习，我就彻底放松了。”小林说。

“所以，虽然在学校你并不需要老师的督促，但是不能否认的是，你的自控力是建立在一定的外部压力之上的。”我补充道。

“那您的意思是，我没有自控力？”他赶忙问。

“不，你是有自控力的，要不然你即便在学校也很难实现主动学习和按时完成作业。但是通过今天的交谈，你要清醒地认识到，你的自控力目前还没有想象中的那么强大，它还需要经历必要的提高，所以你得格外注意去培养它，特别是在独处的时候，时刻提醒自己保持适度的紧张，只放松身心，不放纵成长。”我意味深长地说。

后来，当我俩再次提起曾经这番既有肯定更含鞭策的话时，小林说其实这句话给了他很大的启发。因为原本他以为自己已经拥有了很强的自控力，所以每逢放假“失控”带给他更多的是自责和茫然无力。但是当他意识到出现这种“失控”局面的根源还是自控力不足时，反倒激发了他的斗志，让他重拾力量。他跟我说，在之后每当自己在家的时候，他就会告诉自己提升自控力的绝好机会又到了，他一定要战胜心里那个失控的“小恶魔”！

让我们再将思绪回到这件往事。在两次交谈后，我综合小林的情况，聚焦“练就‘高纯度’自控力”这一目标教给了他两个简单易行又相辅相成的小法宝。希望他用方法开启行动，用行动打倒拖延！

一、20 秒能量启动法则

小林要练就的是不需建立在外部条件下的“高纯度”自控力，这就需要他大幅度增加“主动选择学习”的次数。所以，为了帮助小林更好地实现这一主动选择，我向他详细介绍了心理学家肖恩·埃科尔提出的“20 秒能量启动法则”。

首先我告诉小林，这个法则的发现源于肖恩自己的一段重要经历，而这个经历似乎和此刻他正面对的难题有几分相似。小林一听便来了精神，于是请我赶紧给他细数原委。借着他的高涨热情，我赶紧说出这个法则的核心要义：如果一件事情需要的启动能量大于 20 秒，这件事就很难启动。反之，就特别容易成功。

当小林得知肖恩正是用这个方法养成了每天弹吉他的习惯后，他也决心试一试。于是，我们很快转入学以致用的探讨。最终，小林决定一方面卸载手机中吸引他的 App，并把手机放在远离自己的房间；另一方面把书本和文具放在手边，或平摊在自己的书桌上。我给他补充了一条：如果实在想看手机了可以重装 App。虽然是这样说，但我心想：这超长的启动时间肯定会增加“转移难度”。

就这样，使自己要做或该做的事情便于在 20 秒之内实现启动，同时延长诱发拖延因素的启动时间的做法很快就见效了。小林使用手机的时间明显减少。

二、每日清单法

20 秒能量启动法让小林心甘情愿地离开了手机。但是我想，只有让学生有事可做，才能让这份远离更有意义。于是每日清单法就成为我给小林的第二个法宝。

我告诉小林，要将每天要做的事在当天早上或头一天临睡前按上午、下午、晚上进行罗列，形成每日待办清单，然后每完成一项就在清单相应事项旁打一个“√”。

听完我的讲解，小林有点半信半疑地说：“老师，我之前就做过这样的计划表，但是很快就进行不下去了！”“哦？那你可以给我讲讲之前是怎样做的吗？”

……

随着小林的讲述，我渐渐听明白了他原先的做法，也大致明白了造成他进行不下去的原因。于是，我慢慢地说：“小林，咱俩所说的计划表确实很像，但是我这种相对简单一些。你看，它并不需要像你之前那样精准到何时做某事，只需要将待完成的事安排在一个自己觉得合适的时段就够了。”

就这样，有两个法宝在身的小林，在寒假的第三个周末实现了按时完成当周作业的目标。通过微信，他兴奋地告诉我：“老师，那个 20 秒能量启动法太棒啦！现在想看短视频的时候一想到要重装、登录、密码什么的感觉好麻烦，而书就在手边，眼睛不由自主就过去了；每次列待办清单时，感觉自己像个将军一样在排兵布阵，而且跟您说的一样，看到完成的项目越多，越想赶紧全部完成，完成之后更是满满的成就感。我很享受现在这种有序的生活，感觉踏实而可靠。总之，效果超出预期！”

后来的日子，小林再也没有出现“拖作业”的情况。为了鼓励他的进步，又不影响他已建立起来的“高纯度”自控力，我不再带他打卡和给予物质奖励，但是小林已经在“自我控制”的成就感中强化了意识和能力，不再需要外力引导督促了。

新学期第一天的班级教育中，我特别安排了“达人开讲”这一内容，将假期中涌现出的运动达人、健康达人、孝亲达人等众达人会聚其中，而小林也以“自控达人”的名号位列其间。他与大家分享自己在假期战胜拖延的经验与体悟。讲台上的小林神采奕奕、目光坚定，他的讲述给在场同学极大的启发，而我更希望他能在自己的讲述中积聚必胜的信心、激发自身更强的力量，借此支撑自己继续笃定前行。

昔日的拖延男孩终于变了样，我相信他在解“拖”后必将遇到一个个更好的自己。

《明日歌》中有云：“我生待明日，万事成蹉跎。”拖延不但会降低学习效率，而且会泯灭斗志，这种影响力对一个正在成长中的学生而言有可能是毁灭性的。所以，这需要教育工作者有一双慧眼，更要有一颗慧心，在干预拖延的过程中投入更多的耐心与关爱，让学生远离拖延，都能“不用扬鞭自奋蹄”！

教育反思

拖延症指在能够预料后果有害的情况下，仍然把计划要做的事情往后推迟的一种自我调节失败的行为。严格来讲，它只是一种较为普遍存在的行为。但严重的拖延症会对个体的身心健康带来负罪感、自我否定、焦虑等消极影响，须引起重视。

一、解“拖”，贵在接纳

很多时候，人们可能因为之前的拖延行为而不断指责自己，这种对自我缺乏接纳的行为不但会让自己在新任务开始前感到愈发焦虑，更会导致自己陷入拖延的恶性循环。

故事中的小林在最初就带有明显的自责，再加上青春期正处在“自我同一性”发展的关键时期，诸如“我是谁？”“为什么我会在学校和放假时表现出反差极大的学习状态？”“我是否已患上了‘手机依赖症’？”等一系列问题让这个学生把更多时间花在了对灵魂的拷问之上，也就很难集中精力去解决实际问题了。

因此，打破这种恶性循环，首先便是以接纳代替自我指责。只有这样，才能尽快开始审视导致拖延的原因，并着手改变。

二、解“拖”，重在觉知

解决拖延问题需要个体实现对自我的觉知，主要体现在两个方面：

（一）引导学生觉知“导致自己出现拖延行为”的真正原因

很多人认为，导致拖延是因为懒、缺乏时间观念或是不珍惜他人的时间。而事实上，导致其产生的因素源于人们更深层的心理活动。所以想要解决它，必须因人而异。特别对青春期的学生而言，只有引导他通过觉知自身找到答案，才意味着这个原因是被他本人所接受的，这才可能出现后来的改变。

（二）引导学生觉知“自控能力并不强大”这个事实

自知之明是自控的基础，而认识到自控力存在问题，则是自控的关键。实际上，当意识到自己有多容易失控，反而会帮助学生消除无力感，并激发其对提升自控力的重视程度。就像故事中的小林，当知道他的自控能力并没有那么强大时，他反而不再茫然，随即恢复了战胜拖延的信心和方向。

三、解“拖”，精在方法

解决拖延问题的方法有很多，在这之中不乏殊途同归者，故以“精选一二”为佳。

就小林而言，我为他精选了两个方法。

一是 20 秒能量启动法。选择它的原因首先在于简单易行、见效快，同时这个法则的缘起与小林经历的相仿会在无形中增加小林对这个方法的信服程度以及他战胜拖延的信心。

二是每日清单法。此法在实现每日任务可量化、可视化的同时，兼顾进程中的弹性。事实证明，如果制订的计划太过精准，人们往往很难坚持下去。更何况，计划永远赶不上变化。到头来，无论是完不成，还是不能按时完成都会导致产生挫败感。而仅以三大时段罗列待办事项，既方便调整，又给学生留有可支配的自由时间，有利于维持更为积极的行事心态，进而提高行动效率。

出发！向更广阔天地！

北京景山学校远洋分校　赵延琦

教育故事

2020 年 1 月底，晚上 11 点，我收到来自小石头发来的两张照片，照片里是他和同学们在初中七年级时元旦联欢会前一天所拍的相互说笑、玩耍的景象。我回复“珍贵的回忆”，他发来“Sure”。

他的信息把我的思绪拉回到 2014 年年末。那一天，伴随着最后一节课下课铃声的响起，学生们纷纷拿出拉花彩带、台词脚本、游戏道具，男班长小楚甚至还借拷贝联欢会 PPT 的机会播放起了欢快的音乐，班级里顿时成为一片欢乐的海洋，可以看出每个人都对第二天的元旦联欢会充满期待——准确来说，是除了小石头以外的每个人。

我在给班委安排布置会场等事项的同时，注意到小石头非但没有显出一丝兴奋，反而正在对着数学练习册冥思苦想，时而在草稿纸上写写画画，时而自言自语道：“不对，不对，再想，再想。”不知为何，隐隐的担忧在我心中渐渐生发。

果不其然，就在我回办公室为学生打印表演剧本的短短几分钟时间里，班级里就发生了“事故”。女班长小雨着急地跑来办公室找我，“赵老师，您快去看看吧，石头的‘情绪病’又犯了，都快和小楚打起来了！”

我三步并作两步来到班级门口，看见小石头和小楚被同学们拉向两边，两人都满脸涨红，气鼓鼓喘着粗气，眼神凶狠地盯着对方。而此时班级里多个桌椅被掀翻在地，书本、纸张、学习用具满地都是。见我进来，所有人都不再开口，只剩下“恭喜你发财……”的歌还在播放。

面对此情此景，我并没有生气发火，而是选择先稳定双方的情绪，让他们回归镇静，能够理性思考。我让小雨先带领同学们将桌椅、书本等复原，让小楚去洗把脸，回座位坐满十分钟再继续和同学们一起布置教室，让小石头和我一起缓步走回了办公室。

我让小石头坐下，平静地问道：“还记得我之前告诉过你平复情绪的方法吗？对，深呼吸三次，反复和自己说‘冷静’两个字。”见他照做，继而说道：“你做得很好，现在情绪冷静一些了吗？能和我说说发生了什么吗？”

“马上是元旦假期，作业留得本身就多，我就想抓紧时间把作业写完，这样就能好好过假期了。可是小楚，他不征求别人意见就放音乐，打乱我的思维，而且他一直让我把桌椅搬到教室后面，不要影响他们打扫卫生、布置教室。班长就了不起吗？凭什么大家都听他的？我真是不胜其烦，于是就掀了桌子，想和他理论理论……”

了解事情经过后，为了能够让小石头听进去我之后要说的话，我必须先给予他一定的理解和支持，进而拉近和他的心理距离，让他不烦我，于是说道：“原来是这样，小楚确实不该不问问别人就放音乐，我一下课就进班了，他连我这个班主任的意见也没征求呢。这点他做得不对！”见他表情缓和了一些，我继续说道：“虽然你掀了桌子，还想和他理论，但是我要表扬你，这次没有想着直接挥拳头打人，说明你已经尝试过控制自己的情绪了。”

“老师……我确实想过动手，但是想起您之前和我说过暴力解决不了问题，于是就只能把愤怒发泄到桌椅上了……”

就在我刚想说说小石头也有做得不对的地方时，小雨来到办公室门口，“报告，赵老师，我们基本收拾完毕了，就剩石头的桌椅不知道要不要推到后面……”见小雨来，我心中大喜，与其让我说石头的不对，不如让心直口快、热情大方、深得同学们认可的班长小雨来说。

“小雨，你来得正好，你说说看，现在石头应该怎么做啊？”

小雨倒是不跟我见外，坐下来就说道：“石头，不是我说你，你看大家都在准备过节，你在干吗？你坐在那里不搬座椅，我们怎么打扫卫生，怎么挂彩带？你不出力就算了，还帮倒忙！还把原本欢乐的气氛给破坏了！”

面对小雨的一顿说辞，小石头几次想张口说些什么，但都把话咽了回去，越听头低得越低。我在一旁听着，对小雨十分赞赏，暗暗地给小雨比了个大拇指，并用眼神示意她“足够了”。

小雨心领神会，说道：“小楚也是，明明知道你是‘愤怒的石头’，还一再和你较真，他就不能好好和你说话吗……”

这个时候，石头突然说道：“不怪小楚，是我没做好。我要向他和同学们道歉。”

我借机说道：“班级布置完了吗？有什么石头能帮忙的地方吗？”

小雨道：“就摆好了桌椅，地面还没有打扫，拉花需要高个男生帮忙挂灯上……”说着看向身旁的石头。

“老师，我先去道歉，再去帮忙打扫卫生和挂彩带。”小石头说道。

“去吧，不过，石头，等过几天，我想去你家家访，帮助你进一步解决情绪控制的问题，你看行吗？”

“好的，我也和爸妈说一下。” 石头爽快地答应下来，说着就和小雨走回了班级。

我故意晚几分钟才回到班级，看看教室的布置情况。只见石头正踩在他的那张还没有搬走的桌子上，从同学手中接过彩带的一头往高处悬挂……班级里又循环到那首歌，“最好的请过来，不好的请走开……”

之所以想去小石头家进行家访，是因为虽然“布置班级的风波”已平息，但从和小石头的交流以及班长小雨不经意间的一句话中，我意识到如果不能改变小石头“以自我为中心”的思想，以及如果不能帮助小石头改变同学们对他是“愤怒的石头”的固有看法，那么小石头的“情绪病”只能治标，不能治本。

在转年期末考试结束后，我如约去到小石头家，这并不是第一次对他进行家访，之前也通过家访初步控制了他爱发脾气的习惯。这次家访和小石头及其父母畅谈了很久，从中我得知小石头只想着完成自己的作业是因为他父母都是高材生，又在国企银行担任管理职位，因此想让小石头也能走他们的路，考到财经类重点大学，之后再出国留学。而他父母始终觉得他的成绩不够理想，与目标相差很远，所以日常生活中不免透露出只有抓紧时间写作业，才能获得更多知识，才能提高成绩……家访中，我诚恳地告诉他的父母，其实小石头有着很好的学习习惯、智商又高，在近几次年级考试中都飞速进步，以他的能力足以达到将来考重点大学的目标，而现在他被上了很紧的发条，不能有片刻的放松，因此从家庭和学校两方面都需要为他“松绑”，这样才能收获健康的、可持续的心理状态。我还和他们一家分享了近年来教育教学改革的事态，重点大学不仅需要取得高分，更需要能够适应社会发展的各项能力，因此当小石头把眼光打开，不拘泥于课本、作业、分数这样的自我小天地里，才能有机会关注社会和国家的发展变化，才能去到更广阔的天地。家访的最后，我和小石头说：“走出自我，出发，向更广阔的天地！”

或许是他真的听懂了我对他的期许，在新学期开学后他着急写作业的现象明显减少，也没有科任教师向我反映他上课写作业的情况了，反而表扬他听讲认真，对各种知识和技能充满好奇。而且，他参与班级事务更多了，主动帮忙打扫班级卫生、和同学们一起筹备班级活动、参加社区支援服务……他呈现在综合素质平台上的资料越来越丰富多彩。

至此，帮助他走出自我主义，迈向更广阔天地还差最后一步——不仅要认同自己，更要获得同伴的认可与鼓励。七年级第二学期，恰逢学习文言文《孙权劝学》，我在讲授课文最后环节，特别设计了对“士别三日，当刮目相待”一句的交流探讨活动。我说道：“事物是不断发展变化的，人也是在不断成长的，我们不能总用刻板的、固化的眼光看待身边的人和事，那么在咱们身边，有没有让你‘刮目相待’的同学啊？”

很多同学听到问题后不约而同地看向了小石头。

“有，石头就是，他原来总生气、总打人，是年级出名的‘愤怒的石头’，但是他现在更热情、更开朗了，和我们的关系更融洽了。”

“石头不再自己学自己的了，经常给我们讲题。”

“他还帮生病的同学做值日，和我们组一起准备学科汇报任务。”

“虽然不想承认，但他的学习成绩已经超过我了。”年级里名列前茅的班长小楚既略带愤慨又略带欣赏地说道。

……

小石头听着同学们的发言，不好意思地笑了，我也笑了。

他确实达成了我对他的期许，在此后的学习生活中以优异成绩升入本校高中，成为学生会主席；以高分考入国内首屈一指的财经类大学，并成为学院学生会主席；以卓越的表现在本科期间就争取到知名经济事务所的实习岗位……可以想象，他未来的天地将是何其广阔！

教育反思

一、科学认识初中生的情绪问题

初中阶段，学生逐渐步入青春期，这一时期生理和心理都呈现飞速发展的势态。身体激素的大量分泌，心理需求层次的不断提升，都让他们既彰显出青春活力的一面，也让他们容易出现情绪问题。因此当像小石头这样血气方刚的男生在学校出现情绪失控的现象时，教师的当务之急并非分清是非曲直，而是要平复他们激动的情绪。而引导他们做深呼吸、给自己以积极的心理暗示、给予他们充分的理解和关怀不失为控制情绪的良方。当情绪得以控制，理智得以回归，才有进一步解决学生与自己内心或与他人产生的矛盾冲突的客观条件。

二、准确把握初中生的认知与道德水平发展规律

根据皮亚杰认知发展规律，处于初中阶段的学生在认知层面已经进入形式运算阶段，他们的抽象思维不断发展与完善，不再将思维局限于具体的事物上，开始运用抽象的概念，能提出合理的假设并进行验证，知道事物的发生有多种可能性。因而可以通过基于实际情况，为小石头描绘可预见的美好未来的方法，帮助他改变错误认知，向着正确的方向努力。

根据科尔伯格的道德发展阶段理论，像小石头这样的初中学生还处于习俗水平阶段，他们服从权威和遵从社会规范。然而，据最新心理学研究表明，自 20 世纪 90 年代起，学生们的认知发展和道德发展水平都有大幅提前的趋势。因此准确来说，现今初中阶段的学生正处于从习俗水平到后习俗水平过渡的时期，甚至有很多学生都已经完成了这一过渡。而认为“权威”“契约”“法律”并非绝对的，强调个人重要性是处于后习俗水平的显著特点。因而小石头会反感班长对他的要求，而我也尽量避免以一个“权威者”的形象指出他的错误。

此外，自尊心的猛烈增长和同伴影响力的逐步提升也是初中阶段学生的显著特点，而这两点有着紧密的联系——这一时期自尊感主要来源于同伴的认可。因而在帮助小石头的过程中，我有意让作为同学的小雨对他进行开导，特别引导班级学生表达对小石头变化的认可。

三、以专业教育者视角看待教育问题

尽管很多家长都是高知，他们的学历甚至远高于教授他们孩子的教师，但教师这一职业是具有专业性的，这种专业性应体现在对业务能力和理论知识的不断学习与进步，体现在对教育教学动态的及时关注，体现在准确地向家长和学生传递教育教学观念。当家长的教育理念出现偏差时，教师应以专业姿态进行引导和帮助。

作为一名教师，我最大的心愿就是帮助学生在各方面都超过我自己，让他们有能力去到我去不到的远方，看到我看不到的风景。我会抓住机会，向他们说：“出发！向更广阔天地！”

青春期撞上更年期

北京市石景山区实验中学 何莉

教育故事

“丁零零……”周六晚上，一阵急促的电话铃声响起。

我心里一阵疑惑，赶紧拿起电话。“嗯？小A妈妈！这……”我心里顿时有了一种不祥的预感，果不其然，刚刚拿起电话，就听到了小A妈妈略带哭腔的控诉：“何老师，您给小A打个电话吧！这个孩子要气死我了！不好好学习，只知道玩手机，我说了他两句，他就跟我顶撞，还把我的手机摔了！现在闹着要离家出走呢！小A平时特别喜欢和信任您，他现在就在我旁边，您能不能帮我劝说一下他啊？”一听说学生要离家出走，我的神经立刻紧张起来，简单了解事情经过之后，我就让妈妈把手机转交给了小A。

电话那头传来了小A的哭腔。

小A是个个头近一米八的小伙子，成绩相当不错。在班级里是个懂事、热心助人的“小暖男”。平日里，但凡哪个同学身体不舒服，他总是第一时间送去问候和关心。这样的他怎么会跟妈妈闹到要离家出走的地步呢？到底发生了什么呢？

经过我的耐心询问，终于弄清楚了整个事情的来龙去脉。原来，小A已经完成了一天的学习任务，刚拿起手机，妈妈下班回家了。妈妈一看到小A在玩手机，就说他整天只知道玩手机，不好好学习。小A很委屈，辩驳说今天的作业已经做完。妈妈说，作业做完了难道不知道复习复习？看看你的考试成绩那么差，看看别人谁谁谁……矛盾至此升级。妈妈进入了各种“翻旧账”环节，小A表示各种不服。俩人越吵越激烈，妈妈先摔碎了小A的手机，直接导致手机彻底坏掉无法使用，小A也气不过，紧接着摔了妈妈的手机。讲到这里，小A在电话那边已经泣不成声了：“老师，妈妈的手机只是屏幕裂了一点点，还是能够正常开机使用的。不像她摔我的手机，是彻底摔坏开不了机了！”说出最后这句话时，小A那种委屈和无辜，我隔着手机屏幕都能感受出来。

“小A，我觉得你能够在写完作业之后再玩手机，而且玩手机时间也不长，你做得没有错！妈妈不听你解释就不分青红皂白批评你，是她的不对！”我先在电话里表达了对他玩手机的理解，获得了孩子的信任和好感，小A的情绪开始稍稍平复。此时，我话锋一转：“那么，你在这件事当中是不是也没能控制好自己的情绪呢？”我尝试着让他开始理性地看待这件事情。

“老师，我确实没能控制住情绪，妈妈一着急，我也就生气了！”

“是啊！你已经是一名初中生了，你在慢慢长大。长大的标志之一就是你要开始慢慢学会控制自己的情绪。妈妈生气着急时，你可以先回避，等到你俩都冷静了，再跟妈妈沟通交流也不迟啊！你说是吗？”

“嗯！”小A懂事地回答。

我这才继续说道：“同时，你也一定要明白，妈妈任何时候一定也都是为了你好，虽然她的有些说法和做法不太妥当，但她是你的妈妈，要体谅、理解和宽容。面对矛盾和冲突时，你不能再像小学生一样情绪化对待，而要学会先控制住自己的情绪，再和妈妈沟通交流。你妈妈刚刚四十多岁，你上次跟我聊起她的时候还调侃说她整天脾气急躁，更年期状态明显。还说不能跟妈妈硬碰硬呢！今天怎么就忘了呢？”小A在电话那头听我提起这事，也不好意思地笑了。我顺势引导道：“如果妈妈情绪激动了，你应该怎么做呢？”

“我可以选择先避开她，回到自己的房间，不用正面对抗，等妈妈情绪缓和之后，我们再平和地交流。”

“嗯！真是个明白又懂事的好孩子！”我趁机夸赞道，“放心吧！我再跟你妈妈聊聊，跟她说明你的想法，也会指出她的不妥当之处，以免此后再次爆发此类冲突。你把电话转交给妈妈吧！”电话那头，懂事的小A也说等妈妈平静后再跟妈妈认错。

像小A这样的学生其实很多。虽然他们的年龄在逐渐增长，从小学生成为初中生，但他们的处事能力，尤其是处理矛盾和冲突的能力并没有同步增长。身为班主任，我们是学生最信任、最亲密的教师，我们有责任也有义务教给他们一些处理矛盾和冲突的实用技巧和方法，引领他们继续成长，而不是一味批评和指责他们的错误。

虽然小A已经认错，但我始终认为，在这场亲子冲突中，主要的问题依然是小A妈妈的处理方式不当：说话以偏概全；喜欢“翻旧账”；先摔手机，导致冲突升级；拿孩子与别人家的孩子比较等。

小A妈妈这次再接过电话时，情绪显然已经平静多了。我首先表达了孩子的想法：“每个家长都希望孩子学业优秀，但是，设身处地想一想，孩子已经学习了一整天，稍微玩手机放松一下也并没有很过分吧？”我用轻松的语气和学生妈妈开了个玩笑。

“是的，不过分！”学生妈妈也在那头不好意思地笑了。

“小A妈妈，您要知道，小A现在是青春期，自我意识觉醒，咱们要学会就事论事，不要武断地一巴掌打死，您的一句话‘整天只知道玩手机’一下子就把小A一整天的学习给否定掉了，小A能不生气和委屈吗？换作您，听了这话，是不是也会生气呢？”

“确实是！”小A妈妈回答。

“如果您看到小A玩手机的时候，能够多多了解一下真实情况，而不是盲目说出‘整天只知道玩手机’之类以偏概全的话，小A也不会被激怒。青春期的学生自我意识已经觉醒，相比于认错，他们更不能接受的是被冤枉。所以，身为家长，咱们要首先注意自己的言辞啊！”

“这点确实是我没注意！以后还真是要改正！”小A妈妈真诚地说道。

“您可以批评小A，但一定要实事求是、就事论事，千万不要随意扩大！另外，您在这次冲突中‘翻旧账’的行为也很不对。很多家长遇到孩子犯错误时喜欢‘翻旧账’，企图一次解决以前的所有问题。殊不知，这样就会使得事情变得复杂而失去了焦点，不仅无助于眼前事件的解决，还会发现，当您说孩子的问题越多时，您自己的负面情绪也就越多，冲突也变得更加激烈。孩子是非常不喜欢被“翻旧账”的，就事论事比‘翻旧账’更得人心。一旦家长‘翻旧账’，亲子冲突就容易升级。”

小A妈妈似乎是顿悟了，连声附和：“是的，是的！”

“还有，您的情绪化处理容易导致冲突继续升级。您在遭遇孩子的各种不服和辩驳之后，先摔了孩子的手机，这是非常不理智的情绪化处理。非但不能真正解决问题，还激化了矛盾。更有甚者，为今后的亲子沟通制造了很大的障碍。情绪化的父母还能造成孩子更加情绪化，使沟通更加困难。小A反摔您的手机就是很好的证明啊！您是家长，是孩子学习和模仿的对象，您要慢慢学会控制自己的情绪。虽然我特别理解您，上有老下有小，自己也有一堆工作要忙，中年人确实很不易，但如果任由情绪暴躁，最终您和孩子都会受伤害的！”

“确实是这样。谢谢老师点拨！我以后一定多加注意！”小 A 妈妈说。

“最后啊，您一定要明白，每个学生都是独特的个体，都有自己的优点和缺点。青春期的学生都是敏感而自尊的，争吵时切忌拿自家孩子与别人家孩子进行比较，从而总是得出‘别人家的孩子好’的错误结论。”

接着，我又把小 A 在学校各方面的表现和进步简单说了说，让她看到小 A 同学在很多方面的优点。至此，小 A 妈妈也完全认同了我的说法，明确承认了自己在处理此事时的不理智和不客观，表示一会儿再跟孩子平静地沟通。

事情到此算是很圆满地解决了。我也再次领悟到：在爆发亲子冲突时，更年期的家长和青春期的学生一样，有时候也是需要教师教育思想的输入和一些处理方法的指导，从而帮助他们双方更好地化解矛盾和冲突。

教育反思

这是一场典型的青春期撞上更年期的亲子冲突。

小 A 刚上初一，处于青春期早期，这个时期是自我意识发展的第二个飞跃期，自我意识高涨，常常会以自我为中心。希望被尊重被认可是这个年龄段学生的普遍特点。小 A 妈妈处于更年期阶段，这个年龄段的女性，容易情绪不稳定，易激动。

在这场亲子冲突中，主要责任在于家长的处理方式不当：在没有问清事实的情况下就责怪学生，喜欢“翻旧账”，摔学生手机导致矛盾升级等。这些情绪化的行为是更年期的典型表现。其本质正如皮亚杰认知发展理论指出的：很多家长“望子成龙”心切，为了使孩子早日成才，往往不顾孩子的认知特点及接受能力，一味地逼迫他们学习，教育方式不能符合孩子的心理发展规律。

作为班主任，我们可以从以下几个方面帮助家长来应对。

第一，情绪调整。心理专家也说，家长与孩子的沟通，“态度决定一切”。家长和孩子都要学会控制自己的情绪，避免“情绪对情绪”。只要是家长和孩子双方的态度好，所有的矛盾都是可以解决的。第二，尊重孩子。帮助家长认识到孩子是一个逐渐成长和完善的个体，不要被好奇心、猜疑心所左右，更不要把自己的意愿强加于孩子身上，以平等的态度和身份与子女相处。第三，沟通方式选择孩子可接受的。家长手里有一个工具——“刹车”，而孩子手里没有这个工具，或者说他现在还没有掌握这项技术。因此在亲子关系遇到冲突的时候，踩“刹车”的应该是家长，而不是孩子。家长在踩住“刹车”后，可以采用“3F 倾听沟通法”，即倾听事实（Fact）、倾听感受（Feel）、倾听意图（Focus），以此获得对事件和孩子的全面认识。第四，教育孩子需要讲究方式方法。比如孩子玩 iPad 超时了，口头上唠叨提醒不如默默地看他几分钟，然后离开；孩子在玩手机上无节制，家长和孩子可以一起约法三章，一起执行。

正是基于以上的指导和帮助，小 A 和妈妈都各自调整了自己的情绪、认识和行为，有效地度过了这场亲子危机，家庭关系又和好如初了。

爱没有二分之一

北京市京源学校 刘小燕

教育故事

一阵急促的电话声响起，我拿起手机，屏幕显示：音乐赵老师来电……我心里咯噔一下："我们班这节音乐课，出什么事了？谁捣乱了？"来不及多想，我接起电话，"赵老师，怎么了？""你们班李小雨太无理了！他在音乐教室砸门呢，您过来看看吧！"电话那头音乐教师急匆匆地说，说完就挂了电话。我回想着音乐教师的话，砸门？李小雨？我迅速走向尚美楼的音乐教室，一路上都在想：我要怎么处理呢？赶到音乐教室，映入眼帘的是我们班几个男生架着李小雨，几个女生围着赵老师，李小雨还有上前的架势，嘴里嚷嚷着："我不上音乐课了。"说完甩开几个男生，踢翻琴凳，冲到门口，重重地砸了一下门，一脚把门锁踢飞了，就要往楼下走。我朝他喊了一声："先站住！"接着转头对赵老师说："我先把他带走，回头再说。""你带走他吧，这学生太冲动了。"我安抚了一下赵老师，带着李小雨走出了尚美楼。

一路走，我没有说话，悄悄观察小雨，他情绪激动，眼里还有怒气。我知道这种情况下要先稳定学生的情绪，再谈对错。我俩没有说话，一路走回了教室，我坐在他旁边仍旧没有说话。大概过去了 5 分钟，我看见他手背上有划伤，还有血，赶紧问："你的手没事吧？""没事。"他拿纸巾擦手，态度稍有缓和。我说："现在说说刚才是怎么回事吧。""没什么可说的，她不是给德育处打电话了吗，我等着处理结果。"明显他还是心里有气。我觉得直接说这件事没有突破口，叹了一口气："小雨，刘老师挺好奇一件事的，平时你在老师眼里是一个文文静静的学生，今天怎么发这么大脾气，老师都不认识你了。"他没有回答。我又接着说："我见过你的爸爸妈妈，他们看起来脾气都挺好的，你也一定很幸福。"我还没说完，就看他撇了一下嘴："你怎么知道幸福？"从他紧皱的眉头里我感觉他心里有事，继续追问："不幸福吗？爸爸妈妈都对你很好，家庭条件也不错，你还有一个弟弟。"他提高声音说："对我很好干吗还要生弟弟？""啊，你爸妈是想给你找个伴儿。""我不需要，您问问班里的同学去，有几个家里有弟弟、妹妹的感觉幸福了？"音乐课的事情没有解决，我意外发现这个学生现在行为放任，内心深处的原因可能是二胎家庭带来的问题。我说："今天的事情，你先好好反思一下，一会儿配合德育处的老师处理问题。"他低下头小声说："嗯，我今天心情不好，老师说我，我不爱听，就冲动了。"渐渐地小雨情绪稳定后，我理清事情原委：原来今天音乐考试，他提前从别的班同学手里拿了一份歌谱，上课考试时，他不写，拿着别人写好的歌谱冒充自己的，被音乐教师揭穿了，他就跟老师发生了冲突，把歌谱扔向了老师。德育处的教师对小雨进行了严厉的批评，并且要求他写一份书面的反思。那天我联系他妈妈把他接走时，他还是气呼呼的，不是很服气。望着小雨和他妈妈的背影，我陷入沉思：小雨 13 岁，是我们班看起来很腼腆的学生，自 2019 年升入初中，我就是他的班主任。记得刚开学那天，我就对他印象深刻，因为他胳膊绑着绷带，个子不高，瘦瘦的，我询问他胳膊怎么了，他说骨折了，支支吾吾也没说骨折是怎么造成的，我也没有过多追问。后来听同学跟我说，他是六年级快毕业时跟同学打架，他用胳膊捶墙，造成骨折，并且同学还特别神秘地说："老师，他六年级时还用椅子砸我们数学老师呢，您小心点。"我疑惑地想：这个瘦瘦的，看着还有点害羞的小男孩有这么大脾气吗？初一第一学期，学习相对不是很紧张，课外活动也很多，我观察小雨发现，他学习不算主动，但是还能完成教师布置的任务；班级活动不算特别积极，也能根据需要参与其中，与同学没有发生大的口角，总体来说，就是班级里一个普通的学生。我也暗自想：同学们说的那些可能都是"小道消息"。

初一下学期，我们这一届学生正好赶上新冠疫情，北京各个中小学开始线上授课，也就是这个时候，小雨开始暴露了各种问题。开始上课迟到或是不来；我要经常给他妈妈打电话催促小雨赶紧上线上课；后来，各科教师跟我反映，小雨线上上课时，人经常掉线，叫他回答问题，他也经常不在，我也尝试和小雨及家长沟通，但收效甚微。由于疫情原因，一个学期学生没有到学校，各种问题也就积压了下来。等到升入初二，回到校园后，也迎来了他们的青春期。刚开学不久，就发生了"音乐课事件"……这次事件虽然比较棘手，但也是解决小雨身上问题的突破口。我意识到如果不从学生心理上找到他乱发脾气、顶撞教师的原因，对症下药，以后还会发生类似事件。

直面问题，根据此前我对小雨的了解，我采取了以下措施。

首先就是家访。青春期的学生容易封闭自己，心里有话不会表达，有的学生就会用发怒来发泄情绪。我要引导学生和父母及教师进行沟通，了解他的真实想法，化解小雨内心的不满与纠结。事发后的第二天，下班以后我去小雨家进行了家访。我按照约定时间到了他家，发现小雨手捧手机两眼红红的，妈妈无奈地说：“大宝，刘老师来了。”第一次我们三个人坐在一起，谈起了小雨的小学事情。小雨的妈妈是在小雨上五年级时生了二胎，据妈妈说当时小雨就很反对，弟弟出生后也几乎一眼不看。小雨的爸爸是个警察，平时对小雨比较严厉，时有打骂。小雨上六年级时，爸爸还去了外地工作，妈妈由于照顾弟弟更加忽略了小雨的需求，而小雨就是从六年级开始明显表现出叛逆行为。小雨哭着说：“我妈妈每天都说我弟弟多么好，不闹，让她省心，因为弟弟睡觉怕吵，大热天不许回家，小伙伴都回家了，只有我顶着太阳在小区里溜达，我也不能回家。”妈妈听后眼泪直流：“你从没有说过呀，我还以为你在外面玩得开心不想回家呢。可是你也想想，因为有了弟弟，我怕你觉得受了冷落，所以我满足你的一切要求，买手机，买电脑……我也只是说说你俩小时候不一样，弟弟更乖一点……”小雨激动地说：“六年级我成绩开始下降，你撕我卷子，第二天老师说我是自己不想改错，才把卷子撕了，你们都冤枉我……”交流到这里我慢慢了解了小雨为什么从六年级开始变得暴躁，他觉得所有人都不喜欢他。“那疫情期间上课迟到和后来开学后经常不上学是怎么回事呢？”我问小雨。妈妈接着无奈地说：“疫情期间我也是照顾弟弟，小雨自己上课，每天晚上玩游戏到凌晨，我也不敢管，他暴躁起来砸我们家门，您看看，这是他砸的……”妈妈指着门上一条大裂缝激动地说。这次家访让我知道小雨慢慢变得暴躁，无心学习的整个经历。最后我对小雨说：“看看你妈妈的眼泪，我就知道一件事，你妈妈对你的爱没有减少，也许现在你不明白，但是将来会明白的。这几天好好反思一下从六年级到现在你获得了什么。经过音乐课事件，你怎么面对赵老师？怎么面对全班同学？如果不采取有效行动，同学们会觉得你是心里充满暴力的学生！”

处于青春期的孩子最看重自己在同伴中的形象，我的话对他起了作用。第三天，小雨写了认错书。当他拿着认错书怯怯地递到我手中时，我微笑地看着他的眼睛说："小雨，刘老师知道你是真诚地为自己的行为道歉，所以我接受，但是你还要跟咱们的音乐教师道歉，并且为自己的错误承担后果。"他轻轻地点点头。我知道认错书只是表面文字，青春期孩子的叛逆情绪我们可以理解，但是错不能纵容。并且，青春期的孩子在心理上正在逐步迈入心理学家科尔伯格在道德发展理论中所说的"法律与秩序"阶段，为了让小雨更好地分清对错，学会承担责任，我分别带着学生和家长找音乐教师当面道歉，我们三个一起把音乐教室的琴凳找螺丝拧好，买了新锁换上，小雨也当着全班同学的面接受了学校的批评教育。事后我告诉小雨："做错事就要接受惩罚，但只要你能够认识到错误，改正错误，就还是老师们心中的好孩子。以后可千万不能凭情绪做事了，你要知道，到了 14 岁你就是大孩子了，就要承担相应的社会义务和法律责任了。"小雨默默地点点头。

小雨接受批评教育后，我观察他的情绪比较稳定，就开始着手在学习上逐步帮助他，让他的情绪和精力能够运用在正确的事情上。由于小雨的学习成绩下降太多，他有放弃学习的想法，所以每天我都观察他的上课状态，他有时低头发呆，有时趴在桌子上睡觉，教师们对此也很着急。我私下找到小雨的好朋友了解情况，他们悄悄告诉我："小雨还在玩游戏，并且有个成年人每天晚上带着他打'和平精英'，您可别说是我说的。"

于是我再次与小雨的爸爸妈妈单独沟通，建议他们切断小雨的游戏，妈妈多关注小雨。后来在我的建议下，小雨爸爸找到了带小雨玩游戏的成年人，警告他远离小雨。慢慢切断游戏，他也不会在白天昏昏欲睡了，学习有了一点起色。在学校里，我把小雨的情况也和每位任课教师都做了沟通，和教师达成一致意见——上课多关注他，多提问他，多帮他补习功课。

在这期间，妈妈听取了我的建议，利用十一假期，单独带着小雨到北京郊区散心。那几天，妈妈放下了弟弟，一直陪着小雨学习。经过不懈的努力，小雨的学习状态慢慢好转起来。我看他成绩有了起色，心想还要再鼓励一下他。有一天，我单独找到小雨，兴高采烈地说："小雨，你的成绩进步神速，你是怎么做到的？"他不好意思地笑着说："有那么大吗？""当然了，物理老师在班级群里每天都表扬你，私下还跟我说你能考进班级前十呢！"他更不好意思了，用手挠挠头说："估计不行……""怎么不行，我觉得行，要不咱们定个目标吧，要是实现了，刘老师奖励你'聪明小面包'。"他的学习劲头在我和教师们的鼓励下更足了，虽然在期中考试没有达到他定的目标，但是得到了进步奖。

一段时间过去后，有一天音乐赵老师乐呵呵跟我说："小雨后来上课态度有转变，还主动帮助我摆放音乐教室的桌椅呢。"我渐渐放下了心，小雨的问题源头是二胎家庭带来的不利影响，想要彻底解决小雨的情绪问题，就要引导小雨接受弟弟，纠正自己在二胎家庭中觉得被忽视的心理。趁着我们学校初二年级开展"青春一封信"活动，我建议全班同学班会当天，给每位参会的家长都送一枝康乃馨。小雨主动说："老师，我们家就住在玉泉花市附近，周末我去给全班同学买花吧！""太感谢你了，真是帮了我们的大忙！"我赞许地对他说。小雨妈妈后来告诉我说周末那天，一大早她与小雨去玉泉花市买花，回到家两个人一起给每束花打包装，她很久没有见到小雨那么认真、那么开心了。我还特意嘱咐小雨妈妈，好好在信上写写她对小雨的感情和期待。当天开班会时，小雨妈妈信的题目就叫《爱没有二分之一》，妈妈在信里写道："妈妈知道你是一个善良的孩子。还记得你 5 岁的时候，有一次你主动帮助一位老人按电梯，老奶奶一直夸你懂事……小雨，至于弟弟的事情，爸爸妈妈觉得等我们老了，或者离开这个世界了，在这个世界你就没有亲人了，所以我们决定让你有个亲人、有个伴儿，妈妈对你们每一个孩子都投入了全部的爱……”那天小雨与妈妈相互拥抱，泪流满面。

其实不就是这样吗？每个孩子都是父母的 100%，爱没有二分之一。随后的日子，小雨脸上的笑容变多了，性格也开朗很多。

我看到小雨的成长，心中感到一个学生的成长过程不可能一帆风顺，他们会迷茫，会犯错。作为教师，我们能做的恰恰是帮助学生度过这个迷茫的时期，也正是有过这样帮助小雨的经历，让我更加明白作为一名教师的意义。

教育反思

青春期的很多问题，都是学生从小长期积累的问题的爆发。青春期的学生迎来身体发育，但仍会表现出心理上的不成熟，遇事容易冲动，容易陷入波动的情绪之中，所以更需要家长和教师能够做到以下几点。

1. 多跟学生沟通，理解学生的想法

在对小雨的教育过程中，我通过家访、单独沟通都是想走进学生的内心，了解他的想法。

2. 与学生共情，青少年需要关爱和接纳

青少年缺少自我反思的能力，所以，即使小雨犯错了，作为教师和家长也先接纳学生，帮助他改正。

3. 帮助学生控制自己

青少年还是不够成熟，需要成年人的监控。

4. 犯错一定承担责任

我反思在教育小雨的问题上，首先，初一入学时，我应该针对学生反映的问题及时跟他交流，更早地与家长沟通，可能会避免后面学生情绪失控的事件。其次，家庭是学生的精神支柱和动力源泉，应该及时开展二胎家庭中的青春期学生的教育，开展一些活动让他们感受亲情。最后，升入初三的小雨，虽然与父母进行了沟通化解，但是每天还要与弟弟相处，难免还有摩擦，面对初三的学习压力，他基础薄弱，经常陷入烦躁之中，还需要教师多多鼓励和帮助。

“扶上马，送一程”

——德育一体化视角下对初三毕业后学生的主动延续教育

首都师范大学附属苹果园中学分校　王志勇

教育故事

2021 年 7 月，又是一年毕业季，又送走一批初三毕业生。暑假里，疫情防控需要，和毕业班的学生们保持着非常紧密的联系。

7 月底，假期外出探亲的学生文文发来一串信息：“老师，我们回到北京了。不过，录取通知书怎么还没到家啊？最晚啥时候到嘞？”

第二天，她又焦虑地发信息：“为啥我录取通知书还没到啊？不能有啥问题吧？”

我赶紧安慰她并用文化学习的话题分散一下她的焦虑：“别瞎担心，没事的。可以在网上找找历年高一入学测试题看看。还有预习一下高一知识。另外了解一下高中选课、高考选考的内容。”

没过几天，录取通知书发到了，文文被本校高中录取了。高中分班之后，她发信息说：“老师，上了高中之后我还能继续主持吗？我还能当班长吗？”

我趁机说："机会一定有的。不过，身边优秀的人会越来越多，机会不一定只是你的。不仅如此，学习和娱乐全不误才是高手，就像苹果园中学的高考状元：唱歌、辩论都擅长。"

开学了，每天清早，文文都要先到我初中部的办公室来露一面，打个招呼，再回自己班级上课。有一天放学后，她眼里含着泪珠来到我的办公室说："老师，我想和您说说话。"

我带她走在校园的长廊里，她诉说着自己开学两周来，总觉得很紧张，找不到自己的位置，身边陌生的同学、老师总感觉冷冷的。我一边和她散步，一边缓缓地对她说："曾经我也有过类似的状态。每一次升学、调动换单位，都会有。我也是一个喜欢'出头'的人，每一次的变化之后，会发现世界越来越大，自己在成长的过程中，会遇到越来越多的和自己一样甚至比自己更优秀的人。曾经的'囊中之物'，现在或许只能是'可遇不可求'。其实，说起来也是初中阶段你被'溺爱'造成的。你得慢慢长大啊，没有人可以让所有人喜欢。努力争取但不必势在必得。你意识到这些的过程，就是你长大的过程。初中到高中的转换，需要你适应，更需要适应的是你身份的转变。记得我们提到过的'不再是个小学生'，其实进入高中之后，才真的会完成这个转变。"说完后，我轻轻拍拍她的肩膀，文文默默地点点头。

结合文文自己的描述以及我对她长期以来的了解，为了更好地帮助她顺利完成初高中的过渡，我决定主动出击。

首先，我主动联系了文文在高中部的班主任老师。我和文文的班主任陈老师交流了文文初中时的总体情况，性格特点，对她目前面临的困惑也进行了沟通。经过多次交流，我和陈老师确定了"定期情报互通，积极配合协调”的总基调，针对文文的情况，共同助力她对高中生活的有效适应。

其次，我基于初中三年良好的家校关系，持续和文文妈妈保持联络，了解学生在家里的情况，告知家长学生面临的困惑。其间，单独约家长面谈两次，给出了关于初高中过渡的一些建议，包括学习状态的关注，人际交往的调节等。同时，对于家长和高中教师之间的沟通，也给出了一些建议。

慢慢地，文文早晨到我办公室“报到”的频率降低了，似乎逐渐适应了高中的生活。一个傍晚，文文发来信息：“老师，我明天要参加辩论赛，您帮我看看稿子吧。”我告诉她：“整体思路还不够清楚，只是围着一个点在转。”然后帮她进行了一些修改。第二天的晚上，文文来报喜：“老师，我是最佳辩手！”

不久之后的期中考试后，文文再次发来信息：“我期中成绩现在年级第十！”我很快回复：“我觉得你正处在上升期，可以再对自己提高一些要求。可以说，你现在不是在爬坡，而是在上坎。”文文坚定地说：“是，我觉得保持这个劲就行。”

教育反思

在我们接手新班级的时候，往往期待更多地了解学生们在上一学段的基本情况。同理，当我们送走一批毕业生的时候，正在适应新学段的学生们，往往会表现出对原学校、原班级的留恋，这也是一个重要的教育契机。

作为把他们送入下一学段的班主任，我们有必要主动作为，“扶上马，送一程”。

毕业后学生的主要困惑，一般集中于“找不到自己的位置”这方面。其成因大致可以推断为：学段差异。

对毕业后学生的主动延续教育的可行性及必要性主要表现在以下几点。

首先，从情感角度来讲，初三毕业的学生与初中阶段同学和班主任大多具有很深刻的情感联结。这为延续教育提供了充分的可行性。

其次，从学业角度来讲，初三毕业升入新学段的学生，面临学业学习内容、学习方式的重大变革，这种变革导致他们会有相当强烈的不适应感，亟须多方共同助力。

最后，从终身发展角度讲，“一日为师终身为父”，每一个学段的任教者，都肩负着为学生终身发展负责的责任。

对毕业后学生的主动延续教育个人认为有如下意义。

首先，情感角度。有助于升入新学段的学生保持情感的稳定性。其次，学业角度。有助于升入新学段的学生更好地适应学业学习内容、学习方式的重大变革。最后，有助于学生的终身发展。

同时，这种“扶上马，送一程”的教育，也可以在一定程度上助力新学段的接班班主任。

除此以外，通过这个案例，我也进一步反思，在初中阶段的班主任工作中，尤其是初三年级第二学期的毕业前教育中，为学生新的学习阶段做出准备，也是我们初中毕业班班主任应该纳入工作范畴的一个重要项目，而不应仅仅关注当下学生的冲刺中考。初步设想，可以将“高中阶段学习适应”与“中考考前冲刺”有机结合，采取请高中学长讲述高中生活，高中教师描述高中学习要求，模拟高中一周生活等方式开展一系列活动。

推而广之，在我们的德育一体化研究中，各学段之间的有效衔接，不妨精确到学生个体，结合综合素质评价平台等载体，创新形式，真正助力学生的终身发展。

成长记录手册

北京市石景山区第二实验学校　王宗兰

教育故事

“我昨天又得了一件好装备，晚上带你刷 boss，怎么样呀？”小楠兴高采烈地跟小阳说。“没问题，我也买了限量版皮肤，晚上一起组队。”小阳回应道。我刚走到班门口就听到有同学在谈论游戏，我轻咳一声，便走进了教室。这时，语文课代表来收作业了：“小阳快交作业！”小阳用手一拍脑门叹息一句：“唉，我又忘带了。”语文课代表不耐烦地说道：“你都三次没交作业了，每次都是这个理由，能不能换一个新鲜的，是不是晚上玩游戏又忘写了？”小阳看了看站在一旁的我，赶忙说：“别瞎说，王老师该误会了。”然后他飞快地在书包里翻了翻，拿出一个本子说道：“你看，我这不是找到作业了嘛！”话音刚落，便把本子塞到了语文课代表抱着的一摞作业里。

课间我回到办公室，教师们正在交流各班出现的问题，见我进来，语文教师无奈地对我说道：“小阳又把语文笔记本交上来冒充作业了。不是没带，就是交错本子！而且他最近上课总是心不在焉，叫他回答问题，什么都说不上来！”正在这时，我的电话响了，低头一看，是小阳的家长发来的信息："王老师打扰了，有件事情要求助您。我发现小阳最近老是抱着手机打游戏，一跟他说别玩那么长的时间，他就不耐烦，可是玩了半天也不关手机，您给我们出出主意吧。"我赶忙安抚道："我能理解您的感受，您先别着急，我会先跟孩子谈谈，了解一下情况，然后咱们再一起想办法解决。"

正在我寻找谈话时机的时候，美术教师找到我，让我通知小阳，他将代表学校参加北京市的科幻画评比。我想这是一个很好的机会，于是下午放学后，我找小阳进行了一次谈话。

为了拉近距离，我以小阳的特长为突破口，开始了谈话。我告诉小阳，他将代表学校参加北京市的科幻画评比，小阳听了非常高兴，拿出了他的一幅画让我欣赏。同伴关系对于初一的学生很重要，我决定以同伴的身份先与小阳聊聊他的绘画。我指着其中一个人物问道："画得细腻精致，你是如何创作出来的？"小阳挠挠头笑嘻嘻地说："这是游戏里的角色。""难怪我发现你最近总是和同学谈论游戏，能从游戏里获得创作灵感是好事。"听了我的话小阳低下了头。"最近经常和同学一起玩游戏吗？"我追问道。小阳支支吾吾地说："小学同学老叫我一起玩，不好推托，我就带着他们玩一会儿。""你爸妈很关心你的学习，他们没发现吗？"我又问道。"发现了，我爸妈最近老说我……"小阳沮丧地回答道。"他们也是希望你能把主要精力放在学习上，未来有个好出路。""我知道爸妈对我好，但是一玩游戏我就控制不好时间，让他们担心了！"小阳低下了头继续说道，"其实刚开始我是觉得这款游戏里的人物好看，可以用到我的画中，但是后来同学们看我玩得不错，就老叫我带着他们刷 boss，我也挺有成就感的。一玩就忘了时间，作业就没写，有时课堂上我也会不自觉地想起游戏……唉！"从这声叹息中，表明小阳对自己的状态是不满意的。

经过这次谈话，我发现小阳目前面临的困境是沉迷游戏而缺乏自我管理能力。要帮助小阳解决问题，首先要控制他玩游戏的时间，我建议他回家跟父母心平气和地谈一次，一起制订手机使用的规划表，安排好空闲时间手机的使用次数和时长。我把谈话结果跟家长做了反馈，小阳的家长表示赞同并决定尝试我的方法。

第二天，小阳家长也跟我反馈了与学生谈话的情况："王老师，感谢您为我们打通了隔阂，但是又出现了一个小问题，设置规划表的时候有分歧，我们想周末才让他用手机，而小阳想每天都玩一会儿……"看来要解决小阳的问题，需要家校合作双管齐下。如果能让小阳找到学习的动力，并让他的绘画特长得到同学的认可，这样他就能将游戏作为适当放松的工具而不再每天沉迷于此了。于是我决定引导小阳尝试规划、记录每天的校园生活，以此提高他的自我管理能力。

我又找来小阳："听说你和家长在制订手机使用规划时有了小分歧，我想到一个可以帮助你管住自己的办法，愿不愿意试试？"小阳兴奋又期待地点着头。我接着说道："小阳，你擅长画画，有没有想过之后从事与绘画有关的职业？"小阳想了想说："您这么一说，我想以后可以做一名游戏设计师，设计出更多自己喜欢玩的游戏！""对自己的将来有规划是件好事，要成为游戏设计师无论是在学业上还是在绘画专业上都是有很高要求的，三年后你可以考艺术类学校的绘画班或者高中的美术班继续深造。"我说道。"我真的可以吗？我的学习成绩不好，考不上的。"小阳沮丧地低下头。我拿出一个小册子递到小阳手上："为了实现这个梦想，你可以用这个。"小阳拿着小册子翻了翻，疑惑地问道："您看，里面都是白纸，难道这就是传说中的'无字天书'？"我不慌不忙地解释说："别着急，咱俩一起商量要解决你的困境需要记录哪些项目。有了目标，就有了信念，就能战胜惰性，把握时间。处于学习阶段的你，更应该制订一些属于自己的目标。因此你每天记录的第一项内容为‘今日目标’，只有脚踏实地，抓住今日，才能展望未来。这样，你每天给自己制订一个小目标，通过一个个小目标的达成，就能向自己的大目标靠近，我相信你可以实现梦想的。”“谢谢您，可是我现在上课有时在想游戏，老师讲的我都没听，成绩上不去，也没法实现我的梦想呀。”“那咱们就再设置一项‘今日收获与感受’，督促你自己记录每节课学习的重点内容，便于日后复习，也可以将自己的疑惑与感慨也记录其中，你看如何？”“好的，这样我就能让自己集中精力听讲，不想游戏了。我还要为自己设置一项记录内容就是‘今日作业’，让我能够认真记录下作业内容及注意事项，保证按时完成作业。”说完小阳脸上终于露出了满意的笑容。就这样，我和小阳一起制订出了这本小册子的记录项目，取名为成长记录手册，小阳和我约定每天按时完成记录。他拿着这本小册子就像抓住救命稻草，对我万分感谢。

这样周一到周五小阳不仅要完成复习与预习的学习任务，还要完成科幻画的创作，也就没有时间玩游戏了。

此后每天我都会看小阳的记录情况，分享他的收获与感受，并给他写下鼓励的话语，希望他能坚持记录。小阳第一阶段的目标是按时完成成长记录手册。开始小阳课上的收获记不全，我就鼓励小阳：“万事开头难，请迈出艰难的第一步！”第二天、第三天……小阳记录的内容丰富起来。第二阶段的目标是自我规划促成长。针对小阳的薄弱学科进行有规划的任务设置，如课上提出一个疑问。我鼓励小阳：“勇于发现自己的问题，承认它、改变它、打败它，相信自己会做得更好！”当科幻画创作遇到困难时小阳也会写道：“今天没有好创意，科幻画的核心部分没有完成，感觉脑子被掏空……”我安慰小阳：“别气馁，大师也不是每天都有灵感的，好好睡上一觉，做个美梦，没准灵感就来了。也可以找美术老师聊聊，期待你的画作。”就这样，当看到小阳松懈下来或遇到困难准备放弃时，我就及时鼓励、引导小阳向自己的目标努力。

一个月过去了，小阳的听讲情况与作业完成情况有了显著提高，与同学们谈论游戏的时间越来越少，上办公室请教老师的次数越来越多，课余时间还会找美术教师询问绘画技巧。家长也向我反馈小阳玩手机游戏的情况得到了控制。令人高兴的是，小阳的画作在北京市科幻画评比中荣获了一等奖。我把小阳的绘画作品在班级展板上展出，同学们都赞不绝口，在赞美声中小阳露出了得意的笑容。

当发现班级其他同学也出现小阳类似的问题时，我召开了班会，在征得小阳同意的前提下，以小阳为例，将这本成长记录手册推广到全班。同伴之间彼此督促完成今日目标，记录课堂点滴，并分享彼此的收获，在两个月后的期末考试中我们班各科成绩较期中考试都有明显提高。

成长记录手册的使用不能一下子让所有学生都变得优秀，却能成为我工作中的一个抓手。在班主任工作中，我愿意尝试做一些事情，希望这些能够给我的学生带来进步，帮助他们少走弯路，让每一天都能有目标、有动力、有意义。

教育反思

本文中小阳面对的问题是刚步入初一，自我管理能力薄弱，很容易受到同伴的影响，出现了沉迷游戏、上课不认真听讲、不完成作业等问题。这也体现出青春期的学生自控力差的特点。因此，教师有计划地培养学生的目标意识与规划能力对这一阶段的学生提高自我管理能力是非常有必要的。

所谓自我管理能力是指“在明确的自我意识的前提下，以目标为导向，以自身为对象的一种控制和调节。自我管理是一个人建构自我，立身于世的必备能力，是最终实现自我奋斗目标的一个过程”。因此在解决小阳沉迷游戏的问题时，我先帮助小阳树立职业规划，让他对将来有一个大目标。接下来我与小阳一起设计了成长记录手册，希望能通过这本小册子教会小阳制定目标，规划每天的生活，记录每天的收获与感受，逐步培养他的自我管理能力，同时也想通过我的监督与评价让可行性的行动形成一种习惯。

自我管理的实现也需要内驱力的激发。内驱力是指一个人强烈的内在意愿。当每个学生真正的内驱力被激发，学生的创新能力、自我发展意识等终将实现。我用发现美的眼睛，发现小阳的绘画优势。同伴关系对于初一的学生很重要，在解决小阳沉迷游戏的过程中，我是以同伴的身份先与小阳聊聊他的绘画，从而拉近师生距离，提高他的自尊，激发小阳努力的内驱力与自我发展的意识，进而提升他的自我管理能力。

在谈话过程中，我发现小阳沉迷游戏还有一个重要的原因就是能够得到同伴们的认同，获得成就感。如果让小阳在学校生活中也同样得到成就感，也许就会替代游戏中的成就感，于是我鼓励他坚持完成科幻画，并将他的画作在班级进行展览，在同学们的赞美声中，确实也让小阳同样获得了成就感。

就这样，小阳从一个沉迷游戏的少年，成了一个为梦想而努力的少年。

“领头雁”的成长

北京市第九中学分校 徐萍

教育故事

一天中午 12 点下课后，我拖着疲惫的身体缓缓上楼，一抬头看到了班长满眼通红地站在楼梯上面，带着哭腔说：“徐老师，我快气死了！我不想当班长了！”面对青春期的学生，这样的突发事件屡见不鲜，作为班主任的我，首先想到的是要稳定学生的情绪。我看她泪眼婆娑的样子，抱了抱她，拍着她的后背，说：“看你委屈的样子，跟我说说，怎么了？”因为楼道人多，我牵着班长的手，来到办公室。我和她坐在一起，倾听她诉说：“徐老师，咱们班同学乱说脏话，我提醒他们，他们不听反而对我骂骂咧咧；做眼保健操时，有的同学不好好做，我反复提醒，他们屡教不改，班级其他同学们在一边看热闹，瞎起哄。”听完班长的哭诉，我才明白这是班长在管理班级时与同学发生了矛盾，这也是初中班级中普遍存在的现象。

我听完她的叙述后，安慰道：“是的，他们的做法确实不好，我能理解你的委屈。”说着我给班长递上了纸巾。我停了一小会儿，接着说：“根据你的描述，班级有些同学确实有点过分了，我听了也很生气。我也申请不当班主任了，咱俩一起辞职，怎么样？”班长被我的话逗乐了，情绪也慢慢缓和过来。我接着说：“你觉得校长会同意我辞职吗？遇到问题，我们得想办法解决，面对困难和挫折时，我们要勇敢地面对它，而不是逃避，对吗？”班长听后，低下头，擦了擦眼泪，沉默了一会儿，抬起头说：“徐老师，我不是不想当，我是怕当不好您的小助手，怕管不好咱们班，给您丢脸。” 我牵着班长的小手，用肯定的眼光看着她说：“你知道我为什么信任你，让你来当咱们班班长吗？是因为你敢于承担责任，集体荣誉感强，你愿意为班级付出，这些都是你的闪光点。我相信班里同学也看到了你的这些优点，而且大部分同学也看到了你的付出。遇到事，我们一起想办法解决，在班级管理工作中，我就是你坚强的后盾，我会永远支持你、帮助你。”支持和帮助我的班长不仅是表达对她情绪的安抚，更是我此时此刻最真实的想法。初一的学生思想还不够成熟、各项能力还有待培养，我意识到想要我的班长从容地开展管理工作，必须给予她相应的指导。

我接着说：“其实，我已经看到了咱们班除了你说的这些问题外，还有其他的问题，比如：行为举止不文明，乱摸人脸，课间相互追逐打闹。为什么我没有采取行动，我是在给你机会锻炼你的管理能力。咱们班是有制度的，在开学第一个月同学们集体讨论制定的班规，对你们班干部职责也有要求，需要班委干部们以身作则起带头作用，你们做得怎么样呢？”班长想了想，说：“咱们班班委干部们责任意识淡薄，我个人的能力有限，我在管理上欠缺好的方法，有时候还会有一些小情绪。”我高兴地说：“班长自我反省得好！正好借着这件事情，我们再次召开班委干部会，重申提醒一下班干部的作用，你想想你该怎么说，下一步怎么做。”这次谈话不能只是简单地从思想认识上引起班长的反思，更重要的是对班长管理能力的培养和指导，为此我想借着这次召开班委干部会，既锻炼班长团结班委干部的能力，又培养班委干部的责任意识。

过了两天，由班长积极主动地组织大家一起召开班委干部会。在会上，首先由班长带领班委干部们，再次重温了班级班规和干部职责说明。我和班委干部们一起理清班级管理思路——民主自主管理模式，为此我鼓励各班委干部说说目前班级出现的问题以及问题背后的原因。大家七嘴八舌地说出了许多问题：学生们的言行举止、课堂纪律情况和同学们相处情况等。讨论后，我提出："各位班委干部，面对这些问题，你们做了什么？你们该做什么？"此时会场上瞬间安静了。不一会儿，班长站起来说："在班级出现问题时，我首先想到的是班长的职责，想提醒他们，但是我的能力有限，处理方式方法欠缺，有时还有点任性。所以我要努力提升自己，也特别期待各班委干部能帮助我，我们大家一起成长，一起管理好班级，让我们班级成为优秀的集体。"当班长表达出想法后，各班委干部也都点点头，一起表态：提升责任意识，以身作则！

经过这次班委干部会议的动员，班长增强了自信心，班委干部树立了责任心，大家都积极投身于班级的管理中，班风逐渐向好。可是好景不长，两周后的一天，我快要走到教室门口时，就听到教室里乐乐同学边把书包摔到桌子上，边大声地哭诉道："班长你要求我这么做，宣传委员又要求我那么做，我到底该听谁的呀？"此时班长站在乐乐面前，安抚道："你别急呀！我们一起再商量商量。"我躲在门后，看到他们三位一起商讨，很快各自都有了放松的表情。放学后，我单独找到班长，肯定了班长控制情绪的能力，并和班长一起分析出现这种管理混乱现象的原因，鼓励班长再次召开班委干部会议。班长和班委干部们一起商讨解决问题的办法：各个班委干部划片管理，每一位班委干部负责管理他周围的同学们。大家表决一致同意，并主动寻找各自的责任区域和带动人员。这样就逐步建立了由班长牵头每两周一次的班委干部会议制度，并形成常态化。在会议上，班委干部们及时反馈班级情况，哪些方面好，哪些方面出现问题，一起商量解决办法。班级内，逐渐形成“以班主任为核心，班长为代表”的班委干部队伍。在班长的带领下，班委干部们成长起来，能力和威信日益增强。

过了一段时间后，在操场上结束升旗仪式后，班长特别兴奋地跑过来告诉我：“徐老师，您知道吗？我们班流动红旗排第一了！”我笑着说：“太好了！同学们还是有很大的进步。当然你功不可没。”班长高兴地说：“谢谢老师！大家确实进步很大。但是课堂上还是有些小问题。”看来班长又遇到了难题。在前期我和班长一起谈话中提到：遇见困难不能逃避，要勇敢地面对。我用期待的眼神看着班长：“针对这个问题，你怎么办？怎么让班级越来越好？”班长想了想，说：“徐老师，我们可不可以召开一个有关规范言行的主题班会？”我充分地肯定了班长的想法：“好主意！接着说。”班长思考了一会，说：“徐老师，如果您去开这个班会，也是一种说教，我想可不可以让班委干部们组织这个主题班会？”我用鼓励的语气说：“你的想法很好！我们确实需要利用集体的力量来解决这个问题。召开主题班会的事情就交给你去办，可以吗？”班长笑着说：“没问题！”

接下来我从主题班会的方案撰写，每个环节设计思路，如何调动各班委干部，发挥班委干部们的各自优势等方面对班长进行了梳理和指导。课间时，我也观察到班长和班委干部们聚集在一起，时不时还听见他们发出开心的笑声。两周后的班会上，由班委干部组织的第一次主题班会隆重召开了。讲台上纪律委员做主持人，讲台边班长一旁协助，我只是坐在后面观看。首先由班长录制的录音引入主题，在播放录音时，同学们都笑了，都在猜测是谁说的脏话，说脏话的同学满脸通红。接着主持人给大家展示中国语言文化的魅力，同学们听得特别认真。随后是班委干部编排的情境剧，同样的情境在不同语言和行为下出现了不同的结果，让同学们意识到我们应该要规范自己的言行举止。我看到班长带领同学们组织班级活动，相互团结合作，相互帮助，不断碰撞出思维的火花。本次主题班会在主持人和班长一起呼吁大家严守班规班纪，做一名言行文明举止得体的新时代中学生的倡议中结束。

经过这次主题班会后，班级氛围逐步向好。一天数学教师下课后，高兴地跟我反馈道："今天我嗓子疼，说话困难，但是课上又需要讲一些生活中的数学应用题，所以我还特别担心学生们开始讨论后，课堂纪律控制不住，结果我们的班长和班委干部太给力了，管住了那些平时费话多、话不着调的学生，还鼓励这些学生代表小组来积极回答问题，一节课顺利高效地完成。"数学教师还拿出了一些小糖果，委托我："今天数学课，让我看到了我们班级团结向上的氛围，值得表扬！这些小礼物委托您下午放学时发给学生们吧！"放学时，我把这件事委托给了班长。班长走上讲台，大声地在班级号召："保持好课堂纪律，我们继续加油！一起感谢数学老师！"随后班长组织班委干部们发放小礼物，学生们背着书包，开心地吃着糖果。通过一系列的活动安排和组织，班长的管理能力得到了快速提升：她在班级内倡议大家参加校德育处发起的"无师监考"诚信考试活动，并配合德育处教师对同学们进行积极的动员，为了此次活动，在班级和德育处来回奔波。我们还将这项活动延伸到平时的班级自习课上，也能做到无师自习课安安静静。当班长上台领到"优秀班集体"荣誉奖状时，脸上洋溢着灿烂的笑容。

经过这段时间后，班长跟我反思说：“徐老师，我感觉到同学们都有很大的改变，班委干部也有了一定的责任感，都是相互团结和及时沟通。我同样意识到该如何对待困难：静下心，想办法，总会得到解决的。”在我的扶持和鼓励下，班长成长得很快，管理班级游刃有余，也得到了班级同学的认可，还成功担任校学生会主席，得到了德育处教师们的肯定和一致好评。

教育反思

随着时代的发展，素质教育深入人心，学生的主体地位得到了进一步凸显，对学生的自主学习和综合管理能力要求较高。班级管理工作的开展，也需要顺应时代，在班级自主管理方式下，以班长为首的班级干部参与其中，能够最大限度发挥学生的主体性。

在初中阶段，进入青春期的学生产生强烈的独立意识，与其认知能力呈现出了不平衡状态，容易引起情绪上的波动。班长是一位性格开朗活泼的女孩，做事细心大胆，有很强的独立意识，初一开学时，主动申请当班长。为了班级荣誉，她总是尽职尽责，但当遇见困难时，情绪容易激动，对待问题上的认知能力弱，也容易偏激。面对学生出现情绪问题时，班主任首先在心里要接纳学生的情绪，在行动上用拥抱牵手等方式，稳定学生的情绪，引导学生觉察自己的情绪，鼓励学生表达自己的情绪，与学生沟通情绪问题。当学生情绪稳定下来后，通过关心和耐心，倾听学生的诉说，从而了解情绪背后的原因，也为解决问题寻找突破口。故事中，班长在管理班级时，从最初的闹情绪到自己能够控制情绪，还学会了安抚同学的情绪；最后成长为调动班级同学一起积极向上的号召者。在“领头雁”成长的故事中，我意识到：班级建设中需要有一支强大的班委队伍，而班委干部也容易出现情绪问题，需要及时进行心理疏导，帮助他们，鼓励他们，每个人在成长过程中都会遇到各种各样的压力和挫折，拥有豁达、阳光、向上的心态才会成为强者。

在初中阶段，学生具有情绪化的特点，同时也是性格塑造的关键阶段。学生在生理和心理上容易受到外界干扰，在行为上，接受新鲜事物的能力更强，更加崇尚个性和自由，他们敢想、敢说、敢干，更加坚持自我，对待事情有想法，但是受到自己认知上的局限性，容易产生畏难退缩的情绪，或者采取对抗行为。结合初中生的行为特点，班主任可以多鼓励学生自主组织活动，给予学生体验成功或失败的机会，让学生积极主动表达自己的想法，发挥学生同伴互助互学的团结精神，并在实践中锻炼自己的能力。在初中班级建设中，班主任除了需要有责任心和耐心，更需要培养出一支优秀的班干部队伍，他们是班主任的帮手，也是班级事务中不可或缺的管理者。班干部的“自主管理”并不是班主任“大撒把”，而是班主任的角色由事必躬亲转变为指导帮扶。故事中，我既尊重学生们的独立性，也注重提高学生的认知能力。我首先激发班长的内在反省，带领班长开好班干部会，指导学生进行班级管理策略落实，同时为了培养班干部的责任感，鼓励班长带领班委干部组织活动，让班长和班干部快速成长起来。

从“领头雁”班长成长的故事，可以看出：对班长的培养，是班级建设成功的关键一环。班长会将班主任的工作意图快速地贯彻和落实。都说“一个好班主任就是一个好班级”，其实，一个好班长又何尝不是一个好班级呢？从班长的成长经历中可以看出，一个人的潜能是无限的，班主任要及时引导和鼓励学生超越自己，在学生有困难、困惑时帮助他们，激发他们的潜能。班干部的工作能力培养不是一朝一夕的事情，需要班主任去细心发现，既要维护班干部的威信，也要给他们创造机会，鼓励他们努力实践，从而更好地培养班干部独立处事的能力和管理班级的积极性。

“钉子户”的春天

北京景山学校远洋分校 杨鑫蕊

教育故事

“老师，现在没有小组愿意接手小李，我们的工作开展不下去。”“老师，您可别把他交给我们带，真心管不了他。”“老师，他小学就这样，怎么说都不听，但好在还能管住。但现在大了可是更暴躁了，咱可压不住他了。”

新接手小升初班级的第一个月，班委会上气氛凝重，几个班委的讨论让我陷入了沉思。小李的问题我在开学两周后就意识到了，几乎每天都会因为他赶去班里解决问题。他总是和同学或老师闹矛盾，发脾气，无法和大家和平共处。但刚一个月，他就遇到同学们这么强烈的抵制，也是我始料未及的。据我观察，小李自身的情绪失控问题导致他无法维持和谐的人际关系，但固有形象的思维定式也是造成如今局面的一个很重要的原因。而学生逐步迈入青春期，同伴意识的增强让这些中学生们对周围同伴的反应更加强烈。在现在这种群体不满的环境下，对小李的成长与改变不仅没有促进作用，还会激化矛盾。

所以，我开始计划从聊天入手，先争取拉近和小李的距离。这样，在下一步抓到合适教育契机之时才能引导小李做出一些尝试与改变，最后才能提供同伴互动的机会让小李融入班集体中，开启小李的改变之路。

第一次谈话约在一个充满阳光的午后。不说话的小李长得阳光帅气，但一开口就是质问："老师，我犯什么错了？我没犯什么错啊，是不是您又听到谁的挑拨了？"本来想心平气和找学生聊聊，他满不在乎的态度一下子勾起了我的怒火。内心愤怒翻滚的同时，我看到小李忽闪着懵懂的眼睛偷瞟我，还梗着脖子硬撑着气势的样子，果然这个时期的学生，总是下意识地反抗权威，拒绝管教。

我也调整好情绪笑了笑，跟小李说："谁说你犯错误了？老师觉得你今天表现挺好啊！信息课上你主动帮同学登录系统了对不对？上操排队看见我，立马反应过来没戴红领巾自己主动回班取了对不对？今天找你来就是想和你聊聊天。"我看到小李明显松了一口气，僵硬的肩膀微微放松了下来。

看到小李放下心理戒备，我笑着问他："开学一个月了，觉得在班里开心吗？"

"开心啊。"小李说。

"那你觉得有什么不适应吗？学习上？和同学相处上？"

"没有啊。"

……

几秒钟的沉默，我原以为他会因这一个月以来和同学的相处而困扰，没想到完全出乎我的意料。于是我便继续问道："但老师有困扰。老师面前看到的你是阳光的，可爱的，也很有礼貌。但为什么时不时会有一些和同学、老师之间的小冲突出现呢？"小李猛地抬头，声调一下提升，说了句："老师，谁又来告状了？"我继续维持温和的语调："为什么会这么想？同学们都在忙着适应初中生活。当然，也可能是老师的困扰多余了。"

小李沉默了一瞬，然后小声嘟囔："也不多余……我也不知道。"……

整个谈话过程，可以说一直是我在主导，我努力想从小李的角度出发去谈他的困扰，来帮助他，但最后发现小李更多的是"嗯""哦"之类的应承。第一次谈话，感觉没有找到心理突破口。但临分别时我说了一句："以后发生什么事情别自己冲动解决，如果你愿意，可以来找老师聊一聊，我们针对事情具体分析，一起想办法好吗？"小李答道："……可以……至少您没像他们一样，老觉得我有错。"

小李打开门走了，可我的心里一直没能平静。这个在班里快造成"天怒人怨"的小伙子，心里也有着无法自控的委屈。他的情绪失控和他人的否定排挤呈现出恶性循环之势，我想我需要尽快在帮他控制情绪的同时，争取到他周围同学的友善支持。从哪里入手呢？当我正在找寻教育契机时，"事故"发生了。

体育课上小狄正在整队，小李站得懒洋洋的，小狄直接训斥："小李！站好！就你散漫！"小李不满，嘀咕了一句，依旧散漫。小狄不干了："天天娘娘唧唧的，懒得跟你计较。"小李和小狄平时就有多次小摩擦，这次小狄的语言直接点燃小李的怒火。只见小李一个暴起，冲上前就把小狄的手背挠伤了。小狄因此和他扭打在一起，被老师和同学拉开。但小李情绪特别激动，哪位同学拉他劝他，他就踹哪个同学。场面一度失控，连老师都被小李抓伤了。

后来在老师的调停下，小李开始原地运气，老师认为小李已经冷静下来，谁知小李突然冲出去，把小狄的脸挠伤了。

小狄家长看着小狄的脸，气得直接拨打了110，还要上来推搡小李。小李的家长在旁边沉默不语。我看着一句话不说的小李，赶紧把他拦在自己身后。

也许是我保护小李的动作真的触动了小李，这一次，小李主动找到我说："老师，我也不知道这次事怎么又这样了，我也想让别人喜欢。"我趁此机会，开始了第二次和小李的深谈。"你觉得是什么引发了你和老师、同学之间的矛盾冲突呢？你看，咱们俩的相处不是一直很愉快吗？"

小李的头低了下去："我也不是要故意欺负同学、顶撞老师，我就是觉得我没错，他们总针对我……然后我就更想反击，我说不过他们，就动手了。"

"那我们不妨看看这回发生的事情，你觉得在什么时候大家针对你了？"

"就是小狄，平时就老调侃我，这次还骂我娘娘唧唧，我忍不了了。"

我赶紧表示同情："老师特别理解你，他太过分了，老师回头也得批评他。"小李的头开始往上抬，眼睛的余光偷偷看向了我。我笑了，继续问："但老师还有一点不太明白，我看你也回击他了，为什么同学们给你俩劝架时，你还把劝架同学踢了呢？"小李听后头低得更深了："我就是生气，包括抓老师那一下也是，谁拦着我都让我觉得是跟我作对，我也知道不对……老师您能不能跟我妈说说，别骂我了？她说不让我上学了，要申请在家停课反思两天……"说到妈妈不让上学，我看到小李眼眶开始红了。我拉过小李的手，安抚地拍了拍："不会的，我们一起努力让妈妈感觉到你的悔意和改变，好吗？这一次我先帮你说情。"小李轻轻摇着头，小声嘀咕："我觉得没用。"我笑着看了看小李："我肯定能帮你求情，满足你的愿望！老师跟你一起，想上学你就必须改变！"我看到小李虽然轻微，但是坚定地点了点头。那一刻，我的心里复杂极了。一个天天在班里"四处点火"的学生，当他被情绪支配时，当他与同学屡生冲突时，心里同样是无助和后悔的。

接下来，我试着让小李正视他的情绪问题，也引导他去回溯事情源头，想一想除了动手外，还有什么别的处理方法。我送给小李一个笔记本，上面写上“成长纪念册”。那次事件后，我和小李以及小李父母也达成了一致，每天在“成长纪念册”上记录一件与同学、老师或家人交往的小事，回溯事件之初，标注出哪里开始就被情绪支配了，再反思一下，冷静的状态下能想到的事情最佳解决办法是什么。这就像一个个小小的情绪标签，但它更加复杂，不仅判断情绪，还加以自己分析。而每一次，我们只需要聚焦一个小问题，去正视与解决。

跟小李互动的一周，我发现小李的情绪相对平稳，从每天跟同学发生多次矛盾冲突，到连续一两天都很平稳。冲突发生那一刻，有时我的一个眼神，小李都能意识到自己的冲动，尝试深呼吸平稳下来情绪了。我观察到小李的情绪控制进入基本稳定期，发现这是个推进同伴认同的好时机。紧接着，借着一次“悦纳自己，接纳他人”的主题班会，我开展了一次大型小组实践活动，让小李试一试融入集体。

组队时间到了，依然是没有人愿意接纳小李，我看着坐在座位上满脸不在乎的小李走了过去：“你得主动去试试啊！推荐一下自己，相信自己，会有小组真心接纳你的！”小李撇着嘴跟我说：“我找谁啊……”我故作思考，眼神巡视了一圈跟小李说：“我看辰辰他们组力量有点薄弱啊，人最少，不知道分配任务时候会不会安排不过来啊！”小李看了看，点点头：“行，那我就去帮帮他们。”其实组队前我私下找到了班里最善良宽容的生活委员辰辰，动员他给小李一次机会。看着小李组队成功冲我投来的一个得意的眼神，我冲他比了个大拇指。

实践活动开始前，我问道：“这次中医药活动我特别感兴趣，虽然老师动手能力可能差一些，但有没有小组愿意给老师一次体验机会？”很多学生都在响应，我看到小李也举手了。我看着小李说："我可知道小李是运动全能，动手能力又强，还参加了好多志愿活动。你们组有你，我想我的加入估计不会有太大影响吧？"小李笑了，豪情满志地说："来吧，不差您一个。"全班同学也笑了。

那一次我们小组选择的是介绍和表演五禽戏，小李凭借超强的运动能力，成为五禽戏表演的顶梁柱。而在活动过程中，每当小李有情绪波动的时候，我和辰辰就会找个表演动作"请教"小李，转移他的注意力。

展示的那天，小李的五禽戏有模有样，很有大家风范。小组展示获得了全班同学的热烈鼓掌。小李在全班的掌声中，脸上满是被认可的骄傲。那一刻，小李终于从被排斥的个体"钉子户"融入这个大家庭中，迎来了他的"春天"。

小李的一点点改变就让大家对他更多了一些包容和体谅。作为教师的我们要做的无非是让这些善良的学生们看到每一个人身上的那一点改变，那一点希望。

我们都在成长，小李如此，班级同学如此，我也是如此。虽然或多或少，或大或小的问题还在发生着，但无论是小李还是班级，在衔接阶段，整体的平稳，积极的氛围让我们对未来充满了希望与干劲。每个人都开始正视己身，正视自己的情绪，学会调节应对，学会更宽容地去对待伙伴，彼此给予支持。

教育反思

小李的故事旨在聚焦小初衔接点，正视青春期情绪，重塑自信心。

首先小李初期极端负面情绪的展现，从本质上来说与学生进入青春期有很大关系。学生逐渐步入青春期，身体内部激素变化剧烈，打破自身平衡，这使得青春期学生更加敏感、易冲动，甚至会被情绪支配。能看出这样的情绪波动学生本身也感到很大困扰。所以我会在引导青春期情绪剧烈反应的学生时，让情绪对应情绪，问题对应问题，不在学生情绪上解决问题。同时，走进学生心里，建立感情联系。信任、平等、尊重是引导学生转变的基础。在这些前情铺垫到位后，跟进一些情绪疏导方法，比如情绪疏导本（文中的成长纪念册）。所谓亲其师，信其道。再好的方法如果学生不愿意配合，也是无法达到预期效果的。

其次，小李凸显的问题和自身相关，也和班级学生对他固有思维模式引领下的偏颇认识有关系。以小李为代表的一些情绪外显更为突出的学生，他们往往在家庭生活中得不到父母的认可，在学校生活中得不到同龄人的认同，以及教师们因为面向集体教学，有时不能完美兼顾个体教育，这都像是层层枷锁，让这个本就情绪化的学生愈发敏感，导致行为处事更加偏激，恶性循环。而在这些因素之中，青春期学生更在意同龄人对自己的看法，和谐的同龄人关系，积极的氛围会让他更少受到情绪化的影响。作为教师，我们必须明确环境的影响是必然的，带班育人，先带班级，后育个人。营造一个好的班级环境，促进个人成才成长，这是打破固有思维模式的一个重要抓手。正因如此，当小李开始平稳情绪时，我才马上跟进下一步举措，让其融入班级活动中，得到同伴认同，以期形成良性循环。当个体教育与整体环境的引领同步进行，才是迎来“春天”的保证。

再次，升入初中，自我意识的增强需要更加维护学生的自尊心。小李的情绪问题也深受自我意识发展的影响。在这时我开展“悦纳自己，接纳他人”主题班会，就是为了给小李以及同学们提供正确认识自我，悦纳自己，维护自尊的通道。悦纳自己是第一步，同时能够接纳他人，形成一个良性自尊意识发展的班级环境更是必不可少。开设这样的主题班会也是为了衔接班级整体育人，形成同伴互助环境，侧面给予小李改变帮助的一个有效途径。而最后同学们在看到小李的一点点改变后能够悦纳他，证实了这样的心理主题班会开展的必要性。

最后，我意识到小李长期无法得到正向认同带来的隐患。所以我在跟进像小李这样的学生个案时，也常给自己做心理暗示。我告诉自己教师要真正做到共情，耐心倾听学生需求，不要急着做判断，也不要企图说“帮助”学生。当我们说“帮助”时，就是把学生当成弱者。站在学生的角度看他的需求，激发他的个人主动意识，和他共同成长才是我们需要秉承的原则。所以我在与其沟通的过程中也控制自己的情绪，让自己加入和小李一起并肩作战的活动中去，不做一个旁观者或居高临下的帮扶者，而做一个陪同者甚至是共同成长之友。

足球小子变形记

北京市高井中学　张艳芳

教育故事

小刘是个在老师面前会腼腆，在同伴面前又很活泼的男学生。他胖胖的脸庞，一笑起来眼睛眯成两条线，笑容里透着憨憨的学生的纯真。他很喜欢踢足球，你还别说，他还真挺适合踢足球的：他个头适中，体格结实，带球、配合、射门样样练得有模有样，我很喜欢像他这样爱运动的学生。可是小刘也有自己的软肋，就是学习成绩不怎么理想，学习起来不像踢球那么投入，遇到难题他就像霜打的茄子——蔫蔫地坐在位置上发呆，他的思想和教师的讲解从不会碰撞出火花。到了初二，学科学习的数量和难度猛增，科目增加了物理，生物、地理还要中考，还有一直让他没有信心的数学，这些学习上的“大山”“小山”一下子堆在他的面前，他上课消极的情绪更明显了。面对他的情况我该如何激发他潜在的学习动机？能不能让他像爱踢足球一样热爱学习呢？

小刘有和班里其他同学不一样的小世界。他两岁时父母离异，由于调皮，家长认为不好管，就把他送进了寄宿学校。从幼儿园开始，一直到初中他都住校。他说他很羡慕别的同学可以在父母面前玩闹、撒娇。我看到了在他的小世界里缺少家庭的温暖、父母的关爱和陪伴及同龄人应该得到的呵护，也看到了曾经让他不开心的过往和孤独。自从了解到小刘的这些情况后，我就暗下决心，一定要帮助他，帮他增强信心，帮他在学习上有更大的进步，送他进入高中，将来考大学，让他体会更多的成就感……

初中阶段学生身心变化很大，随着身体的生长，自我意识不断增强，关注别人对自己的看法，尤其是熟悉的人和同伴的关注。小刘在教师和家长面前不太爱表达，自尊心也较强，如果当面给他指出学习上的错误他会脸红，难过的表情马上会表现出来，这种消极情绪会持续很长时间。

小刘之所以有这些表现，除了有初中生一般的心理特点外，也有缺少家庭关爱而产生的自我保护。分析之后，我很快找到了帮助小刘增强信心的办法。

我把小刘的情况和家长聚焦的"如何沟通孩子才能听"相融合，做了一次关于"青春期的学生，我们该如何沟通和呵护"的线上家长会。

家长会上，家长们谈论了他们和孩子沟通的认识，他们也知道青春期的学生会叛逆、抵触、厌学等，沟通尽量和他们平等，要像朋友一样交流，可是还是话不出三句就有了火药味。

"如果您是孩子，您希望父母如何和自己沟通呢？您知道学生最想要的是什么吗？"我把问题抛给家长思考，也把我的理解和建议分享给家长。主要从正确面对和学生的关系，从与学生共情、倾听、描述性表达等多方面跟家长分享了与学生沟通的方法。

在此基础上，我单独和小刘的妈妈取得了联系。我先谈了小刘的优点和进步，小刘的妈妈很高兴。

……

"还有，小刘很爱您，也最想念您……"

电话那头是一段时间的沉默。

“我也知道孩子心里苦，平时只知道督促他学习，忽略了更细致的关爱……”小刘妈妈说。

“您可以每天和孩子视频聊天，多和他聊天，他一定很开心。”

……

之后，小刘开始有了一些变化。上课抬起头和老师目光对视，开始思考老师提出的问题。这点小变化让我欣喜了许久。孩子有一个对他不离不弃的妈妈，是幸福的，如果有一个对他不离不弃的老师，他也是幸福的。

只有妈妈的远程关爱还是远远不够的，我开始在班级公开表扬小刘点点滴滴的进步，他语文作业中表达完整的句子、书写工整的字迹等都是我表扬他的素材，老师简单的几句表扬换来的是他专注的注意力，深入地思考，投入地背诵，这些变化让我的心也舒展了许多。我也告诉其他学科教师多鼓励表扬他的进步，同样收到了好的效果，我看到了更多的希望。

初中阶段同伴的影响也尤为重要。午间，球场上的阳光格外明亮温暖，我带全班同学到球场活动，爱踢球的小刘异常高兴。我顺势组织他们来场球赛，看着学生尽情奔跑的样子我很开心。活动之后我找到和小刘关系好的几个男学生，和他们一起讨论如何帮助小刘学习。

“我帮他补习物理。”物理课代表小韩第一个举手。

“我帮他学习数学。”数学课代表也充满信心。

就这样，我们的学习互助小组成立了。午后、课间及自习课上总看到小组同学围着小刘帮助他学习。有了小伙伴的讲解，他的学习动力增强了不少，随着学习上的困难逐步解决，他的信心大增。

小刘在家长、教师和同学的帮助下有了很大的转变，但面对中考升学问题，他又有了新的顾虑，再加上周围同学目标明确，都在积极努力备战中考，紧张的学习氛围让他开始慌乱，不知所措了。

“老师，我想上足球学校，我妈不同意，我爸怕我吃不了苦，我该怎么办？”小刘问我。

“喜欢踢足球多好呀！”我有意识地鼓励他，让他知道自己有很多优势。

“以后我该怎么办？”小刘继续问。

“你比别人又多了一个选择，你多棒呀！”他点点头，理解了我的用意。

“可是，我很想上足球学校，可妈妈就是不同意。”

他外表的温顺和内心的倔强同时呈现在了我的面前。

这是帮他确定目标的好机会。我拨通了他妈妈的电话。他妈妈对他的将来有明确的目标。

“张老师，我肯定是要让他上高中考大学的，上足球学校绝对不可以。”

“他比其他学生多一个出路，您知道吗？”我耐心解释。

“怎么会多一个出路？”

我把会踢足球的特长以及将来升学的好处一一做了分析。

“您要多鼓励孩子，咱们可以做两手准备，边努力学习边发展特长。”

“原来是这样呀。”他的妈妈明白了，谈话也轻松起来。

谈话之后，我先从学生意愿出发，找到熟悉足球学校情况的人士，咨询上足球学校的相关事宜，同时我又和小刘沟通。我给他明确了足球学校的选拔、制度及上足球学校的出路，也让他明确了目前阶段还要扎实掌握初中课程的知识，等时机成熟自然会水到渠成，实现自己的愿望。他理解我的用意，也有了自己明确的目标。在生物、地理中考复习阶段，他全力以赴，投入复习，取得了令人满意的成绩。

初中阶段的学生虽然自我意识增强，但自我规划、管理能力还需要加强。遇到困难很容易产生退缩心理，小刘就遇到了这样的问题。

我开展“合理规划时间，提高学习效率”的主题班会，从学生忙乱学习的现状出发，让学生认识到规划时间的重要性，指导学生学会合理规划时间，并教给他们规划时间的方法，同学们收获很大，尤其是小刘同学，他心里也有了自己的计划。

后来，小刘告诉我他把自己内心的真实想法告诉了妈妈，他想上高中了。我们都很高兴。

我想，在学生成长的路上能给他力量，推动他前进，作为班主任我深感值得。

午后的球场上，那个喜欢足球的男孩在阳光下与同伴一起奔跑，他个头长高了，也更强壮了，他已不再是羞怯、退缩、无助的小男孩，他成长为了自信、坚定的小男子汉。

教育反思

进入初中阶段，很多学生，尤其是特殊家庭的学生面对课程增加，作业量大，学习遭遇挫折等，容易导致畏难情绪，面对中考他们很容易放弃，这对有潜力的学生来说实属可惜。

通过了解和分析，这些学生之所以面对困难出现退缩，其原因是学生自身缺乏安全感，没有学习目标和学习动力。

本故事中我通过家长、教师和同学三方面给予学生关心和帮助，逐步树立学生的自信心，使其敢于面对并学会自己解决学习中遇到的困难。

根据学习动机理论，拥有积极内在的学习动力，才能有效帮助学生面对学习中的困难。学习动机中，需要与诱因是紧密联系的。故事中小刘有进步的渴望，这是支配他行动的内部原因；诱因是与需要相联系的外界刺激物，我公开表扬他的优点，让他体会到小小的成功带来的喜悦感，这是吸引他继续努力学习的外部因素，这些外部因素能够促进小刘进一步尝试努力，达到更高层次的需要。

另外，根据诺伯特·维纳的成败归因理论，学生如果将自己的成功归因于能力强，那么他容易产生骄傲、自负的心理；如果学生将自己的失败归因于能力差，那么他就容易产生自暴自弃的心理。教育心理学将后者称为习得性无助，其通常表现为：破罐子破摔、自暴自弃、丧失自信心等。所以当学生处在爬坡阶段时，要帮助学生明确奋斗目标，引导他们明确不断努力，战胜自己才是有意义的人生，并且努力程度越高，成功的概率就越高。

再者，利用家校合作的资源，和家长一起面对学生的问题，与家长协同帮扶学生。

与家长沟通，让特殊家庭的学生有良好的亲子沟通氛围，可以帮助学生建立更强的安全感和自信心。以“用爱浇灌每个学生成长”的教育理念指导工作，形成教育的合力，让缺少爱的学生得到应有的温暖，增强他们克服困难的力量。

总之，我针对学生进步成长反复出现的问题，帮助学生制订奋斗目标，激发他对成功的渴望。我在充分尊重小刘意愿的基础上，实事求是地分析利弊，和家长一起努力让小刘懂得如何确立自己的目标，并认识自己的闪光点，也懂得奋斗的过程就是战胜自己。

"无声"变天籁

北方工业大学附属学校　陈文鑫

教育故事

一、一节语文课引发的思考

"母亲啊！你是荷叶，我是红莲，心中的雨点来了，除了你，谁是我在无遮拦天空下的荫蔽？"在七年级的一节语文课上，学生玉婷在大声地朗读着冰心的《荷叶·母亲》。玉婷的话音刚落，全班同学就给予了热烈的掌声。我也一边鼓掌一边说："玉婷同学的朗诵清新、动人，我们大家跟随着她的朗读，在不知不觉中走进了母爱，感受了母爱。还有哪位同学愿意给大家有感情地朗读一下这篇课文？"我的话音还没落，刚刚还抬头看着我的同学们就有一大半都低下了头，好像生怕我发现他们。

这时我惊喜地发现，平时从不主动举手的小天，半抬起了头，双眼犹豫地望着我，眼神和我刚刚触碰，马上就赶紧回避，躲在桌子下的右手从桌面上伸出了一个小头。

我心想，小天想朗读，但又有点胆怯，此时我是不是应该助他一臂之力，这可能是一个增强小天自信心的好机会呢！让他试试，也许他可以在全班同学面前展现出最棒的自己。

这样想着我便微笑地点了他的名字："小天，你来为我们读一读课文的最后三段吧！"

小天似乎没有想到我会在一排高高举起的小手当中看到他，站起来的时候脸有点涨红，但眼睛里有着和平时不一样的光彩，我能感觉到他的紧张和兴奋。"母亲啊！你是荷叶，我是红莲……"小天的音色很好，刚开始读得非常不错，但是当碰到自己不认识的词越来越多时，他的声音开始变得小了起来，还带着微微的颤音，最后短短几行字，他硬是磕磕巴巴读不下去了。

这时班里有同学开始捂嘴偷笑，或许是被同学的举动刺激了，小天的脸涨得更红了，后来甚至紧张地低着头不敢出声。

我看着无比紧张的小天和哈哈大笑的同学们，心想：小天会不会因为这次朗读更不自信了？而且面对班上同学们对小天的嘲笑，我是不是也应该说些什么呢？我赶紧平复一下心情，清了清嗓子，大声说："同学们，让我们为小天同学勇敢的尝试鼓掌。今天小天敢于积极主动举手朗读，这是他在课堂上迈出的第一步，第一次在班上朗读可能有些紧张，所以读得不是很通顺，但是小天同学银铃般的声音真的很好听，你们说是不是？"

班上的同学们赶紧点头回应我。

看着同学们都不自觉地回应了我，我决定鼓励小天再试一次，帮他重新树立信心。"小天，你如果再试一次，老师相信你会朗读得更好。"

听我说完，小天依旧低着头，没有想再尝试一次的意思。这可怎么办呀？我灵机一动说道："这样吧，老师和小天一起再来读一遍，其他同学小声跟着读。你们说这样好不好？"

小天没有抬头，只是轻轻点了点头。就这样，在我的带动下，小天从刚开始的怯怯不敢出声，到最后终于也提高了音量跟着我大声朗读了起来，与班上同学抑扬顿挫的声音汇在一起，像温暖的河流，冲刷掉了小天的尴尬，朗朗的读书声和谐地回荡在教室里，无比动听。

小天是我一直想走近的学生，他在班级里总是低着头，不爱说话，问他问题总是眼神闪躲。我该怎么走进小天的内心呢？这节课给了我打开小天心灵大门的钥匙，我一直苦苦思索的问题似乎有了答案。

二、在“阅读存折”里不断积淀

我尝试着进一步去分析了解他，我发现这个学生身体健康，精力充沛，热爱体育，但唯独在学习和表达方面存在问题。如何解决小天的问题，让他自信起来？我看到他对朗读似乎有兴趣，就从他喜欢的朗读开始，从兴趣入手，对他也许会是个不错的选择。

在周一下午的一节班会课上，我一边举起封皮上写着“阅读存折”几个大字的蓝色小本展示给学生们，一边故作神秘地说：“今天，陈老师带给大家一个小礼物。”

同学们立刻瞪大了双眼，好奇地盯着看，叽叽喳喳的提问声此起彼伏。

“陈老师，这个小本子真好看啊，可是它用来干什么呢？”

我笑着一边把“存折”发到每位同学手中，一边和大家讲解：“这个蓝色的小本本叫‘阅读存折’。”

“老师，您这个存折有什么用呢？”

“咱们每天回家阅读一篇文章或者书籍，并把阅读的书籍和文章的名称及主要内容填写在‘存入’项上，把阅读的时间填写在‘存入时间’上，等到一篇存折填满后，你们就可以从我这里‘抽奖’，奖品有免写语文作业、与陈老师共进午餐、奖励图书……"

听完我的解释，同学们更有兴趣了，大家开始议论自己该怎么利用这张存折了。

可这时，我发现在同学们热火朝天的讨论中，有一个孤零零的身影在低着头不言不语。

于是我走过去，问道："小天，你怎么不和大家讨论呢？"

"我肯定不行。"小天连头都没有抬，小声说道。

"你怎么不行？是'阅读存折'你不喜欢吗？"我追问。

小天赶忙抬起头一边摇头一边说："不是，我只是不太会看书。看一本书要花很多时间，到时候同学们都会存入很多时间，可我什么也没有。"他越说越伤心，头又慢慢低了下去。

看到小天无助的样子，我不禁陷入沉思：本想借助"阅读存折"活动帮助小天树立自信，没想到反而让他更加自卑，这可怎么办？

我灵机一动，"小天，老师有个好办法，可以让你每天存入很多阅读时间，你想不想听一下呢？"

我的话音刚落，小天就抬起了头望向我，期待的眼神似乎在等着我的好对策。

"你不是很喜欢朗读吗？你可以每天朗读几首小诗，读完之后，你就可以把你阅读的页数和时间记录在存折里面，你说这样好不好？"

听了我的建议，他像小鸡啄米一样不停地点头表示同意。

看到他同意了，我马上让班上同学都停止了讨论，告诉大家："同学们，今天就让小天同学给咱们演示一下这个阅读存折该如何使用，好不好？"

同学们异口同声回答"好"。

同学们齐刷刷地看向小天。

在我鼓励的眼神中，小天站起来，翻开我事先放在他桌上的诗集，发现我给他夹了一张书签，我已经贴心地给他标注了读音，当他抬头望向我时，我冲他点了点头，示意他开始。

“《做最好的自己》。有人说，如果你不能成为山顶的高松，那就当棵山谷里的小树吧，但要当棵山谷中最自信的小树……”

他读完后，全班同学为他鼓掌。

“很好，小天读得很好，他给我们展示了一种阅读方式，他选择了朗读诗歌，这样，他就可以记录一页阅读了，咱们班同学都是见证人，可以给他签上字。”

就这样，小天每天都会在存折中存入一首小诗，有时甚至会存入两三首。临近期末，小天郑重地把写满字的“存折”交给我，在同学们的见证下，小天成功“提款”——获得“迟到可以免受处罚一次”的小奖励。虽然小天并没有使用这个奖励，但我发现，小天的朗读水平有了明显的进步，也自信开朗了许多，与人交流时更加流畅自然了。

三、在朗诵比赛中绽放自我

我细心观察着小天一点一滴的变化，为他每一分的进步感到高兴。我知道，这时候需要趁热打铁，寻找契机帮助小天绽放自我，真正树立自信。正巧，学校举行一个朗诵比赛，班上的小童同学自告奋勇参加，在赛前几天，小童决定给我们全班演练一遍他的参赛诗歌《将进酒》。

朗诵结束后，同学们正在你一言我一语地争论“五花马，千金裘，呼儿将出换美酒”这句应该怎样读的时候，小天缓缓地站了起来，说他有想法，于是我就让他给同学们读一读，谁想到，他一张嘴就把大家震撼到了，声音洪亮，感情充沛，字正腔圆。

我赶紧鼓励他："你读得真棒！请你把这句话再读一遍，让大家都跟你学。"

我把小天请到了讲台上，当他声情并茂地朗诵完后，同学们都报以热烈的掌声。

我知道这是个帮他树立信心的好机会，于是借机鼓励小天和小童一起参加朗诵比赛，小天有些犹豫。我赶忙向一旁的小童使了个眼色，小童会心地上前拉着小天，向他发出邀请。

"小天，你陪我一起参加比赛吧，我感觉你和我一起朗诵，有种如虎添翼的感觉！"

"好！"小天不好意思地点了点头，眼神中升起了一丝坚定。

小天和小童一起参赛，表现出色，最后荣获了最佳人气奖。

赛后，小天兴奋地告诉我，这是他上学以来最开心的一天，也是觉得自己最有出息的一天。

现在的小天，不再惧怕发言，也可以非常顺畅地表达自己的观点，还成了各个朗诵比赛的常客。每当看到舞台上他那飞扬的神采，自信的眼神，开心的笑容，我就会感到无比欣慰。我知道，他已经把最美的"天籁"留在了大家心间，也把自信的花种种在了自己心田。

教育反思

进入青春期的初中生，生理发生了很大的变化，出现了成人的体貌特征，促使他们在心理上也产生相应的变化，尤其在自我意识发展上产生第二次飞跃。从初中开始，学生已经能够比较自觉地认识和评价自己。这一时期，学生自我开始分化，开始分成“主我”“客我”或“理想我”“现实我”。他们关心自己的形象，按自己的意愿塑造自己，但他们对自己的认识并不清晰，更多地依赖自我观察、社会比较及他人对自己的评价，尤其重视同伴对自己的看法，当“主我”与“客我”或“理想我”与“现实我”产生矛盾时，往往产生自我否定、自卑、羞于表达、压抑，本身的潜在能力就无从发挥。小天在语文课上的第一次朗读并不顺利，同学们的否定使他产生挫败感，由此带来对自己的否定、自卑足以打败他再次表达的欲望，本身的声音优势和潜能更难以发挥。此时，教师的认可和鼓励对他而言，是莫大的支持，帮助小天重拾信心。

埃里克森指出，自我认同是青少年时期的主要发展任务，自我认同感高的人对自己常常有正向的情感体验，喜欢自己、欣赏自己；对自己的现在和未来有信心。这时期的发展任务得不到解决，就会在成长的道路上自我迷失、停滞不前。如何帮助小天积极地评价自我，建立积极的自我认同感是我们要努力的方向。

积极的自尊体验是自我认同的核心，一个经常受到批评、责备和攻击的学生是难以建立自尊的。要想获得自尊体验，学生要感受到他人对自己的认同，同时在学习上、人际交往和生活实践中获得对自己能力的信念。教师要为学生创设良好的成长环境，创造机会帮助学生在学业、人际交往或生活实践中获得成功体验，确立自我认同感，调动学生内在的积极力量。

首先，教师要有一个积极的心态，要像尊重自然界的多元性一样对待学生。自然界万事万物都各具自己的优势和特点，都会按照自己的方式不断发展、成长，这就是自然规律。学生也是如此，虽然有些学生在某方面发展滞后，像小天一样，在朗读上缺乏自信，但我们不能因此就否定他成长的可能性。

此外，要有一双善于发现的眼睛，要用敏锐的观察发现学生的可塑性，找到兴趣，要多鼓励；看到进步，要勤于表扬；发现动态，要及时引导。只有这样，才能在第一时间找准药方，对症下药。

最后，要有一颗善于创造的大脑。由于大多数“学困生”在自信心方面都比较欠缺，所以用常规的教育方式一般很难达到药到病除的效果，这就要求我们教师要勤动脑、善动脑，采用灵活多样的教育形式。在我的教育中，将主体教育和平行教育理论相结合，利用班级同学集体的力量，感染他自信地发声，开展主题班会，为学生搭建符合他们特点的展示平台，为他们提供恰到好处的成功机会，让他们在实实在在的成功体验中发现自身价值，树立自我信心，从而按照最适合自己的方式、速度和特点，快乐学习，稳步成长。

不吝啬赏识，勤于观察，创造机会，激发潜能，这就是我与小天的故事带给我的启发。

我和小灿的“连续剧”

北京景山学校远洋分校　崔维达

教育故事

我所在的是九年一贯制学校，学生们升入初中后会重新分班。开学前，我就得知有一个叫小灿的“个性”学生在我的班级里，据说他每天都会给班级带来“精彩剧目”。因其“真实自然”的演技、全情投入的状态以及不按套路出牌的风格，小灿还获封两大绰号——“实力派戏精”“行走的盲盒”。

就在我思索着该如何与小灿上演对手戏的时候，这个“老牌演技派”就已经开启了“演员已就位”的模式……

一、开学首映剧：一场自导自演的《投诉》

开学报到第一天，小灿提前一个小时就到了学校，用他的话说，“想和老师多一些交流的时间”。在一段“回顾过去、展望未来”的交流后，小灿终于表明了他本次沟通的真实意图——反映一件会“影响我前途”的事。

小灿先是环顾四周，确定无人；然后，干咳了几声，清了清嗓子；紧接着，表情凝重，身体前倾，声音压低，“事情是这样的……”

这个“宛如一个间谍正在和自己的上级情报交流”的场景，真的很挑战我的面部表情管理能力。我忍住了笑意，对小灿说：“你有什么话，就放心地说。”小灿长舒一口气，和我说了事情经过。

根据小灿的说法，情况是这样的：我之前在家长群通知，开学初要举办“最美作业展”，但是学生们觉得我这是“搞作业攀比，在制造焦虑”，是对“双减”政策的漠视，是对国家政策的挑战……大家决定打“12345”反映情况。

罗列完我的“罪状”后，小灿叹了口气，“老师，我真是担心您啊！刚开始带班，大家就这么反对您，讨厌您，接下来，咱们班可怎么办？”

其实，小灿并不知道，整件事的来龙去脉，我早就了解。事实是这样的——

小灿没有写完暑假作业，又听说要评比优秀作业，便觉得这个活动不合理。他在网上搜索了“双减”的相关资料，发到同学群里，再用60秒语音方阵控诉我的“违规行为”，号召大家抵制我。不过同学们并没有响应他，在大家看来，小灿就是给不写作业的自己编理由、找借口。但结合小灿的成长经历，我发现投诉戏的背后，还有一个重要的原因：小灿是一个特别渴望被关注的学生，所以总想用特别的表现来获得别人的重视，但因错误的方式和负面的举动，只会让大家反对他、忽视他。因此，我也想借这个机会，和小灿好好聊聊。

“小灿，你刚刚说，大家都很讨厌我，反对我，那老师想问一下，你讨厌我吗？”

小灿愣了一下，然后赶紧回道：“老师，我肯定不讨厌您呀！”

“那老师就觉得，不应该生气了。”

“为啥啊？我不太懂。”小灿继续问。

“本来老师的情绪值有点低，但是这种‘纵使世界与我为敌，你依旧站在我这一边’的支持和信任，让老师的情绪值又飙升起来了。”

看着尴尬的小灿，我继续说：“其实，同学们有想法、有诉求是好事，说明大家都有独立思考的意识了，这也是长大的一个标志，所以，从这个角度，老师是要给大家点赞的。但与此同时，如何能正确地思考，就是我们需要提升的地方了。‘双减’政策，是少留作业、留好作业，并不是不留作业；‘双减’政策，也不是让我们躺平，而是让我们去做更多有意义的事！咱们升入了初中，都想有一个新的开始，正好借着‘作业展’，开启自己的旅程。”

小灿若有所思地点了点头，然后问道：“老师，那您打算怎么处理学生要投诉这件事啊？”

我明白小灿的顾忌，就想了一个既能给小灿台阶下，又能让小灿感觉被重视的办法。

我拍了一下他的肩，说道：“小灿，你能和老师反映问题，说明你相信老师，也想让班级变好，那老师也应该相信你。所以，我想由你来帮助老师，私下做一下同学们的工作，毕竟你比老师更了解大家。如果你这边有问题，老师再出面解决，你看行吗？”

小灿笑道：“老师，放心！保证完成任务！”

开学后，小灿不仅上交了所有作业，还主动申请当我的课代表。他和其他学生们说：“崔老师是个很懂我的人，我要努力重新开始了！”

那是不是在得到理解与关注后，小灿从此就听话懂事，努力学习，开启巅峰成长之路呢？不是的，“行走的盲盒”哪能说停就停？就像一个学生私下和我说的，“老师，您别高兴得太早！小灿可能也就好两天，他以前就这样。”这不，一场以值日为主题的剧目就又来了……

二、“值日”系列剧：《642件可以影响值日的小事》

小学阶段，小灿经常不值日，每次，他都会找出一些“我很想做但确实不能做”的理由。班里的学生都说，小灿可以出一本书，《642件可以影响值日的小事》（有本书叫《642件可写的小事》）。上了初中后，小灿改善了不少，但是仍然会有不值日的现象。在小灿看来，值日就是鸡毛蒜皮的小事，没有含金量，不像在篮球场上，可以得到掌声与认可。所以，他就会找各种借口不值日。为此，我们俩还来了一场“智斗”。

“老师，不是我不想值日，是真的不能值日，因为我今天有篮球社团，我们要去比赛，作为主力，我真的不能迟到！”

“说实话，老师特别替你开心，能当上校篮球队的主力，你真是好样的！所以，我觉得，的确不能迟到。”

“谢谢老师的夸奖！我就说嘛，我不值日是有理由的。那我就去馆里了。下次我再值日。”

“小灿，不用下次，这次就可以。你训练完，再回来值日就行。”

“为什么？”

“篮球训练和做值日并不冲突，只是‘先做和后做’的问题；而且两件事都是特别好的事，篮球赛，可以彰显你的个人魅力；做值日，可以体现你的奉献精神。”

“关键是太晚了，做完值日，都六点了。我自己回家，我妈会担心我的。”

“这点你不用担心，你妈和我说了，每周五社团，她都会来接你。而且她也说了，周五要开会，你们之前也约定好了，就是六点半校门口集合。我想，将近一个小时的等待时间，足够你完成一个漂亮的值日了。”

小灿呈现出痛苦的表情，说道：“老师，那我不去社团了。我值日吧！”

“这可不行！马上篮球比赛了，你又是主力，怎么能迟到呢？快去吧，一会我去篮球场给你加油，等结束后，咱俩一起回班值日。”

“那行吧，老师，您真的太绝了！”

在小灿打扫班级的过程中，针对值日这件事，我们又聊了很多。我告诉小灿：“把一件看似很小的事，做得很精彩，更能体现你的价值。而且，当大家发现，小灿不仅是‘投篮王’，而且还是‘值日星’的时候，你会得到更多的认可。”那天，小灿认认真真地把班级卫生打扫一遍，一个死角都没放过，以至于同学们第二天来的时候，都以为班级做了深度清洁。这次值日不仅让小灿获得了当周卫生标兵，得到了同学们的认可，更让小灿的思想向着正向发展，开始以积极的态度面对问题。而这部长达 N 季的《642 件可以影响值日的小事》也正式断更。

三、成长励志剧：携手参演《心愿挑战》

我们常说：“人生不努力，就是思想有问题。”那是不是思想没问题了，我们就可以战无不胜了？当然不是，就像小灿，思想和意识都对了，但是也进入了新的阶段，用小灿自己的话来说，就是“大道理都懂，好方法也会，但就是做不到”。其实，出现这种情况的原因有很多种，比如对道理的理解出现了偏差、内心想做的愿望很弱、追求即时回报等，这些都是青春期的学生会出现的问题。如果我们把更多的精力放在“指正、指导，甚至指责”上，学生会觉得我们是“站着说话不腰疼”。所以，我和小灿制订了一个共同成长的方案，我也从“站在高处指导的老师”变成了“与他并肩奋斗的战友”。

成长方案大纲：

每人写下五个挑战心愿交给对方。

由对方帮自己选择一个最有利于成长的挑战心愿。

双方共同打卡 21 天，互相监督提醒。

当时正值期末，我就帮小灿选择了一个和学习有关的挑战——每天用思维导图来复习；小灿也为我选择了减肥挑战，还替我制订了计划。“崔老师，减肥不仅要练得好，还要吃得好。为了更好地帮您改变油腻的状态，请您把每日三餐及健身状态都拍照发给我，我来监督您！”为了证明我俩都不是“说大话、放卫星”，在全班的见证下，我们写下了契约书。

那天开始，我们就开启了“相爱相杀”的模式。

“请在规定的时间里，发给我思维导图，否则我将夺命连环 Call！”

“请崔老师停止摆拍，我要看到您的健身动态，而不是美图秀秀！”

还记得有一天，疲惫的小灿告诉我：“老师，我真的太难了，真的觉得坚持不下去了！”

“小灿，老师特别理解你！我也很难，我今天上午四节课，下午教研活动，晚上还要去健身。我进健身房的那一刻，做了半个小时的心理建设。”

……

在计划实施的日子里，我们有过“相互鼓励”，也有过“相互伤害”，有过“满满鸡血”，也有过“难以坚持”。好在结局是美好的，期末考试，小灿进步 37 分，而我则成功甩掉 11 斤肉。

学期总结那天，小灿拿着最佳进步的奖状，我站在体重秤上，在大家的笑声和掌声中，我们大手拉小手，完成了共同成长！

或许你会觉得，小灿的故事已经是结局了，但其实还会有下一部。因为反反复复、跌跌撞撞，才是最真实的他们……

教育反思

相比于小学生，初中生心理发展最突出的特点表现为自我的觉醒，自我意识的变化，斯普兰卡称之为“第二次诞生”。也正是自我意识的出现，使他们的独立性、成人感日趋增强。正如小灿表现出来的，渴望证明自己，期盼他人尊重。但用投诉教师搞作业攀比来尝试挑战教师的权威、证明自己的存在和力量，也体现出“小灿们”由于思维的深度及生活经历的限制，在理智、情感、道德等方面与成年人仍有很大的差距。

另外，与小学生相比，初中生的行为动机和目的性、自觉性都有所增强，但从采取决定到发起行动，需要相当艰苦的意志努力，因此在行为层面上，初中生往往会出现“大道理都懂，好方法也会，但就是做不到”的情况。

在此基础上，教师就需要发动教育智慧，给学生方向上的指引和方法上的指导。

首先，初中生心理发展的重要任务之一是积极自我信念的培养。作为初中生重要他人之一的教师，需要通过积极的鼓励，帮助学生获得成功经验，提高学生的自我效能感，使其建立积极的自我信念。因此，教师对于小灿的问题不是一味地批评、指责，而是把小灿自导自演的“投诉难题”交给他自己处理，这不仅在信任中赋予小灿积极的力量，更挖掘了他自身内在的生命力。让学生既有身担重任的责任感，又获得成功处理问题的效能感，从而建立积极的自我信念。

其次，教师应该改变以往权威者的身份，运用平等的沟通方式，了解学生的诉求，引导学生走出困境。一方面，要尽可能地满足学生的合理要求；另一方面，针对学生不合理的要求，要进行正确的疏导，最好以朋友的身份来进行建议、引导，让学生认同自己的建议和观点。比如，可以通过互相监督、榜样示范等方式培养学生良好的行为习惯。虽然在常人看来，师生互相监督的方式似乎让教师“很没面子”，但实际上，教师诚心接受监督，对学生有更强的激励作用。在同学心目中，教师的威信非但没有下降，反而更高了。因此，教师的真诚、平等的态度能够赢得学生们的信任，让师生关系更加和谐；而以实际行动来互相监督，也是在行动上固化行为习惯，这也是提升教育效果的保证。

除此之外，共情也是解决学生问题的有效良药。以小灿为例，他在处理问题时，会用情绪代替逻辑。所以，要想和他更好地沟通，一定要先做到共情。当教师理解学生所表达的情绪、情感、动机和思维后，学生的内心就会产生一种安全舒适的感觉——教师与我思维一体，他在和我一起思考解决的办法。因此，面对青春期的学生，教师可以运用“共情”技巧，尝试进行感情上的联结，把对他的理解通过合适的方式表达出来，在给学生深度陪伴的同时，也能更好地激发他们的潜力和动力。

当教师之前，以为教育通过一次对话或是一个活动，学生就能“一夜长大”；当教师之初，感觉教育应该是一部电影，几段特别事件、几次知心交流，学生就应该能华丽转变；到后来才发现，教育其实是连续剧，有突发事件、有普遍问题、有琐碎小事……理解了教育的复杂性、长期性、细致性，我们才会在带班育人的过程中减少不必要的自我否定和过度焦虑，从而以良好的心态，迎接一个又一个问题。就像是面对小灿这样的学生，我们不仅要找到行之有效的策略，还要有足够的耐心。有时候，最朴素的方法——契约与陪伴，也能成为最有效的捷径。

驱“阴柔之美”，创阳光之风

石景山区实验中学 宛婷

教育故事

肖同学一边揉着自己的衣角，一边低下了头，一脸窘迫，委屈地说道：“老师，我真不是他们说的那样……我也没想到事情会这样，我就是觉得这样好玩，大家喜欢看。”

这到底是怎么回事呢？事情要从两周前说起。

一天，一位女生哭笑不得，表情复杂地和我说：“老师，咱们班男生太‘娘娘腔’了！真让人受不了！”我听完疑惑不解，她又说道：“他们还相互叫宝贝，女里女气的。”

根据以往的经验，我没太把这个当回事。因为我现在所带的这个班级是刚从小学升入初中，初一学生对同学、教师都比较好奇，也充满了对新班级、新环境的期待。虽然学生来到了中学，但大家的心理年龄普遍较小，女生课间相互挽着手去洗手间，或者两个男生挤在一个座位上聊天，也不是特别反常的事，我觉得只不过是男生相互逗笑，一起偶尔心血来潮的玩闹罢了。

不过后来的发展却出乎我的意料。

一天中午，我经过走廊就听到班里一个男生提高了嗓子，用怪里怪气的调子说：“哎哟，我的小宝贝，快给你喝点水。”

另一个男生也是提高了调子，慢悠悠地说道：“好的，亲爱的，你对我真好！”

“哎呀，你为什么不给我水喝？”第三名男生也开始了他的拿腔拿调、怪声怪气的表演……

听到这番另类对话，旁边的同学有的一脸的厌恶，有的无比惊讶，更多的则是无可奈何地苦笑……

见我走进教室，女生们纷纷跟我诉苦：“老师，咱们班男生实在是太恶心了……他们就不能好好说话吗？”

“老师，听他们这么说话，我午饭都吃不下去！”

这时，我才意识到，恐怕这不是某位男生的偶然玩闹，这几天恐怕都成了班级“常态化表演”了。

震惊之余，我又冷静地反思了一下班级男生的日常表现。开学近一个月了，课堂上、班级活动中，我都没有发现班级男生中存在“女性化倾向”的行为，其他教师也没有向我反映过男生的“异常行为”或者“异常心理”。

最了解班级情况的还是同学们自己，所以在晚总结时，我在班中做了一个调查问卷，全面了解一下情况。问卷的主要内容是让同学们说说男生展现“阴柔之美”的来龙去脉，以及同学们对男生“阴柔之美”的看法。

在同学们上交的问卷中，我明白了事情的原委。首先是由肖同学开始，故意模仿女性丑态，用丑化女性形象的、矫揉造作的音调说话，这种“哗众取宠”的行为，同学们开始觉得非常搞笑，在课间、午餐时偶尔这样说说，同学们并不反感。不过后来事情愈演愈烈，男生们纷纷效仿，班级中除了三四位立场比较坚定的男生，其余男生或多或少都扮演、丑化过女性，通过“扮丑”来博得大家一笑。渐渐地，同学们，尤其是女生们非常反感，觉得男生“不正常”，有的女生甚至直接说男生“心理有问题”。

了解事情的始末后，我联想到开学以来肖同学的表现，他是一个特别渴望被关注的学生，总想着用特别的方式获得别人的重视。正好，借着这个机会，我决定从事情的“始作俑者”肖同学入手，找到解决问题的突破口……

在课间操后，我悄悄地将肖同学留了下来，他似乎已经猜到老师的意图，手足无措地低下了头。我拍了拍肖同学的肩膀，故意夸张地说：“我听说你现在成大明星了？男扮女表演可厉害呢！”肖同学尴尬地笑了笑，不好意思地说：“老师，我知道您说的什么事情，我那样说话就是觉得好玩，咱们刚开学，我和大家也不熟，但是我发现我一那样说话，其他同学都觉得逗乐，我就想逗大家玩玩，这样就和大家都熟了。”小肖一脸委屈地答道。

“今天上午老师调查了大家对这件事的看法，你想看看吗？”我拍了拍手中的问卷，故作神秘地看着他。

“嗯。”肖同学不住地点头，期待的眼神紧盯着问卷。

我把手中的问卷郑重地交给肖同学，他接过来迫不及待地一张又一张地翻阅着，兴奋的眼神慢慢暗淡了下来，越看眉头越紧，脸也变得通红，满是尴尬和委屈。

“那开始的时候，他们也没讨厌这样的行为呀，还哈哈大笑呢，怎么现在就不喜欢了？”肖同学仍旧迷惑不解，不明白为什么同学会变了态度。

“开始同学们哈哈大笑，不是因为你幽默风趣令人愉悦，而是因为你的举动过于滑稽，不过这种笑，是建立在你丑化女性形象，降低自身尊严的基础上，这样的模仿行为，其实对他人、对自己，都是一种伤害，所以同学们会厌恶，会反感。”随着我的深入讲解，肖同学似乎有所感悟。

“小肖，我知道你并不是纸条里写的那样的人，那是同学们误会你了。不过，你也的确要注意自己的言行。咱们是新组建的班级，同学间并不是太了解，他们一般通过观察别人的言行来了解其他同学。所以希望你今后能三思而后行，可不能为了逗大家开心就不顾一切呀。”

肖同学听完我讲的话，若有所思地点了点头，坚定地看了看我，又不好意思地笑了。

肖同学走后，我不禁反思，为什么他会有这样的行为呢？为什么班级男生“阴柔”之风会愈演愈烈？十二三岁的男孩，恐怕都知道模仿“丑陋的行为”是不好的，但为什么还纷纷效仿？

“我一那样说话，其他同学都觉得逗乐”，这句话引起了我的注意。小肖和其他几名同学，不惜牺牲自己的尊严，来“博人眼球”，来“求关注”，恰恰是因为他们想尽快融入集体，想和同学尽快打成一片。只不过，他们把同学的“惊讶”理解成了正常的“关注”，把同学们无奈的苦笑理解为“心情愉悦”。

为了照顾男生的尊严，放学后，我把全体男生留下，单独在班里开会。其实，男生们都知道前段时间行为举止过于“阴柔”很不恰当，但并没有想到会令其他同学如此反感。我又趁热打铁，引导他们思考：“什么样的男生形象，才是更受大家欢迎的？”

男生们七嘴八舌地讨论开来。“有阳刚之气，有担当精神的男生会更受欢迎。”“干活不怕脏不怕累，吃苦在前享受在后的人受欢迎。”“彬彬有礼，照顾女生的。”不想被女生“看扁”的男生们，此时纷纷精神抖擞，说出了他们心目中的班级男生新形象！

随后，我在班级召开主题为“魅力形象我打造”主题班会，让同学们说说心目中的异性魅力形象，同学们七嘴八舌地讨论开来。

“有阳刚之气，有担当的男生更受欢迎。”

“有责任感、善良的男生更有魅力。”

“男生还要诚实、稳重。”

“大方、性格开朗的女生有魅力。”

“既温柔体贴，又自信坚强的女生更有魅力。”

“不管男生女生，乐于助人、关心集体的同学肯定受大家欢迎。”

通过讨论大家发现，其实不管男生女生，优秀的品质才是散发魅力的关键。

在班会尾声时，我总结道：“同学们渐渐长大，进入新的集体，渴望被人关注，渴望友谊，这种想法很正常。但是哗众取宠，故意‘卖乖’‘扮丑’的行为并不能带来积极的关注，也不能收获友谊，所以我们不要做青春的小丑，要做青春的佼佼者，做最真实的自己，用为人来证明我们的优秀……”

班会结束时，同学们结合自己的实际情况，深入思考，奋笔疾书，写出自己的小目标，不断完善自我，用自己的实际行动，打造属于自己的魅力形象。

适逢年级运动会，班里男生们纷纷秀出自己的“阳刚之气”，课间掰手腕，锻炼臂力，互相监督平板支撑，挑战恒心与毅力，讨论实心球的投掷技巧，潜心提升技能……女生们也不甘示弱，和男生一起晨跑，为接力赛做准备。队列练习时，同学们齐心协力，步伐整齐，口号响亮，展现青少年应有的阳光形象。往日的“阴柔之美”一去不返，阳光积极的班级氛围逐步展现。

教育反思

初一年级，是初中阶段的起始年级，学生们正处于从幼稚向成熟过渡，半成熟和半幼稚、独立性和依赖性、自觉性和盲目性错综复杂的阶段。有人形容初中生“一半是儿童，一半是青年”。这时期正是初中生生理变化巨大，心理波动较大，容易产生较多心理困扰的时期。

著名心理学家埃里克森认为青春期的核心任务是建立自我同一性。因此，这一时期的少年要建立一个新的同一感或自己在别人眼中的形象，以及自己在社会集体中所占的位置。所以学生“渴望被认可”“渴望被接纳”的心理会特别迫切。想要把更好的自己展现给新同学，同时却又不知道该如何展现；想要被认可、被关注，又不知道怎样才能获得他人的认同。所以才出现看似荒诞的行为，但背后其实隐藏着其渴望被集体认可与接纳的正常内在需求。

初一男生出现模仿女生的现象也存在性别意识的萌芽，青春期的初中生，在生理和心理上都发生着巨大的变化，其中以第二性征发育为明显标志的变化往往会给初中生带来极大的困扰和问题。随着年龄逐渐增长，学生对于自己的性别逐渐产生认同并意识到各自性别的社会期许以及男女两性间在体形、情感、认知等方面存在的诸多差异，这都有利于身心的发展。初一年级的学生（12～14岁）正处于性别角色分化和性意识急速发展的时期，随着社会化的增加，对异性存在着神秘感与戒备感，容易受社会因素影响出现性别刻板印象，从而对人际互动产生影响。故事中的男生对女生的行为、特征予以僵化的理解，如矫揉造作与女性画等号正缘于此。加之其作为“网络原住民”，可能会受到网络上不良文化的影响，因此需要教师对之进行一定的指导，适当引导学生正确对待性别差异，消除性别偏见。

若班主任只看到了肖同学的异常行为，而不加分析他背后的心理动机，甚至对他只是劈头盖脸地指责，那肖同学会幡然悔悟吗？若只是“头疼医头、脚疼医脚”，简单制止了“扮丑”行为后，同学们会不会又想出其他办法来“博人眼球”呢？

在初中生自我意识发展的第二个高峰期，教师要承认并尊重他们的成人感，弱化教师的权威性。对于学生不恰当地评价自己和他人的情况，不要过多指责，而要给予充分的理解，积极引导、鼓励。

在化解“阴柔之美”，创阳光之风的过程中，我们也有一些方法值得借鉴。

1. 换位思考，感情上联结，是解决班级问题的前提

在处理班级工作时，若只站在成人的角度思考问题，“阴柔之美”的确让人难以接受，但若深入分析学生的身心发展阶段，就能理解学生渴望独立，想要把更好的自己展现给新同学，却又不知道该如何展现的困惑。从而分析出学生看似荒诞的行为背后，其实隐藏着“渴望被认可”的正常内在需求。换位思考，才能找准“病根”，有的放矢地帮助学生成长。

2. 激发智慧，思想上打动，是建设班级风气的关键

班级问题，换个角度思考，也许就能成为班级进步的阶梯。

在问题的解决过程中，我不是将焦点放在“阴柔之美”这件事，而是由此深挖背后的普遍心理需求，将其引申为让同学们说说心目中的异性魅力形象，这就大大调动了学生的参与积极性，激发群体智慧，共同思考困惑。在与同伴的交流中，同学们关于为人处世的道德学习，不是“教师教”，而是在“与同伴学”“与同伴思”的过程中习得而来，这样的学习方式让学生们更加认同且信服，为后续积极班风的打造奠定良好基础。

3. 跟进活动，行动上固化，是提升教育效果的保障

同学们在思想上明辨是非后，更要结合实际活动固化认识，巩固思想转化成果。“男女大比拼”的活动，就是引导学生将理论结合实践，从“知道”到“做到”，在实践中学会如何与人相处，提升自身修养，才能成为更受同学欢迎的人。

在班级管理中，班主任不仅要看到“眼前的行为”，更要广泛调查询问，深入思考其背后的内在心理动机，帮助学生换一个角度思考问题。利用班会等形式，让学生自己讨论是非对错，凝聚集体智慧，引导学生明白，原来那些看起来“老掉牙”的品质，依旧是最吸引人的魅力，也是真正“求得关注”的秘诀。只有积极向上的优秀品质，为班级奉献，为他人着想的善良品格才能帮助新生更好地融入集体。班级的文化建设，也就在这一次次“纠偏”的过程中得以孕育，在一次次思想碰撞中得以成长，在一次次反思改进中得以升华。

日记本中的“小秘密”

北京市同文中学 于洋洋

教育故事

一、“惊天雷”

“洋洋，你现在忙吗？”

“还行，有啥事您说。”我停下手头上的事情，扭头看向身旁问我话的语文教师。

“有件事不知道怎么跟你说，但我觉着还是得跟你说一下，让你知道。”

一向快人快语的语文教师，今天说起话来怎么这么绕弯子？我开玩笑地说：“您说吧，我受得住。”

她转身从桌子上拿起一个本子，说道：“这是今天早上收的日记本，我估计小颖是交错本了，里面写了些东西，不知道该不该给你看。”

带着疑惑，我翻开这“神秘的日记本”，从头仔细看起。起初我以为是学生抄写的“爱情小说”，但越看越不对劲，后面的文字中竟然出现了对于“接吻”的细节描写，以及对“性”的描述，并且还夹杂着其他学生的名字。一时间，我想到了很多不好的事情，甚至猜测是不是有学生想“偷尝禁果”。

我的天，这可是初一啊，怎么会这样，短短几十行的文字描述已让我有些天旋地转，不知所措。我傻呆呆地坐在工位上，看着对面一脸担心的语文教师。我仿佛瞬间明白了她的一反常态，吞吞吐吐。

“洋洋，你没事吧？”听到她的这句询问后，我突然缓过神儿来，随之鼻子一酸，眼泪夺眶而出。说不出是委屈还是气愤，脑子里一直想着：怎么办？怎么办？

哭过之后，心情稍许平复，我在心里告诉自己一定要冷静，把事情搞清楚。然后硬着头皮再次翻开那个让我心绪不宁的日记本，努力搜寻着“蛛丝马迹”，生怕漏掉一丝一毫的关键信息。果然，我发现日记中提到的名字都是男生，没有女生，而且字迹明显不是出自同一人之手，描写和用词更像是“抄写”或“仿写”小说情节。最重要的是，我推测应该没有发生我担忧的逾越行为。此刻悬着的心虽然落了一半，但在事情还没有完全明朗化的情况下，始终心神不定，况且这样“不合身份”的用词和情节描写让我很是忧心。

二、迷雾重重的日记本

下课铃声已经响起，不由我再三思量，我整理了下心情往计算机教室走去，准备上第四节课。在离下课前 15 分钟左右，学生们一边做着本节课的上机作品，一边与我聊着年级里的一些“小八卦”。

“于老师，您知道咱们年级最近流行的那本日记吗？”一名女生神秘地问道。话音刚落，原本安静的课堂顿时“活跃”起来，有几位女生抿着嘴偷笑，还有人示意她不要继续这个话题。

我下意识地联想到她口中的“日记本”可能与早上我看到的那本日记

有关，为了能够获取更多的信息，我故作淡定，用略带轻松的语气回她：“略有耳闻。”

此话一出，几乎所有女生都瞪大了眼睛，脱口而出：“啊？老师您知道啊？”“老师怎么知道的？”……班里几个男生此时也左右环顾，连连询问旁边的女生发生了什么事情。我一边微笑地看着他们，一边催促他们尽快完成作品。

这时，最先发问的女生反问：“于老师，您真的知道吗？”看着她微微挑起的眉毛和略带试探的语气，我感受到她的“步步紧逼”和不断“窥探”的意图。

“你觉着呢？”我双手交叉环抱在胸前，微微抬了下头看着她，不紧不慢地回道。

“那您知道你们班也有人参与吗？”听到这句话我心头一震，果然与早上提到的那本日记有关，显然，此事还涉及其他班的同学。为了不影响课堂教学，我以下课前要提交作品为由，中止了这个话题。课后，这位女生和她的好朋友单独留了下来，继续试探我的口风，想知道我已经了解了多少“内情”，以及如何处理涉事的学生。我趁势顺藤摸瓜，“探”到了事情大致的来龙去脉，知道了参与写这本日记的都是女生，似乎还是她们之间的某些“小秘密”。

三、云开雾散的心中惑

面对这样一群朝气蓬勃，什么都懂又不懂的学生，该如何开口？哪些能说，哪些不能说？这个“度”该怎么把握？如何真正走入她们的内心呢？问题蜂拥而至，令我困惑不已。思来想去，我决定先从个别谈话开始，逐一

“击破”。

当天体育课和晚自习的时候，我找了一间会议室，分别与这两位女生进行了谈话。

在空旷的会议室中，我与女生小琳相对而坐，中间隔着一张大圆桌，她低着头，似乎在抠着手指，一言不发。

“小琳，你知道我为什么找你吗？”我看着她，尽量用平缓的语气问道。

她点了点头，依旧低着头不说话，与往日那个爱笑直爽的她截然不同。

“你是个直爽的小姑娘，平时跟老师们很亲近，大家都非常喜欢你，特别是你直来直去的性格，所以我也没有跟你绕圈子，只是想了解一下情况，如果你有什么顾虑可以直接跟我说，我保证在不违反原则的情况下，一定不会告诉其他人。”说完，我便静静地等待着她的回复。

等待的过程中，会议室异常安静，安静到可以很清楚地听到时钟嘀嗒嘀嗒走动的声音。小琳一直保持着沉默，我本想再说些什么打破这种“僵局”，但忍住没有开口。我想给她充分思考的时间，而不是一直听我在说。

渐渐地，我听到了断断续续的抽泣声，我站起来走到她身边，将纸巾递给她，轻轻地抱了抱她，顺势坐到她身旁。

“老师非常喜欢你，也很信任你，所以想听听你的想法。”

“老师，您能别告诉我家长吗？”小琳低着头，摆弄着纸巾，声音很小。

我将手放在她的手上，轻轻握住，稍微凑近她：“我能够理解你的顾虑，老师先找你了解情况，并没有先联系你的家长，对你是非常信任的，也希望你能够信任我。但如果这件事情涉及你的安全，你的家长是一定要知道的，这点也希望你能够理解老师。”

“嗯，我明白。”小琳边说边点头。

接下来，在小琳的叙述中，我了解到事件的始末。起因是近期有一部热门的韩国漫画，讲述的是两个男生之间的友情，但作者在描写时，有一些较暧昧的词汇，让人浮想联翩。女生们看了之后，觉着男生与男生之间的“小暧昧很甜”，因此就模仿漫画中的故事情节和写作手法，一起仿写。但写着写着，就加入了同学的名字，想象着身边也有这样“浪漫”的同性爱情。

在确认没有“偷尝禁果”的事情发生后，我问小琳是否知道对于“接吻”和“同性之间一些暧昧行为”词语描述的意思时，她先是点了点头，愣了一下又摇了摇头。

“老师，我大概知道，但又不确定是不是我想的那个意思。”她似乎有些不好意思。

“这真把我说蒙了。”我笑了笑看着她。

“老师，我在网上看过类似的词，大概知道什么意思，但又不确定。我知道这些词不好，后来我就没再写了，也跟她们说别再写了，被老师发现肯定要告诉家长。真的，老师您相信我。”说到这里，小琳抬起头，认真而又坚定地看着我，好像怕我不相信她。

我挪了挪自己的椅子，更靠近小琳，“谢谢你这么信任我，愿意将真实的想法告诉我，我能理解你现在的一些想法，毕竟老师也是从你这么大过来的。”

然后，我问她愿不愿意听听我初中时的一些“小秘密”。小琳抿着嘴笑着点了点头，似乎对于我的“小秘密”很感兴趣。于是，我与她分享了我初中阶段一些关于“爱情”的小故事，以及我当时对于“爱情”的一些小想法，其间，小琳还会好奇地向我发问。

接下来的时间里，谈话的气氛轻松了很多，甚至在说到女生的一些“小秘密”时，她还会一边重重地点着头表示认同，一边发出“啊，老师，您也这样啊！”的感叹。此时，我很庆幸自己及时找学生了解事情的真实情况，而不是凭自己的想象妄下论断。在小琳的叙述过程中，我了解到，女学生们对“甜甜的爱情”故事比较感兴趣，对“性”既好奇又羞涩。而目前对于“生理知识”的教育很少，学生们大多从网络或同伴处获取相关信息，就容易造成正常的“生理知识”变得非常神秘。

在与两名学生交谈后，不仅我轻松了很多，也能够感受到学生们松了口气。谈话的后半段，她们也觉着自己“很好笑”，表示挺正常的一件事情搞得神神秘秘的，反倒让自己很被动。最后，我再次询问是否可以跟家长沟通一下，两个学生表示不希望让家长知道她们参与写过这本日记，但是可以跟家长聊一聊“性教育”的问题，希望家长能够像班主任一样，可以跟她们“正常”地聊一聊这方面的话题。看着两个女生能够笑着跟我聊她们看似幼稚的行为，谈论着她们内心真实的想法，我既感到开心，也在思考如何跟班里其他女生和她们的家长谈论“性教育”的问题。

当天晚上，我先是请教了生物教师有关人体生理方面的知识，了解学生目前在生物课上学习了哪些相关知识，然后又与语文教师，同时也是一位带班经验非常丰富的班主任请教如何与家长谈及“性教育”，应把握的“度”是什么等相关问题。第二天，我分别与这两位女生的家长当面谈了谈青春期女生心理和生理方面的变化，希望家长找个合适的时机以朋友的沟通方式跟学生聊聊“性教育”话题，在拉近亲子关系的同时，也能够正确引导学生正视“性知识”，避免通过网络或同伴之间交流获取不太正确的信息。

在此次事件中，年级里不少女生都参与了“日记本”中故事的编写，大家都是在好奇心的驱使下，对“爱情”和“性”想有进一步的了解，但缺乏家长和学校的正确引导与相关理论知识的传授，又羞于开口询问教师和家长，因此才会聚在一起探讨、模仿。经过这件事情，我也在思考和计划，在初中阶段开展青春期性教育的班会，请生物教师和心理教师共同参与，帮助学生正确面对青春期的“小秘密”。

教育反思

初中阶段的学生，由于生理上的明显变化，随之而来的是心理上微妙的波动，此时正处于人生发展的一个重要转折关头，心理学称之为心理发展的第二个危险期。这一阶段也是心理发展从幼稚走向成熟的转折时期。最突出的特点是自我的觉醒，他们的心理呈现出与童年时期大不相同的特点，身体发育日趋成熟，独立性、成人感日趋增强，但由于思维的深度及生活经历的限制，在理智、情感、道德等方面与成年人有较大的差距，使他们考虑问题时不够全面，因此初中生心理发展滞后于身体发展，容易产生矛盾冲突。

特别是女生，内心情感丰富且敏感，不善于恰当表达自己的情感，面对感情问题处理依旧比较幼稚、片面。正如小琳提到的：看到漫画里描写的人与人之间的“小暧昧”时，自己也会对“爱情”有憧憬、有期待，似乎那些“甜甜的爱情”自己也会遇到，或者降临在身边人中。一方面，这些“心里话”不愿或不知如何对教师、父母讲；另一方面，她们又希望有人来关心理解自己内心情感的需要。在这种“矛盾”下，她们会选择对自己的好友倾诉心声或将秘密写在日记本中交流。这也是初中阶段对友谊的认识表现出与小学儿童很大差异的表现。

同时，初中生的各种生理、心理和社会需要迅速发展，常常对事物表现出强烈的好奇心。一方面，由于性器官和第二性征的发育导致性意识觉醒，她们想知道为什么会发生这些变化及以后还会有什么变化，他们开始关注异性，产生与异性交往和了解性知识的冲动；另一方面，由于受到环境和舆论的压力，他们又羞于向教师、家长等权威咨询，不得不压抑这种冲动，如果成人对于性知识也遮遮掩掩，就会让性知识变得更加神秘。正常获取性知识的“正门”被锁上，或者不愿意打开，那么，正处在青春躁动期的学生就可能“跳窗”“翻墙”，从非正规渠道获取知识。而在互联网快速发展的时期，很多网络用语和情感类的小说、漫画、视频等对初中生影响很大，更容易导致像小颖、小琳这样处于青春期的女生盲目仿写“爱情故事”情节，并在憧憬、期待“爱情”降临中将现实与幻想混在一起。正如小琳所表述的：对一些“暧昧”词汇似懂非懂，看到这些描写，有些“小兴奋”，同时基于伦理道德又感觉有些“小羞耻”，不敢跟家长、教师说，只能与同伴交流。

首先，家长和教师要正确看待青春期学生想要探究性奥秘的问题，这是少年时期的正常表现，要自然地、合理地加以正确引导，不应回避此类问题，甚至是简单地通过压抑来消除这种好奇心，反而将正常的生理知识“神秘化”。造成学生更加好奇，想一探究竟，但又没有正确获取知识的途径。此时，应针对他们的好奇心加以正确引导，让他们知道如何通过正当渠道得到正确的、科学的性知识及异性交往知识，并小心呵护学生的好奇心和求知欲。

其次，尽量不要以成年人的思想揣摩学生的想法。在刚看到日记时，我脑中一片空白，甚至不能接受，冷静下来回想这个过程，一部分原因是我先入为主，把成年人的思维带入初中阶段的学生。初一学生虽然已具备一定的逻辑思维能力，判断是非能力，但依旧是片面的、半幼稚的。因此需要家长和教师耐心地倾听。

最后，与学生的沟通，要建立在相互信任和尊重的基础上。初中学生处在自我同一性和角色混乱的冲突阶段。此时，需要从他信赖的人们中获得所期待的认可和尊重，在与学生谈话时，涉及敏感问题，要尊重学生的隐私和意愿，达成思想上的统一，再以共情的方式，缓和气氛，找准关键点进行引导。

做一朵迎风盛开的花

北京市第九中学分校 朱爱丽

教育故事

“朱老师，谢谢您，因为初中遇见了您，给了我这段最美好的时光。”带着学生观看完《老师好》这部电影后，晚上我收到了小琬的短信，透过简单质朴的话语，我读懂了小琬对我表达的真挚情感，感动满溢之余，也勾起了我们之间的回忆。是的，我们之间因为爱，书写了太多美好而感动的故事。

一、军训风波

八月下旬，学校操场，虽是上午十点多，可已是烈日当头。这正是初一学生们军训的第一天。走正步、站军姿、喊口号……在教官的指导下，学生们斗志满满，动作做得越来越规范。学生们的额头渐渐渗出粒粒汗珠，可是稚气未脱的脸上多了一丝丝坚毅，我适时地为学生们加油打气。我一直跟在队伍中观察每个学生的状态与表现，却忽略了站在旁边树荫下的一个姑娘——小琬。

是的，小琬不能和同学一起参加军训。暑假电话家访时我已了解小琬的情况，她由于肢体残疾，走路时一跛一跛的，无法参加正常的体育运动。这次军训本可以申请不参加，可是小琬妈妈说她执意要和同学们一起军训，即使不能参加也要在一旁站着，我心里暗暗佩服这个姑娘。

终于盼到了休息时间，学生们欢呼着冲向阴凉处，拿起水杯咕咚咕咚地大口喝起水来，还不太熟悉的学生们也开始聊起天，男生女生各自聚到一处，叽叽喳喳，我笑着看着学生们。

大嗓门的小伟，突然跳出来，指着小琬说："她为什么不参加军训啊？看她可一点也不累！"

旁边一个男生紧跟着附和："就是，我和她小学时是一个班的，她总是不参加体育运动，站在旁边看热闹，不用像咱们一样挨晒。"

这时，几个好奇的男生也都凑过去听。

我顺势望向小琬，她看到同学们的目光，一时无措，只是默默地站着，面露难色地低下了头。哨声响起——学生们又开始军训了。

我想，大部分学生军训，疲惫之中，看到有的同学不军训，心里难免会有一些不平，就会戴着有色眼镜看待小琬。我赶紧走到小琬的身边，她看到我，忽闪着的大眼睛里似乎含着泪水，弱弱地叫了一声："老师！"

"小琬，我觉得你的名字特别好听！"我微笑着说。

听了我的话，她有些紧张的脸上立即绽放了笑容："嗯，谢谢老师，我的名字是爸爸妈妈给我起的，这个'琬'字，妈妈说是美玉的意思，她也希望我像美玉一样。"

看到小琬慢慢放松下来，我接着说："朱老师知道，你其实也特别想和大家一样参加军训，是不是？"

她轻轻点了点头："可是，我……"

“老师知道你的想法，也特别理解你的感受。可是有些同学不太了解你的情况，可能会有些好奇。其实，这没有什么关系，每个人都有自己的短板，我们要学会接受自己，并且让自己变得更好！”

小琬抬起头，眼里显出笑意。

“这样吧，小琬，老师有一个建议，天气这么热，同学们都在军训，特别辛苦，你能不能帮助同学们打满水，让同学们休息时就可以喝上白开水？你看，饮水机就在那边！”

“嗯嗯，好的，老师，我可以！”小琬开心地接下这个任务。

由于走路慢，小琬一次又一次地抱着两三个水壶去接水，不一会儿就热得大汗淋漓，但是却毫无抱怨。小琬把同学们的水杯整整齐齐地码成一排，坐下来稍微休息。我赶紧用手机拍下这张珍贵的照片。

又是一个休息时间，学生们欢呼雀跃地跑过来，发现自己空空的水杯竟然接满了水，喜出望外，我赶紧说：“同学们，小琬同学看到大家这么累又这么渴，一趟又一趟地帮助大家把水杯接满了，我们该对小琬说什么呀？”“谢谢小琬！”小琬听到大家的夸奖，脸上露出灿烂的笑容。

一天的军训结束了，我在教室进行当日总结：“大家忍住酷暑坚持训练，越来越整齐规范，像个小战士。而小琬同学虽然由于身体原因不能和大家一样参加军训，但是她一直在我们身边，默默地为大家服务，帮助大家打水。我们初一（1）班没有一个人掉队，每位同学都是好样的！告诉大家一个好消息，咱们班今天由于水杯码放整齐，内务评比获得了第一名！大家把掌声送给我们自己！也送给小琬！”话毕，小琬脸上露出了笑意，其他同学也对小琬投来欣赏敬佩的目光。

放学后，我单独留下小伟，问问他今天的感受。小伟不好意思地说：

“老师，今天小琬帮助同学们接水，还为咱们班内务评比立了大功，特别了不起，我也要向她学习！”

我轻轻拍了拍小伟的肩膀：“小伟，好样的！你和小琬已经成为初中同学了，你更要在学习生活中多帮助小琬，你们一起进步，好不好？朱老师相信你是一个有责任有担当的学生！”

“放心吧，老师，肯定没问题！”小伟使劲地点点头。

晚上，我把小琬的照片发给了小琬的妈妈，并特别表扬了小琬为班级做的贡献，我在微信中和小琬妈妈达成一致，以后经常沟通，给小琬更多积极的鼓励，共同帮助小琬建立自信。

五天的军训生活就这样过去了，小琬和同学越来越熟络，班级洋溢着积极温暖的氛围。我也根据学生们的性格能力差异，把小琬、小伟，还有性格温柔细致的班长小繁分到一组，并嘱咐小组之间互帮互助。同时也给小琬安排了卫生委员这一班级职务。

二、一堂语文课

“同学们，朱老师祝贺你们成了一名初中生，希望你们每个人都可以通过自己的努力，成为一名懂感恩、明事理、会学习的学生！”台下一双双充满好奇和求知的眼睛，让我心生感动。

“先请同学们看这段农民工写给初三学子的寄语，请大家结合自己的体验，谈谈你的感受。”

两分钟后，同学们纷纷举手发言，我看到小琬微微抬了抬胳膊，慢慢把右手往上升，抬到一半又把手放了下去……

“小琬同学，请你来回答吧！”我微笑地注视着她。

小琬似乎没有想到我会在这么多高举的双手中看到她，红着脸站了起来，在我鼓励的眼神中，小琬低声说道："老师，我喜欢'不奋斗，你的脚步如何赶上父母老去的速度'这句话，因为我的爸爸妈妈养我特别不容易，他们在一天天变老，所以我要努力学习，等我长大了，我要挣钱带爸爸妈妈去旅游。"

话音刚落，小伟便说起了风凉话："就你学习这么差，还想挣钱？"一些男生紧跟着哈哈大笑起来。小琬伤心地低下了头。

我知道这是她在小学时的常态，经常被同学嘲讽，我必须要扭转这种局面，让小琬在班中拥有自信，让小琬赢得同学的尊重。我即刻肯定小琬的回答，面带笑容地说：

"小琬，你有这份孝心非常重要。有奋发图强的动力本身就是最大的孝顺，是对父母的体谅。让父母省心，孝顺父母，你不但未来可以这么做，而且你现在就已经做到了。老师也希望其他同学像小琬一样，成为一个懂感恩、孝顺的好学生！"

听完我的话，小琬的神情慢慢由紧张到放松，露出了甜美的笑容。我看向小伟，小伟似乎突然想起和我的约定，不好意思地低下了头。

下课后，我把小伟悄悄叫到身边："小伟，老师知道你今天是无心的，你换个角度想一想，假如你是小琬，听到之后会不会很难过？学习成绩不理想不是小琬的错误，她只要努力，就值得我们学习，你说呢？"

"嗯，朱老师，以后我不说风凉话了，我和小琬还是一个学习小组的呢，我会帮助小琬的！"小伟淘气地一笑。

从此，我经常在语文课上提问小琬，为她创造展示的空间，找到闪光点进行鼓励，小琬更加主动地参与课堂，也收获满满的自信与愉悦，成了课堂上听讲最专心、发言最积极的学生。小琬在语文课堂上表现得越来越从容自信。

下了课，我经常找机会与小琬聊天，从她戴的漂亮的小发夹，到“今天开不开心”这样的小话题开始，慢慢地让她打开“话匣子”。小琬从刚开始独自一人待在教室的角落里，慢慢地可以跟同学围在一起说笑，后来也经常主动跑到我的身边：

“老师，我爸爸妈妈暑假带我去了密云，那里像江南一样，特别美，有小桥，有水，我还照了好多照片呢！”

“老师，我最喜欢去春游了，那次去一个地方烧烤，那里还可以划船。”

……

简单快乐的她就像一个小学生，她的学习能力比其他学生要弱，可是她内心的单纯与美好却让我觉得何其珍贵！对她，我有着比对别的学生更多的耐心与温柔：

“小琬，你说的地方是不是古北水镇啊？我也去过。”

“我也喜欢春游，下次咱们一起去划船、烧烤吧。”

我积极的回应让小琬无比开心雀跃，那一刻，我庆幸地觉得，我的语文课堂带给小琬自信和快乐，她热爱语文，热爱生活，这正是我所期待的。

当然，小琬和其他同学的差异还是很明显：书写能力弱，笔记记不完整，听写、考试等显示出较弱的水平，其他科目也跟不上教师的节奏，记忆力与思维能力是她的弱项。

一次下课，小琬找到我，失落地对我说：

“老师，我特别害怕考试，我考不好。”

“小琬，没关系，你只要尽自己最大努力就好，即使成绩不理想也不用难过，我们可以找出问题，继续努力，老师相信你的！”我太理解学生的感受了，轻轻拍着她的肩膀说。

“嗯，老师，我一定努力！”

我又看到了绽放在小琬脸上的笑容，在其他科目中小琬也是认认真真听讲，我经常看到课间，小琬总是主动向老师、同学请教不会的问题。我暗自佩服小琬身上强大的意志力，她在学习和生活中没有自暴自弃，就像一朵迎风盛开的花，不惧困难，小琬身上散发的精神深深感染了我。我也利用班会时间、日常教育的契机，引导其他同学看到小琬的美好，同学们也越来越接纳她，喜欢她。

开学虽只有一个月，小琬在学校呈现出积极的学习态度，热爱老师和同学，乐于和大家在一起，课堂上积极举手回答问题，作业可以按时完成，课下和同学愉快沟通，主动帮助班中有困难的同学。同学们都喜欢和她在一起，把她作为自己的榜样，班中再也没有冷漠、轻视小琬的现象存在。一个月结束后，班级投票评选“校园文明之星”，小琬的票数高居榜首，小琬站在讲台前，掩饰不住内心的激动，深深地给大家鞠了一躬，班级响起了热烈的掌声。

小琬的妈妈在一次家长会后说道：“小学时，小琬特别不爱上学，现在到了您的班里，从来没说过‘太累了’‘不想去了’的话，小琬的主动性提高了很多……”我欣慰地笑了。

我和小琬的故事，未完，待续……

教育反思

初一学生正处于小学到中学的过渡时期，面临着校园环境的变化、人际交往的变化和学习方式的改变等问题，这些诸多变化意味着学生要经历调整自己原有的认识与行为的入学适应过程。正如故事中的小琬，既存在对新环境的恐惧，又有融入班集体的渴望。作为教师，善于发现特殊学生的需求，通过家访了解学生的成长背景、需求和困难，有的放矢地帮助学生尽快摆脱对新环境的陌生感和孤独感，从而适应新的环境，正确处理同学关系和师生关系，尽快融入新的班集体，为学生在中学阶段的全面发展奠定良好的基础。

初一学生还处于青春早期，是自我意识发展的第二个飞跃期。在这一时期的学生自我形象不稳定，波动较大，对自我的评价不全面，重视他人对自己的评价，尤其重视同伴对自己的看法。此时的学生更看重友谊，最怕被群体排斥在外，融入群体的需要比任何阶段都更强烈。青春早期学生强烈关注自己的外貌和风度、形象和衣着，关注自己的个性成长。加之学生现实自我与理想自我差距较大，自尊出现明显的下降，女生普遍低于男生，此时女生的自我评价与她们感受到的外表吸引力和人际关系有关，女孩的自我评价也更多地依赖重要他人，如父母、教师和同学。对自己身体外貌不满意常常是学生自卑感的来源，尤其身体残疾的学生，会因为身体残疾、他人的嘲笑而自我贬低、自卑，从而泛化到生活的各个方面，影响自己潜能的发挥。小琬作为这样的特殊学生，身体上的残疾、学习上的困难本就令她缺乏自信，来自同学的嘲笑更造成了小琬自卑，不敢当众发言，不敢结交朋友。尽管适度的自卑感可以激励个体奋发向上，努力超越自我，但过度的自卑伴随着内疚、忧郁、失望等情绪，对人的心理健康和日常生活会造成严重的影响。此时的小琬获得教师的积极关注，在课堂上、在活动中，教师利用契机提高学生的成就感，帮助她在学业上、人际交往中获得成功体验，提高学生的自我效能感，使学生逐渐克服自卑，建立自信。

教师在课堂教学及班主任工作中，通过赏识教育、平行教育、情感教育等方法进行具体教育和转化，有如下几个方面。

一、赏识教育

我在前期的家校沟通和日常观察中，积极发现学生身上的亮点，同时在班级活动中为学生搭建展示的平台，比如让小琬担任军训时的“后勤部长”，鼓励学生积极为同学、为班级服务，帮助学生建立成就感和价值感。同时，我发现小琬在语文学习方面具有一定的优势，表达细致，我就提供给她更多的表达机会，在语文学科方面激发她的自信心，帮助她在集体中树立威信，营造班级同学之间相互欣赏的班级文化氛围，从而帮助小琬在人际交往及学业方面获得自信。

二、平行教育

通过集体教育个人，影响个人，达到个体与集体共进的效果。我通过班会、语文课堂集体交流的机会，鼓励同学们用欣赏的眼光发现别人的闪光点，用积极语言鼓励每一个学生，营造一种积极向上的氛围。我在课下多次找小伟等同学谈话，建立起小组互助、全班共赢的良好氛围。

三、情感教育

作为班主任，我在班级管理过程中以“情感教育”为核心，善于调动自身的情感因素，优化自己的情感，以健康的心态去感染、教育、鞭策和激励内心自卑的学生，与学生平等、友好地相处，培养学生的健康心理、坚强意志和健康人格，让学生感到并且接受教师的爱与关心，帮助小琬消除自卑，建立自信。我注重多角度评价学生，在生活中多站在她的角度考虑处理问题，关注学生的内心感受和她的内心需要，为学生创造更多为集体服务的机会，从而帮助刚上初一的学生尽快适应初中生活、愉快地融入集体生活，建立良好的人际关系。

“好的开始是成功的一半”，进入初中最开始的一个月，是建立班级良好人际关系的关键期。我在班级生活和语文学科方面，充分发现小琬身上的闪光点，鼓励她用真诚和善良为同学付出，在课堂上充分展示自己的优势，从而顺利地帮助小琬走出了人际交往的困境。对于像小琬一样的学生，教师要走进学生的内心，在他们被孤立时，多关心他们，给予他们支援；引导学生发现自己的优点；搭建平台，帮助学生获得成功的体验。教师不仅要细心、耐心地呵护他们稚嫩的心，还要用真诚的爱打动学生，帮助学生重新找回对生活的热爱，面带笑容、不惧风雨，做一朵迎风盛开的花，自信、坚强地迎接未来的挑战。

小结

初中部分共收集了初中学段14篇教育故事，故事中涉及的初中生发展问题主要表现为步入青春期后，初中学生的生理和心理发生急剧变化，进而引发的一系列社交、情感、认知问题。其中，既有一些特殊化的问题，如促进随班就读学生融入集体、帮助其健康成长，帮助学习困难学生发掘优势、找到自我价值、重塑信心，特殊家庭学生帮扶、帮助其感受爱与关怀，帮助性好奇学生正确面对青春期的“小秘密”等，也有一些普遍性问题，如情绪冲动、自我认同、自我管理、青春期叛逆、升学适应环境、学习动力不足等问题。

该如何帮助学生解决这些问题呢？这是每一位教师和家长的困扰。我们通过对案例进行深入的研究分析，找到这些问题的核心与关键，通过整合案例中解决这些问题的方法方式、教育教学策略，希望能给学习者带来新的启发和参考。

教育策略

初中生的情绪能力发展问题

问题一：什么是情绪能力

情绪能力分为情绪感知能力、情绪表达能力、情绪理解能力和情绪调节能力，发展完善的情绪能力可以使初中生敏锐地觉察自身的情绪感受，能够根据情境用恰当方式表达自身情绪感受，准确识别他人的情绪及原因，以及控制情绪或调整情绪唤起至适当强度和水平。

问题二：初中生情绪问题有哪些具体表现

在《爱没有二分之一》《青春期撞上更年期》《“领头雁”的成长》《我和小灿的“连续剧”》《“钉子户”的春天》《拖延男孩解“拖”记》和《出发！向更广阔天地！》这几个教育故事中，都提到了青春期学生情绪波动大、容易冲动的问题。有的学生出言不逊、火药味十足，有的学生动辄就与同学甚至教师大打出手，还有的学生因一时冲动要离家出走。

问题三：为什么初中生会出现情绪问题

青春期的学生情绪易波动是这个阶段心理发展的特点，这是由内在的和外在的诸多原因导致的。从学生自身内部变化上看，青春期是个体生理发展的第二高峰期，这一时期激素变化剧烈，激素的变化会影响脑部系统负责情绪唤起的部分，让学生对身边的事情变得敏感。随着青春期激素的分泌、身体的变化，平衡会被打破，引起心智功能的巨大扰动。这些变化本身就带来青春期学生的混乱、困惑，造成青春期的学生更加情绪化。

但学生内部的变化对情绪和行为的影响程度受环境因素的制约。青春期的学生进入初中，要面对更大的学业压力，他们也更在意同龄人对自己的看法，青春期的学生更加独立，无论是在家庭还是在学校，他们希望得到更多的自主空间，因此他们与父母、权威的关系也在发生变化。如果学生拥有良好的家庭关系、积极的校园氛围、和谐的同龄人关系，就会较少受到情绪化的影响。

青春期的学生较容易冲动，青春期是大脑蓬勃发展和修正的时期，冲动的控制中心（大脑前额叶皮层）在青春期正处于发育阶段。青春期给了学生一个类似成人的身体，但是大脑却非常容易陷入巨大的波动和强有力的冲击当中。我们不能期待青春期学生总是提前考虑清楚，然后再行动。冲动和风险总是伴随着青春期的学生。因此，在青春期学生的大脑“刹车设备”尚未发育好之前，教师有时必须帮助他刹车，而不能煽风点火、火上浇油。

问题四：如何帮助学生提升情绪能力

面对情绪波动大、易冲动的青春期学生，教育故事中的教师也给出了很好的解决办法：

1. 先稳定情绪，再谈对错

当遇到学生情绪失控和冲动行为时，如果教师表现得愤怒，指责或是急于教育学生意识到自己的错误，往往不能真正解决问题，甚至会激化矛盾，引起青春期学生的一些过激行为。适宜的方式是，先稳定学生的情绪，可以通过远离刺激情境、默默陪伴或者安抚的方式。教师应对学生情绪化的做法，本身就是一个良好的示范，让学生慢慢学会如何调节自己的情绪。

2. 通过共情性倾听，理解情绪背后的原因

当学生情绪稳定下来，教师先不急于教育学生，而是保持关注和耐心，听一听学生的心声，了解事情经过，弄清楚学生们的想法、感受、需要是什么。当学生能够感受到教师是真的关心他们的所思所想，他们会慢慢打开心门，把导致自己情绪化背后的原因表达出来。比如，在教育故事中，有些学生是因为家里的二胎问题带来的失落感和不安全感，有的学生是因为和妈妈的冲突，有的学生是因为对自己莫名糟糕的感受……

3. 针对原因，给予个性化支持

案例中，对于家庭因素导致的学生情绪问题，教师通过约谈、家访邀请家长一起帮助学生，对于那些存在自身情绪行为问题的家长，教师可以做家长和学生之间的桥梁，帮助修复亲子关系。对于有的学生由于低自尊，怕别人看不起，怕自己不被认可而发脾气，甚至容易暴怒，教师们要学会用欣赏的眼光看待学生，发掘学生的优势资源，提升学生的自我效能，提升自尊水平。

4. 引导学生对于情绪化、冲动引发的行为后果负责

虽然青春期的学生由于内外部的压力容易情绪化，易冲动，但要让学生明白，做错事就要接受惩罚，树立规则，对造成财产、人身伤害的该追责要严肃追责。同时也要让学生理解，即便犯了错误，只要能积极改正，也会得到别人尊重。

5. 对于习惯性情绪化和冲动行事的学生开展个体辅导

情绪不稳定的学生常常通过发脾气、冲动行为来缓解自己的内在不安、恐惧、焦虑，但他们自己意识不到这些不理智的应对方式，有时甚至觉得自己没错。在稳定学生情绪后，教师可以和学生回溯引发情绪冲动的事件，引导学生描述事件中自己与别人的行为、言谈。也可以通过角色扮演的方式，让学生站在对方的角度思考对方的想法、感受和需要，并引导学生表达。

事件本身并不导致负面情绪，学生对于事件的认知和想法导致了学生的负面情绪。因此，教师可以参照理性情绪辅导的思路，通过倾听以及与学生讨论那些不合理的想法，引导学生学习合理的想法，并慢慢内化成学生自己的观念，代替过往的不合理想法。比如，有些学生受不了别人指出自己的不足，常常会因为别人的一点意见就大发雷霆。在讨论中，可能发现学生存在不合理想法：别人指出他的不足，就是看不起他，他就是不好的。通过和学生的讨论，让学生慢慢意识到，每个人身上都有不足，这并不代表我们是不好的，我们本身都是好的，都是值得被尊重的，但依旧会有一些可以提高、改进的部分。别人的建议也不一定是有敌意的，而是对事不对人的，有对我们支持帮助的部分。当然，认知的改变是一个循序渐进的过程，每一个情绪化的学生背后都有一些不合理的想法，导致了极端的情绪。这需要教师耐心去做学生的心理工作。教师也要善用资源，在《青春期撞上更年期》的案例中，教师善用资源，解决学生心理问题和家庭教育问题。比如，石景山区教委录制的“石景山区家庭教育心理微课”和市、区、校三级心理健康教育指导服务平台等，都是很好的资源。

初中生自我意识发展问题

问题一：什么是自我意识

自我意识分为主体我和客体我，主体我分为自我监控和自我管理，客体我分为自我概念和自尊。自我概念指从各个角度对自我的认识和描述，是人们对自己身心特点的主观知识。而自尊指对自我的总体评价与感受，是一种个人对自己的价值判断，它表达了个体对自己所持的肯定或否定的态度。

问题二：自我意识发展问题有哪些具体表现

初中阶段的学生，由于生理上的明显变化，随之而来的是心理上微妙的波动，此时正处于人生发展的一个重要转折关头，心理学称之为心理发展的第二个危险期。这一阶段也是心理发展从幼稚走向成熟的转折时期。最突出的特点是自我的觉醒，他们的心理呈现出与童年时期大不相同的特点，身体发育日趋成熟，独立性、成人感日趋增强，但由于思维的深度及生活经历的限制，在理智、情感、道德等方面与成年人有较大的差距，使他们考虑问题时不够全面，因此初中生心理发展滞后于身体发展，容易产生矛盾冲突。

自我意识的缺乏会导致初中生对自我行为的监控和调节能力降低，自我意识过强会使初中生的注意力都聚焦在自己身上，导致焦虑和紧张。《“无声”变天籁》《做一朵迎风盛开的花》等教育故事中的学生缺乏对自身的准确认识，自尊程度较低，无法悦纳自己，比较自卑、脆弱，非常在意别人的评价，希望得到权威人士的肯定，对他人的蔑视和指责敏感，容易产生过分的防御反应、人际关系敏感。教师们用不同的方法应对学生青春期出现的自我认同危机，帮助学生重塑自信。在《日记本中的“小秘密”》《驱“阴柔之美”，创阳光之风》等教育故事中，教师引导初中生正确看待青春期的生理变化，普及科学的性知识及异性交往知识。

问题三：为什么会出现自我意识发展问题

在青春期学生自我接纳与排斥的过程中，有些学生由于出现了自我价值过低导致的自卑。自卑是相对自信而言的，是指学生对自己有着不良的观念、不适宜的评价以及过低的自我评价。通常自卑的学生感觉自己在某种程度上是软弱无能的，不健全的，甚至低人一等的。自卑影响着学生生活的许多方面：比如学习上动力不足，甚至出现厌学、拒学；情绪上易激动或是更多地体验到悲伤、焦虑、内疚、挫败的情绪；身体上也会缺乏活力，易疲惫，总是睡不醒，昏昏沉沉或坐立不安等。

学生在青春期都会探索并尝试去建立稳定的自我同一感（自我同一性）。精神分析学代表人物埃里克森对自我同一性是这样理解的，他认为自我同一性是“关于个体是谁、个体的价值和个体的理想是什么”的一种稳定意识。青春期的学生会非常在意别人的看法，对自己形象的注意会高过以往的任何阶段。这都和学生自我同一性发展有关。

问题四：如何帮助学生进行自我意识的整合

自我意识的整合和争取是青春期学生发展的一大议题，帮助青春期的学生解决自卑的问题要做到以下几点：

1. 了解自我意识缺乏产生的根源及作用机理

每个人的自我评价是基于生活经验发展起来的，如果经历大多是积极、肯定的，那么对自己的看法更大概率也会是积极、肯定的。反之，如果生活经历大部分是消极和否定的，那么对自己的看法也可能是否定和贬低的。在教师们的教育故事中，青春期学生对自己消极的自我评价，有的是源自随班就读特殊学生的个体差异，有的是源自学习困难造成的厌学、拒学，有的是源自与同学相处过程中缺乏融入感，有的是源自特殊家庭缺乏理解和关爱。自卑心理的产生并非一朝一夕，在帮助自卑的学生之前一定要先建立关系，让学生信任教师，相信从教师这里可以得到帮助走出困境。只有关系建立了，学生才愿意敞开心扉，让教师了解到导致他们产生自卑心理的生活经历和现实困难。

同时需要留意的是，有的青春期学生自卑的表现不是十分典型，甚至有些自卑的学生表现出来的是极度的自负，目无师长、拒绝帮助、一言不合就大打出手，这些表现都会让教师感到愤怒和无力。这种情况下，教师应透过当下“问题行为”看到学生的“玻璃心”，看到这种“装”出来的自负背后经历的挫折与失败，对学生的挫败感给予足够的理解与尊重，并能感同身受，站到学生的角度切实体验他们的困境与苦楚。在成功的教育案例中，我们看到了很多教师对自卑学生的共情性理解。

2. 永不放弃，积极关注，发掘优势

对于自卑的学生，教师首先要有一双发现积极优势的慧眼，就像在教育故事《“无声”变天籁》中陈文鑫老师总结的：“教师要有一个积极的心态，要像尊重自然界的多元性一样对待学生。”“虽然有些学生在某方面发展滞后……但我们不能因此就否定他成长的可能性。”“要用敏锐的观察发现学生的可塑性，找到兴趣……”

自卑源自对自我观念上的偏差，要帮助自卑的学生改变观念上的偏差，松动他们对于自己消极的看法，开始提升对自己优势、优点的敏感度。然而，自卑的学生在自我观念上的偏差是从小就形成的思维习惯，很难迅速找到自己的优势、优点，这就需要教师的观察和引导，教师可以从以下角度帮助学生找优点：学生对哪方面感兴趣？学生拥有哪些积极品质？学生有过什么成就（无论多么微不足道）？学生拥有什么天分、才智和技能（包括运动、劳动、社交、兴趣……无论多么不足称道）？别人经常夸奖学生哪方面？学生没有哪些缺点？学生拥有哪些支持资源？

在帮助自卑学生发掘自身优势的同时，教师还可以引导学生体会学习生活中的乐趣与幸福感。自卑的学生往往容易被边缘化、缺少归属感。教师可以根据学生的实际情况，鼓励其参与班级事务，参与集体活动，让学生在和谐温暖的班集体中，在实实在在的成功体验中感受自己的存在与生活学习的意义。

初中生的学习动机不足问题

问题一：什么是学习动机

动机是一个概括性术语，是对所有引起、支配和维持生理和心理活动的过程的概况。所有的生物有机体都会趋向于某些刺激而远离某些刺激，这由他们的好恶决定。学习动机是指引发与维持学生的学习行为，并使之指向一定学业目标的一种动力倾向。它包含学习需要和学习期待两个成分，根据不同标准可以划分为不同类别。

问题二：学习动机不足问题有哪些表现

初中阶段，随着学习科目增多和学习内容难度加大，以及面对中考激烈的竞争，学习成为学生生活中的重要组成部分。但初中阶段也是学生出现学习动力不足、自主性不足、缺乏目标的问题阶段，这些问题在《成长记录手册》《“无声”变天籁》《拖延男孩解“拖”记》等教育故事中都有体现。

针对初中学生面临的学习问题，教育故事中教师们采取了很多切实有效的方法，如培养学习兴趣、制订学习计划、分享学习方法、通过班级主题活动引导学生树立目标，树立正确的价值观和人生观等。

问题三：为什么会出现学习动机不足问题

初中学生的学习问题原因是多方面的，除了学生本身的原因，还可能受到不良的社会文化环境、家庭教育环境和学校教育等方面因素的影响。教师应当首先了解学生学习问题的原因，针对不同的原因选择不同的辅导方法激发学生的学习情绪，提升学习动机，主要原因有以下几种。

1. 不良的社会文化环境

青春期的学生容易受到外界影响，但分辨是非的能力又比较弱。在社会越来越多元化的氛围下，一些学生容易产生不切实际的幻想，比如，希望通过走捷径、当网红来实现自己的愿望；认为读书苦，读书无用。还有一些学生受不了外界的诱惑，把注意力更多地放到吃、穿、玩的享受上，爱攀比，影响学习成绩，越学越没动力。

2. 不良的家庭教育环境

父母“望子成龙”“望女成凤”心切，对待学生的学习和成长采取的教养方式比较极端，或过于严厉，或放任不管，这对激发学生的学习动力，养成良好的学习习惯都有不良影响，在教育故事中也存在一些这样的家庭教育环境问题。

3. 学校、班级环境

良好的校风、班风会给学生带来良好的学习、竞争、合作氛围，从而使每个学生体验到学习的美好；良好的师生关系也是学生喜欢学习的一个重要因素，正所谓“亲其师、信其道”。

4. 学生自身的学习目的不明确

有些学生对自己的升学及就业存在困惑与迷茫，看不到未来的发展方向，也不清楚自己初中毕业之后想走什么道路，只是为了毕业而学习，为了应付父母、教师而学习。

5. 学习遇到困难，丧失了自信心

有些学生因为没有养成良好的学习习惯，学习基础比较薄弱，在初中阶段的学习中遇到不少问题和困难，再加之抗挫力不强，学习跟不上。如果这时教师对“学困生”不能很好地理解与帮助，容易使“学困生”破罐子破摔，丧失对学习的信心。

问题四：如何帮助学生提升学习动机

针对这些学习问题的相关原因，教育故事中教师们采取了一些有效的方法帮助学生克服学习上的困难。

1. 针对外部因素，通过一些班级活动和有效的沟通创造校内外良好学习氛围

比如，在《成长记录手册》故事中，通过成长记录手册帮助学生进行目标管理，引导学生结合自己的学习现状和特点，确立适当、明确、具体的学习目标，找到努力的抓手，慢慢建立学习的信心，战胜学习中的畏难情绪与惰性。《拖延男孩解“拖”记》故事中，教师通过“20 秒能量启动法”和“每日清单法”，帮助学生觉知导致自己出现拖延行为的真正原因，找到战胜拖延的信心和方向。

2. 针对内部因素，教师们引导学生对学习建立正确的认识，重新树立信心

从心理学角度讲，归因倾向对人的情绪和行为影响很大。当学生把学习上的失败归因于外部的、不可控的因素时，就容易产生对学习无能为力的心理，降低面对困难的坚持性和自信心。有些学生认为自己没有能力提升学习成绩，过分夸大学习中的困难，认为自己的能力不可改变和无法提高。教师可以通过积极关注、发掘优势，创设成功机会，让学生获得成功体验。事实上，每个学生都有自己的专长和潜能，教师们善于发现这些专长和潜能，并创设机会让他们的特长充分地展示出来，让他们获得自信和成就感。比如：《成长记录手册》中教师发掘了学生在美术上的天分，启发学生为了这个梦想而努力。在其他故事中，教师都拥有发掘学生优势的慧眼，帮助困难学生重塑自信心，拥有了对未来的规划和梦想。在困难学生转化的过程中，教师们往往也会遇到一个困难，那就是在同学和其他教师眼里，困难学生往往是“嫌弃儿”的角色，他们在集体里往往不受欢迎，处于被忽视或被嫌弃的地位。这种角色地位深深影响他们的自尊心和自信心，直接导致他们对课堂学习和集体充满反感和敌对情绪。这时教师不仅要自己发掘困难学生的优势，还要在班级倡导平等、尊重、互助、互爱的氛围，才能让困难学生体会到班级的温暖，有力量和勇气去改变。

初中阶段，教师对学生的教育和帮助面对更大的挑战，这与青春期学生的身心发展，以及学生、教师面对的现实压力均有关系。青春期的学生，内心是孤独的，都渴望被关心、被关注，更需要交流、交心。这就要求教师尊重学生，成为学生真正的朋友，理解和接纳真实的他们。当学生出现问题，不要立即指责、讥讽甚至谩骂，不要把学生推向教育的反面，而使他们自暴自弃。教师要蹲下身来，先共情，再了解事情原委，然后引导学生分析问题、解决问题。特别当学生面对一些失败和挫折时，更要耐心对待，不断去激励、鼓舞他们，营造互帮互友、互爱互容的班级氛围，让困难学生融入班级大家庭。同时，架设良性的家校沟通桥梁，形成对困难学生帮助支持的多维度合力。

引言

高中阶段是中学时代的“黄金季节”。这里有人生启航中最初的梦想，有学习中不竭的动力，有人生中重要的选择，更有生命中人际关系的体验。人们在回望时会无比感慨，高中阶段是个体成长中非常值得回忆的历程。

高中阶段是人生走向成熟、迈上独立的重要阶段，因此，这里注定会有困难与徘徊、问题与挑战：在自我觉醒方面，学生容易产生自我认同和自我价值感的缺失，进而引发成长中的迷茫；在学业管理方面，或因为学习习惯不良，或因为知识难度增加，学生容易丧失自信和主动性；在压力管理方面，由于较快的学习和生活节奏，挑战增多，学生承受失败和应对挫折的能力需要提升；在人际关系方面，成人感的日益增强容易引发家庭亲子冲突，而情感支持方面的需求也需要进一步满足；在生涯规划方面，学生缺乏对自身兴趣、能力、性格、特长等方面的探索，缺少对外部环境的探索，因而选课选考、专业选择等生涯规划的能力尚显不足。

问题是成长的契机。基于高中学生的身心特点和现实需求，我们希望通过教师的育人故事，聚焦学生自我觉醒、学业管理、生涯规划和人际关系等方面的关键问题，总结和归纳问题解决的方法和策略，以此帮助学生提升学业自我效能感，树立自信心；指导学生学会与学业压力共舞，提升压力应对水平；引导学生学会选择，合理规划，为自己的未来负责；帮助学生友善沟通、化解冲突，学会与他人和谐相处。

打破“选课”魔咒，迎来成长春天

人大附中石景山学校 赵新桐

教育故事

在历史公开课上，听课教师被台上侃侃而谈的女同学吸引了目光。看着她充满自信的样子，我也不禁感慨万千，短短半年的时间，小楠竟有这么大的变化！

初上高中时，小楠的表现还是比较积极的，扎着高高的马尾，清秀的面容，一副青春阳光的样子，开学第一天就申请坐在第一排，上课听讲聚精会神，教师提出的问题也会积极思考并抢着回答，作业每次都上交得很积极……高一这一年，我们都将小楠视为可以重点培养的“潜力生”，希望她这种势头能够继续保持下去，直到取得一份理想的高考成绩。可在半年前，在高二选科后，我发现小楠总是默默坐在角落低着头，脸上满是不适应。不仅如此，我还陆续接到一些科任教师的反馈：“小楠啊，上课状态越来越不好了，有时候很简单的题目也回答不上来。”我这才意识到，小楠好像出了一些问题。通过与学生以及家长沟通后得知，小楠虽然选到了自己喜欢的科目，但是对于这种“选课走班制”极其不适应，频繁变动的教室环境、授课教师以及同学，让她觉得少了很多归属感和亲密感，那些和同学们畅谈的场景换个教室之后就仿佛从未发生过，本来性格就腼腆的她还要重新去熟悉数不过来的同学，重新去建立一个新的话题。因此，她慢慢变得被动、不爱交流，有时候遇到不会的题，她也不再去请教老师。久而久之，她的成绩开始下降，原本优秀拔尖的女孩子，脸上也没有了笑容，自信心受挫的她兴趣也渐渐被磨灭，所以表现出上课总走神，也不和别人交流，不写作业，精神萎靡不振，经常迟到，甚至有时候还会出现无故旷课等现象。

对于“选课走班制”，我们并不陌生，这是近些年来随着教育改革的不断深入带来的一种新型授课方式。虽然这样的教育形式能更好地适应学生个性化的发展需求，但与此同时，也考验着学生的适应能力，比如，有的学生选课后却不知道如何进行学习。小楠就是一个典型的例子。

面对小楠这种情况，我开始尝试各种办法，帮助她一步一步走出困境。利用班会课的时间，我组织学生们成立了兴趣小组，带领他们在课后开展兴趣活动，增加学生之间的亲密感和默契感，增加不同班级学生之间的熟悉度，并鼓励同学们通过完成任务的形式增加合作的机会，培养同学之间的感情，学会互帮互助，共同进步。班里有一个特别开朗、热心的女孩，不论是学习成绩还是行为习惯都非常好，最重要的是，她和小楠有着相同的兴趣爱好，因此，我经常制造机会让她们共同加入一个话题的讨论，并鼓励她们组建一个兴趣小组，不断发展兴趣，我希望这个女生的榜样行为能起到带头的效应。私下，我找这个女生谈心时，大致说了一下小楠的性格，希望她无论是在生活还是在学习上，都能够主动帮助小楠。结果不出我所料，那几天我一直观察小楠的行为，发现课间的时候，小楠会主动和那个女生交流，还有好几次我看到小楠在和她讨论学习上遇到的难题。一天我找到小楠，和她聊天，她主动向我说起自己已经逐渐适应了现在的学习形式，并且收获了很多志同道合的朋友，心情好了很多。

尽管小楠已经慢慢适应了选课走班制的学习形式，性格也慢慢变得开朗活泼，但新的问题也凸显出来，我发现小楠的成绩进步得非常缓慢，她自制力不强、学习也缺少主动性，缺乏一定的自信心。我的心情仿佛过山车，再次落到底端。思虑再三，我决定去小楠家进行一次家访，希望从中获得一些答案。在与小楠家人交流的过程中，我发现她平时在家不做任何家务活，父母以及四位老人对小楠的照顾可以说是无微不至。每天起床，家长都愿意一遍遍哄着、喊着，直到小楠慢悠悠爬起来洗漱。而就是这样的溺爱，导致小楠的自理、自主能力严重缺失，表现在学习上则是不会自己制作学习计划，不会监控自己的学习，更不会进行学习反思。不仅如此，小楠的家长又都过分地关注孩子的学习成绩，觉得只要孩子的成绩好，就什么都好。所以小楠很怕得到家人的负面评价，就形成了将没考好归结于试卷太难、自己太笨等不可控因素，有了不良的失败归因倾向，所以也失去了调整自己、再次努力的动力。

基于此，我再次调整教育计划，做出了下一步的努力。

第一步，加强家校共育。我开始对小楠的家长进行家庭教育的指导，劝说家长在日常教育中尊重和关爱孩子，但是不溺爱孩子，这样才能帮助小楠摆脱心理上的依赖和生活中的惰性；与此同时，帮助父母和孩子之间建立良好的沟通方式，为父母提供正确的教育方式的引导。最重要的是，我多次与家长沟通交流使家长转变对小楠成绩的看法，不再只是简单的“分数论”，而是能够透过小楠的分数看到她背后付出的努力和考试暴露出的问题，在鼓励之后帮助其成长。

在我的建议下，家长主动跟小楠一起商量家中的大事，鼓励小楠多发表自己的看法，尝试给出一个解决方案，也会常常和小楠一起学习看书，营造学习的氛围，帮助小楠不断探索适合自己的学习方式，树立自信心，减少对小楠成绩的关注度，减轻小楠的心理压力。而在学校里，我引导小楠每月、每周、每日分别制订自己的学习计划；同时，组织班级同学一起学习如何科学规划自己的时间，并学会监控自己的学习过程。在这样的教育过程中，小楠变得越来越独立，逐渐开始找到适合自己的学习方式。

接着，协同各科的教师，开创一些有趣的课外活动，并鼓励小楠担任其中一个活动的负责人。这不仅可以帮助小楠提高学习兴趣，也可以促使她学会主动承担，解决团队问题。

最后，我利用课后的时间开设了心理小课堂——归因训练辅导班，并主动邀请小楠参加。这个课程的训练能够显著提高学生的乐观归因水平，提高认知重评策略的水平，降低表达抑制策略的水平，增强学生重新调整自己、努力学习的自信心。课上我按同学们不同的归因习惯进行了分组，并进行有针对性的小组指导，同时制订小组互助计划，经过半个学期的实践，我明显感觉到小楠的学习积极性比之前高了很多，也很少再从她的脸上看到自卑的影子。

随着小楠的发言结束，我的思绪也回到了现在，小楠的身上仿佛披上了一层暖阳，这个可爱、阳光、独立、健谈的女孩此刻就站在讲台，台下久未散去的掌声，是对她最好的认可。

教育反思

其实有的时候，学生会产生各种各样的学习问题以及很多不良的习惯，归根结底是没有找到适合自己的学习方式、没有很好的自控能力导致的。在“选课走班制”的背景下，如何让学生在学习上取得成功，并让学生体验成功的喜悦和荣誉感，慢慢增加良性刺激，帮助学生重新找到目标显得更加重要。小楠能打破不擅长社交、没有找到适合自己的学习方式、没有自信、学习主动性不强等“魔咒”，顺利上岸“选课走班制”，教师的温暖鼓励、同学的良好榜样、家长的积极配合等都起到了非常大的作用。

一、同伴互助迈出勇敢一步

高中学生的心理发展具有锁闭性。他们不再像儿童时期那样敞开自己的心扉，而是常常沉浸在自己的空间里，很容易产生孤独感。

因此，同伴的榜样作用和互助能量往往起着很大的作用。为了帮助小楠勇敢迈出第一步，我积极发动身边优秀的同学主动地帮助小楠，并考虑实际情况组建互助小组，慢慢帮助小楠打开心扉、找到组织、找到归属感，并有了前进的方向。

二、家校协同建立学业自我效能感

高中学习任务量大，导致学生倍感疲劳焦虑。而家长对子女过高的期望、教师的期待可能会加剧学生的心理负担。另外，学生本人不恰当的自我期望也可能导致心理紧张、焦虑。

为了减轻小楠的成绩压力，增强学习主动性，我和家长一起从小事开始，从相信小楠的建议开始，建立家长和小楠之间的信任，帮助小楠了解父母初心，放下成绩压力，改“考好”为“学好”。

三、科学规划助力勇往直前

高中学生虽然有了很强的自主性，但是学习方式上还需要教师多加引导，在本次教育过程中，我耐心引导，不断鼓励，并用科学的方式帮助小楠突破层层困难，给学生带来了很大的希望，并赋予了学生勇往直前的勇气。我曾想，假如我在看到小楠变乐观之后就停止了对其的帮助，那此刻的小楠会是什么样？我也很欣慰，对学生的教育，我总是能耐心灌溉每一滴清露，静待她完全开放。

总之，对于学生的学习辅导和发展教育是一件持续、长期的工作。在这个过程中我们会遇到瓶颈、会有无数的困难，但我们不能轻易放弃。毕竟作为教师，每当我们选择放弃了一个学生，就有一个学生选择放弃了他的人生。在“选课走班制”背景下，“小楠”不会只有一个，教育之路道阻且长，我们要不断进步、不断磨炼自己，去帮助更多的学生拨开乌云，飞向更广的蓝天！

（本文系北京市教育科学“十三五”规划 2020 年度一般课题“选课走班背景下班级管理的关键问题与班主任应对策略研究”成果。课题编号：CDB2020409）

越过选择迷茫关，静待万花娇艳开

人大附中石景山学校 赵新桐

教育故事

又是一年金秋，金光笼罩着学校的一屋一树，操场上也分外热闹。一名阳光的男孩手捧篮球，正在做投球的动作，脸上笑盈盈地滚落着豆大的汗珠，胸襟前也是湿漉漉的，他就是小然。看着这幅场景，我的思绪又回到了一年前……

那一天，小然在家中迟迟不肯来学校上学。父母问其原因，他只是抱怨高二即将面临的“选课走班制”让他陷入了痛苦的死循环，别的同学都有自己的目标，自己却迷茫无措，不知道该如何进行选择。

在电话中，我大致与家长沟通了一下什么是“选课走班制”，学生们可以基于自身的知识基础、学习兴趣与能力，自主选择不同科目不同层级的课程，依据个人课表上科目的上课时间和地点安排，走到相应教室，跟随所选课程的教师及选择同一门课的同学们一起学习。在这样的形式下，很多学生的个性发展需求都得到了满足。这是同学们第一次有选择课程的权利和机会，之前他们都习惯了“被安排”，所以在选课过程中会有迷茫甚至叛逆的时刻出现，而小然就是一个典型的例子。

“我真不知道这样选课的意义在哪里，直接安排不好吗？”第二天，小然终于肯来学校了，他在办公室中仍然很气愤，用质问的语气对我说。

我试图了解事情的来龙去脉，于是轻声问道：“小然，发生什么事情了吗？愿意先和老师说一说吗？”

“别的同学都能果断地选择自己喜欢的或者擅长的科目，而我想了那么久还是不知道自己要选什么，这让我很焦虑、很痛苦，最近一直在失眠，我怕自己做出选择后却学不好，更怕自己会后悔做出的选择，而且我不明白这样做的意义在哪里。”

了解了小然的困惑，我才意识到在“选课走班制”的背景下，很多高中的学生提早就要开始面临人生的选择了。我思考了片刻，耐心给小然解释：“小然，我们每个人都希望自己是命运真正的主人，那么面对选择的时候，我们一定会迷茫、会无措、会害怕，甚至选择了之后还会后悔。‘选课走班制’是希望你们可以重新认识自己，遵从自己的内心去选择自己真正想上的、对自己帮助最大的课，去满足你们个性发展的需要。同时，也是希望你们能摆脱‘等老师安排’的依赖感，学会对自己的人生做规划，学会主动学习。”

小然听后突然委屈起来：“可我连自己喜欢什么都不知道，从六个科目里面选择三个我觉得很困难，做不到自主选择，更别提自己计划人生了。我简直太差劲了！”说完，他红了眼眶，这一幕让我手足无措。

我不再说话，等他冷静下来后，邀请他坐在我对面，想在这样平等对话的前提下，通过沟通引导他一步一步找到自己的兴趣所在。“小然，你现在不要想选科目的事情，我们来聊聊天吧。”但小然没有跟我聊天的意思，毫不犹豫地扭头走出了办公室。

到了星期一，班主任要开早会，我去学校特别早，在学校门口偶遇小然。我问他："为什么来学校这么早？有没有吃早饭？"小然轻轻地摇了摇头，看着学生一脸无助的样子，我大致猜到了原因，心里特别不是滋味。我拉着他来到学校食堂，买了两份早餐，看着他一点一点地吃了下去，然后和他并肩走向了教室，也许在那一刻，所有的语言都是多余的。小然并没有排斥我，我也看到了他眼底的笑意荡漾开来。可能这个我看来再正常不过的行为，却是这个男孩从外界接收到的久违的善意。我能够感受到，从那之后，小然对我越来越信任。

后来我找机会邀请小然到办公室聊天，刚开始他还是不愿意说话，但是安静地坐在了我对面。

沉默片刻后，我想起之前家访时小然妈妈告诉我他喜欢上网，于是我先开了口："你平常喜欢上网吗？"

"喜欢。"

"你都喜欢上网干什么？"

"嗯……我喜欢在网上看视频，尤其是纪录片，最近我在看《中国通史》。"

"是吗？我也看过几集，这部纪录片当中有好几个片段都让我感悟很深，让我很自豪自己是一个中国人。"

"是的老师，每一次看到中国发展变化的时候，我都紧张得手心冒汗，中华上下五千年历史的厚度，足以诠释什么叫大国，什么叫强国了。我也很庆幸自己是中国人，尤其在现在疫情的背景下，我更有这样的体会。"

"看来你还在关注疫情发展，你是有看新闻的习惯吗？"我惊奇地问。

"是的，我学习累的时候就会上网看看新闻，这次疫情固然是人类史上的大灾难，但在疫情的推动下，百年未有的大变局被极速推进，中国面临的挑战和机遇都不可小觑。”

“你的政治观很不错，疫情当下很多人只看到变动的数字，但是你却看到了背后的中国形势。”

“谢谢老师夸奖。”小然含蓄地小声说。

“那除了看纪录片、看新闻，你还会干什么呢？娱乐的方式一定不止一种吧。”

小然突然兴奋地跟我说：“打篮球啊！我的三分球可帅了！”

我也提起了更浓厚的兴趣：“哦？你怎么练好三分球的？很多男同学一定都想学习这个技能吧！”

“那肯定要找好角度，掌握好力度！手上有汗肯定就投不进，所以要擦干，防滑……”小然侃侃而谈，那个因为困扰而心中充满阴霾的少年好像慢慢地阳光了起来。

“老师还想问你最后一个问题，你最想做的事情是什么？”

“我想出去旅游，疫情以来，我很久没有机会到外面看看了。”

聊到这里，我不禁回想到，平日里小然总爱和同学们讨论一些与政治、历史相关的问题，也喜欢利用物理知识解决一些生活中的难题，而且学校摄影展上，我经常能看到小然拍摄的风景照。于是我引导小然写下我们谈话中提到的几门科目：政治、历史、物理、地理。

“老师，这些科目我上学期考得好像真的还不错。但是还是需要从四门中再选出三门来啊。”

“这个留给你慢慢思考吧，你可以尝试与不同科目的任课老师谈谈你的想法，再结合老师的授课风格看看你更适合什么学科，你也可以多去关注自己的兴趣和爱好，看一看自己的特长，慢慢做选择。今天我们已经取得了很大的进步，不是吗？”

小然最后离开办公室的时候嘴角是微微上扬的，高声说了句“老师再见”，摆摆手，离开了办公室。

和小然谈话过后，我反思了目前的班级现状，意识到小然的问题并不是个例，虽然很多同学已经确定了自己想选择的科目，但是盲从做出的选择不在少数。可见，大部分学生在“选课走班制”面前充满了迷茫，而学生之所以会出现这样的问题，是因为他们对自己的认识不够全面和具体。为此，我决定开展一次主题班会，用以帮助学生从多角度认识自己，了解自己，进而完成选课。

班会分为三个环节，分别是“初识不一样的自己”“遇见真正的自己”“成就更好的自己”。班会前，学生根据任务卡上的提示用 5 ～ 10 个词语描述自己，这是一个评价自我的过程。课上，同学相互分享“自我描述词”，其他同学配合评价，充盈完善“自我描述词”。这个环节拓展了学生自我评价的视角，让同学发现自己心中的自己和别人眼中的自己是有区别的，做到“初识不一样的自己”。随后，学生采用 PDP 性格测试工具，答题后由网站计算生成每位学生的擅长风格，帮助学生更加深入、客观地了解自己。与此同时，组织相同性格类型的同学成为一个小组，一起阅读性格解析，交流分享自己这个类型的优势与不足，即做到“遇见真正的自己”。在分享过程中，学生能够意识到没有完美人设，每个类型都有优势和不足，而我们可以在了解自己的基础上，选择合适的目标，去制订一些切实可行的计划，尝试着完善自我，这便是班会的最后一个环节“成就更好的自己”。

“我们通过测试了解了自己的性格，以及优势与不足，通过分享也知道了扬长补短可以成就更好的自己。请尝试写一写，你有哪些方面可以进一步完善？”

学生根据自身特点，明确不足，确定目标，制订行动计划，并在班会课上进行了分享展示。班会结束后，我请同学们将自己的计划表贴在壁报中，在班级内形成了互相监督、互相鼓励的风气，使学生更好地认识自己、完善自己。

班会结束后，同学们纷纷表示："原来我是这个样子的啊！"可见班会效果明显。后来，同学们在确定选考科目时，少了一些盲目，多了一些理性，能够认真地考虑自己的性格、兴趣、优点、缺点等因素，选择真正适合自己的科目，平稳地度过了这段关键时期。

球场上传来一阵欢呼声，我的思绪也回到了篮球场上，小然投进了球，目光转向我，微笑着同我打招呼，看着这个在篮球场上肆意奔跑的少年，那一刻我无比自豪。

教育是植根于爱的，爱是教育的源泉，也是唯一的答案。每一个学生都是含苞待放的花蕾，作为教师，我们的责任是让他们绽放最绚丽的花朵。而每一个学生的花期是不相同的，唯一的答案是我们耐心一点，给他们一点时间，用爱和温暖去浇灌，最后的结果往往会带给我们惊喜和意外。

教育反思

高二学生需要适应"选课走班制"的上课形式，有些学生既不了解，又不主动询问，因而产生了一系列负面问题。小然就是这一类学生中的典型代表，且由于教师并没有十分全面地照顾每一个学生，忽略了这一部分同学在选课过程中产生的问题，从而导致小然情绪崩溃。后期又因为教师没有做好引导和及时给予帮助，小然出现了厌学的情绪和表现。

为了帮助小然尽快找到自己感兴趣的学科，完成选课并尽快适应“选课走班制”的学习模式，我主要采取了以下措施：

一、耐心倾听，逐步靠近，成为交心的朋友

高中学生发展具有不平衡性，他们虽然生理发育成熟，但心理还很脆弱，缺乏理智，容易冲动。这一时期的他们，更容易出现逆反心理。因此，取得小然信任是教学过程中关键的一步，为了获取小然的信任，我耐心倾听他的烦恼，了解来龙去脉，共聊他感兴趣的话题，让他对我打开心扉，以此为接下来的教学工作奠定基础。

二、相信学生，鼓励学生，成为人生的导师

高中学生的智力发育已经接近成人高峰状态，他们的注意力、意志动机、自信心、自制力、调节力较初中有了显著提高。因此，我们要充分信任学生是有自主性的人，应鼓励学生独立思考，自立自强。在选课过程中，我以引导为主，相信学生自己可以找到答案，并不断鼓励学生前进。

三、组织班会，攻克难题，战胜选课大关

主题班会课针对性、教育性强，是帮助学生解决困难的关键教育途径。在分析了学生选课难的原因之后，我组织学生开展了相关主题班会，引导学生一步一步加深对自己的认识，最终从多方面因素考虑，选择了最适合自己的课程。

总之，整个过程老师站在学生的角度想问题，注入关心和爱，帮助学生选择了自己喜欢的科目，并适应了“选课走班制”，取得了胜利。

（本文系北京市教育科学“十三五”规划 2020 年度一般课题“选课走班背景下班级管理的关键问题与班主任应对策略研究”成果。课题编号：CDB2020409）

好心不再做错事

人大附中石景山学校　李天宇

教育故事

终于结束了一天的教学工作，回到家刚要端起饭碗，手机就弹出了微信提示。原来是班长发来的一幅同学小程朋友圈的截图，上面写着这样的文字："我有一个好朋友现在心思不在学习上，请大家帮我支支招"，配图是一对男孩女孩手拉手的背影。虽然是背影，我马上看出照片中的女孩，正是小程的好朋友小桥。一时间，我感觉头顶炸了个响雷，小桥是怎么了？小程又怎么能发这样的朋友圈呢？小桥的问题要过问，可要先解决小程的问题，不能让这张图片在网上发酵，这会让小桥无法面对。想到这儿，有些生气的我再也吃不下去饭了。

我随即拨通了小程的电话："喂，小程，老师有件事想跟你沟通一下。"我极力控制着自己的情绪，用的是和蔼的语气。

"您有什么事，请说。"

"老师发现小桥最近的学习状态不太好，心思明显没在学习上。是不是因为她和某个男同学走得有点近呀？"

"您怎么知道的呀？"小程稍显紧张地说。

我略去了班长的名字，简单告知了信息来源，继续说：“小程，你不用紧张，你想帮助小桥，让她把心思放在学习上，这个出发点是非常好的，我特别赞同。可咱们处理问题的方式方法有待商榷。你看，这件事毕竟属于小桥的个人隐私，由你发布在社交媒体上不太合适呀！原本这事可能只有作为好朋友的你知道，但你发了朋友圈，会传遍校园的，你有没有想过小桥会希望这样吗？”

“我发的是背影，谁能看出来呀？再说，就像您说的，我是好心，就想帮助小桥尽快调整回来。”小程显然没有意识到问题的严重性，语气里充满了无措和委屈。我平和地对她说：“同学们朝夕相处两年了，大家都可以从背影看出来是小桥。咱们能不能先把这个朋友圈删了？然后我们再一起想想怎么帮助小桥。”

“好吧。”小程有些勉强道。虽然她删除了那条朋友圈，但很显然，她并没有意识到自己泄露了小桥的个人隐私，属于好心做了错事。该怎么帮小程认识到这个问题呢？思索中的我忽然看到刚刚翻白的孔雀鱼，有了柳暗花明的感觉。

第二天，我特意把在我家鱼缸里“阵亡”的几条孔雀鱼带到了学校。看我抱着装有死鱼的鱼缸进了教室，同学们疑惑不解。

“老师，您拿这些死鱼干什么呀？”

“你们猜猜，这些小鱼为什么死了？”

“饿死了。”

“不对，应该是冻死了？”

“不对，不对！”

“怎么不对，大冬天的还能是热死的？”

我看着七嘴八舌的同学们，认真地说：“他说对了，这些鱼确实是热死的。”

同学们都睁大了眼睛！

“这两天不是降温嘛，暖气又还没来，老师怕这些小鱼冻死，就把加热棒调高了好几度，殊不知这些小鱼因为水温过高，热死了。”

“您这真是好心办了坏事啊！”一个男生打趣地说。

“可不是嘛！所以啊，我们做事光有好心还不行，还要掌握好做事的方式方法。”我看向小程，说，“要不然就会像老师一样，好心却做了错事。”

我的话音刚落，小程便低下了头，好像思考着什么。

早读结束后，小程主动来到了办公室，对我说：“老师，我现在理解您昨天跟我说的话了，我发朋友圈，泄露小桥的个人隐私确实做得不对。”她又愧疚地说：“作为小桥的好朋友，我发现她最近和我的关系没有原来那么紧密了。一天，偶然发现她和校外的一个男孩拉着手一起走，从那之后，总能看到他们一起放学回家。我有了失去好朋友的失落感，更重要的是我发现小桥的学习状态非常差，所以才想到‘万能的’朋友圈，让同学们帮我想想该怎么办才好。”

“其实你和老师一样，我们的出发点都是好的，但是解决问题的方式方法还是有些欠考虑，所以才会导致我们好心却做了错事。朋友圈不都是万能的，也要在法律和道德允许的范围内，不能侵犯别人的合法权益。以后再遇到类似的问题，我们要多思考，再行动。这样我们就会用好心做好事。”小程与我相视一笑，轻松地走了。

但这件事情只解决了一半。为帮助小桥及时调整学习状态，我邀请了小桥的妈妈来到学校交流情况，共同商讨解决问题的办法。谈话进行得非常顺利，我以为悬着的心终于可以放下了，谁知道当天晚饭时间又收到了小程的微信：“老师，我已经意识到了自己的错误，学校一定要给我一个处分吗？”一句话问得我摸不着头脑，直到看到小程与小桥的聊天记录：原来小桥把老师与家长交流的事告诉了小程，气愤之余便谎称学校会给她一个处分。

弄明白了原委，我问小程：“我们现在换位思考一下这个问题，如果你是小桥，你的隐私被你的好朋友泄露了，你的第一感觉会是什么呢？”

“生气，气愤！”

“对呀，所以小桥当时的第一反应，也一定是生气、气愤。在那个状态下说出的话，有可能是没有经过大脑思考的气话。老师希望你和小桥都先冷静冷静，咱们明天当面沟通好吗？”

随后我联系了小桥，告诉她小程已经意识到了自己的问题所在，小桥实在不应该以这种方式“报复”小程。

第二天一早，两人如约一同来到了办公室。一番交谈之后，彻底解开了心结。小程痛快地说道：“她昨天在气头上，所以骗了我。今天我们相互道了歉，把自己的真实想法都跟对方说了，心里也都舒服多了。谢谢老师！我以后一定努力好心做好事！”说完两个人相视一笑，重归于好。

小程“好心做错事”以及小桥“报复”行为的背后，反映出的是处于青春期的学生辩证分析能力还不强，不能自觉遵守网络伦理道德，也缺少信息安全意识，做事容易冲动，不计后果。这是很多中学生都会出现的问题。为了防止相关的事情再次发生，我特意举办了“班级小法庭”的活动。小组讨论网络社会热点问题，以“小法官”的视角对不同问题进行分析与评判。我在旁把握好方向，给予学生正向、积极的引导。在分析与评判中，学生可以潜移默化提升辩证分析能力、网络伦理道德水平和信息安全意识。通过“如何正确地解决分歧与冲突”“当受到误解时应怎么办”等主题班会，组织学生结合具体事件分享感受、讨论应对策略，引导学生们体会遇事要冷静、换位思考的重要性。

后来，我还以学生们的选修课《论语》为契机，从本土文化中挖掘伦理道德教育因素。中国传统儒、道、墨、法等伦理理论注重个体心性美德和理想人格信仰规范，如“自省”“慎独”精神的培养，这对于培养新时代人才具有重要的现实意义。学生在优秀传统文化的滋养中，涵养品格，提升修养。

教育反思

一、创设情景，引导学生换位思考

随着高中生逐渐成熟，他们的自我意识明显增强，在心理和行为上表现出强烈的自主性，迫切希望从父母、教师的约束和说教中解放出来。他们对许多事物都敢于发表自己的看法，并经常为坚持自己的观点而争论不休。如果简单粗暴地批评教育学生，反而会激起他们的对抗情绪。所以在解决问题时，我们可以个性化地建立情景，让学生在情景中以第三方的视角去审视问题，从不同的角度看问题，产生不同的想法与感受，进而反思自己的言行。这样做往往会比直接与学生面谈效果好。学生也更容易发现自己的问题，自觉改正。

二、尊重学生成长规律，选择适合的教育方法

作为班主任老师的我们需要尊重学生的成长发展规律，发现学生问题行为背后的关键点，选择适合的教育方法。高中阶段的学生非常重视友谊，但是由于这个阶段的学生大脑发育不成熟，容易冲动产生过激行为，进而影响友谊的建立。班主任利用创设情景引发学生内省、召开班会讨论分析等途径，引导学生正确处理朋友间的分歧与冲突，帮助他们学会发展友谊的技能。

三、传承中华优秀传统文化，解决现实问题

中华优秀传统文化蕴含着丰富的道德理念和规范，如“天下兴亡、匹夫有责”的担当意识，精忠报国、振兴中华的爱国情怀，崇德向善、见贤思齐的社会风尚，孝悌忠信、礼义廉耻的荣辱观念……它们体现了评判是非曲直的价值标准，潜移默化地影响着学生的行为方式。通过品味中华优秀传统文化，引导学生树立正确的价值观，进而形成道德自觉。

你若盛开，蝴蝶自来

人大附中石景山学校 陈双

教育故事

在我眼中，萌萌活泼开朗、能歌善舞、乐于分享，课上思维活跃，敢于举手回答问题，是班级中难得的“多面手”。一有时间她就会来和我聊聊天，从交谈中我发现，比起唱歌跳舞她更喜欢画画，她想要做一名服装设计师。身为班主任的我也想助力她实现梦想，因此，我总在她学习松懈时及时“敲打”她。

2017 年，北京进入高考“3+3”模式，每一个高中生都需要在高二完成选科，实行“选课走班制”。“选课走班制”模式下，学生上课分散，甚至不同年级的学生也可能在同一个班级上课，班级中一些学生开始出现问题，选考科目偶尔缺席，课上和“新同学”交头接耳，趁着自习课时间溜出去打球，不按时交作业等。因此，我把主要精力用在这些学生身上。我总觉得，我既是萌萌的班主任，又是她的生物课老师，我和她有很多交流的机会，于是对她的关注度大大降低了。渐渐地，萌萌与我有些疏远，而我却未能及时发现她的变化。

有一天，英语老师走进办公室，悄悄地对我说：“我刚才在楼道拐角处发现，你们班萌萌和三班一个男学生站得非常近，好像还手拉着手，他们是不是谈恋爱啊？”我瞬间火冒三丈，恨不得立刻把她拎过来训斥一顿。但静心一想，虽然爱情不应该发生在高中这个年龄段、不应该发生在校园里，但在生物学角度上看，高中阶段的学生已经进入青春期中后期，性激素水平的改变使得他们的生理发育已接近成年人水平，此时他们渴望与异性建立亲密关系，这很正常。如何心平气和、快速有效地和萌萌谈呢？或许可以利用“早恋耽误学习”这个点。

等我想好后，我将萌萌叫到了办公室，问道：“知道我为什么找你来吗？”萌萌低下头，声音极小地问道：“是不是英语老师跟您说什么了？”我看着她并没有回答，片刻后她说道：“我知道错了。”看着眼圈红红的萌萌，我心有不忍：“有人喜欢你，或者你有个喜欢的人，这些都很正常，不能算是错。”她惊讶地抬起头，我紧接着说：“但错在了时间空间不对。你还喜欢画画吗？还想当一名服装设计师吗？”瞬间我听到她说：“当然，我从来没有想过放弃。”确定她还坚持做服装设计师的梦想，我知道是时候切入重点了。于是，我问道：“你知道考上服装学院需要多少分数吗？你知道你要想达到那个分数需要多大的努力吗？恋爱是要花费很大精力的，这些时间和精力的投入，会不会影响你的学习，你想过吗？”看着她静静地站着，若有所思，想必之前并没有想太多。过了一会儿，她开口道：“我想明白了，我会处理好这件事情。”看着她坚定的眼神，我以为这件事情已经顺利解决了。

直到那天，因为想检查一下住宿生晚自习纪律，快 19:00 时我往自习室走，看到萌萌和三班的男学生有说有笑，打打闹闹，男学生还亲昵地摸摸萌萌的头，我这才知道这件事情没有想象中那么简单。是不是我过于相信她能自己处理问题的能力了？我是不是应该拿出教师的威严铁面强硬处理？转头一想，为什么考取服装学院的理想都没有“劝退”萌萌，这背后的原因是什么呢？

回想起与萌萌相关的信息，我不由得觉察到了事情的原因。萌萌的父母工作都很忙，虽然从来都不会缺席家长会，但每次都是会后还没有来得及聊几句就匆匆忙忙走了。之前，萌萌也常说周末是自己在家，她总是要跑到好朋友小周家求“投喂”。或许这个男学生的出现，弥补了父母经常不在身边的空缺。再想到前一阵小周回四川解决户口问题，差一点儿就留在四川读书不回来了。或许对于一个寄宿的女生来说身边总是需要一个人陪伴，这个男学生可以代替小周陪伴她。于是我开始“曲线救国”，找到了小周进行了解。小周说道：“虽然萌萌表面上大大咧咧，好像跟谁都很好，其实真正要好的朋友并不多。”我也和萌萌妈妈多次联系，萌萌妈妈表示：“陈老师，萌萌跟我说过她早恋的事，她说早恋影响学习，分手会影响情绪也会影响学习，不想分手。我们做家长的怕管多了有逆反心理就没敢多说。”通过以上谈话，我了解到萌萌妈妈虽然知道学生的情况，但是并没有跟学生深入地聊一聊。可能是因为大部分的中国父母都比较含蓄，对于爱恋、性教育持回避态度。萌萌虽然外表活泼开朗，能歌善舞，乐于分享，但由于父母工作很忙，对萌萌的关心不够，再加上我作为她的班主任对她有所忽视，她的好朋友也不在她身边，此时，一个阳光的大男生向她投来“橄榄枝”，便触动了她那渴望被爱、被关注的内心。

理清思路后，我不再以一个教师的身份，而是作为一个倾听者，一个感同身受的过来人，在操场上和她聊起了她的恋爱。“萌萌，我想跟你道歉，对于你的恋爱，我过于武断了，我不应该给你扣上早恋会使学业成绩下降的‘帽子’。你愿意给我讲讲你的恋爱吗？”她沉默着，好像是在思考怎么跟我讲，又好像是在给自己勇气去讲述。我没有催促，静静地等待。“老师，我知道在班里我没有滢滢、佳佳她们几个好看，学习上也比不上小周、小闫她们几个努力，工作能力也一般，我觉得我在年级里很透明，内心很自卑。突然有一个人跟我说喜欢我，我都开心死了。我有一个小毛病，一紧张就咬手指甲，他注意到我这一点，总是提醒我咬手指甲不好，我觉得特别幸福。”我告诉萌萌：“我明白，我也有个小毛病，我从小就怕黑，因为考研每天都要在教学楼复习到很晚，晚上教学楼的楼道又很黑，我一个人走着走着就想跑起来，总觉得后面有人跟着我。有一天无意跟男朋友玩笑着说起这事，第二天晚上 10:00 他就来教学楼接我，我当时那叫一个开心呀，有一种被人捧在手心里的感觉。”听到我说起我的故事，她像是放下戒心，问我：“那你有没有这种苦恼？因为恋爱和自己的好朋友越走越远，我都没有时间和小周一起玩儿了。他总是不让我和小周一起吃饭一起走，我得等他吃饭，跟他一起去自习室。如果我不和他一起，他就和我吵架。”这次我并没有向她诉说我的苦恼，也没有评价这件事情，而是问她：“萌萌，你当时和他在一起，究竟是喜欢他，还是喜欢这种有人关心的感觉呢？这个问题你不用急着回答我，好好想一想。萌萌，我还记得你设计的垃圾分类入场式夺得了全校唯一入场式创意奖；你在元旦晚会给我们排练的舞蹈《寄明月》多好看，我学了那么长时间，你一学就会；我到现在都还记得第一次合唱团演出，小闫一下子就看到你，大声告诉我们‘第一排中间那个女生是萌萌’。你并不是什么‘小透明’，我觉得你更像是紫苑花，虽然是一种小巧的草本花卉，但是有着亮丽的花朵，开花时会吸引很多很多蝴蝶到来，正所谓‘你若盛开，蝴蝶自来’。父母、老师和你的好朋友都会看到你的优秀。”

对于之前留给萌萌的问题，我没有追问。就在当年的高考中，萌萌成功考入了北京服装学院。看着她朋友圈里越来越自信的脸庞，听她向我诉说着大学里的舞蹈社、T 台秀的种种，望着她在讲台上跟学弟学妹讲着学习方法、高中生活，我知道花真的盛开了。

教育反思

亲历了萌萌的恋爱故事，我对班主任工作多了一层反思。作为班主任，我需要从学生的身心发展规律出发，依据学生实际问题，选定科学的方法，不能脱离学生实际情况，武断地解决所有问题。

一、科学分析学段特点

高二年级是高中一个特殊时期，学生在心理发展上有其自身的特点。高一时学生彼此不熟悉，要适应高中生活，要在班级中找到自己的定位，一切都小心翼翼。高三时由于高考的迫近，外界环境压力和自身对高考的思考又让他们冷静下来，想好好学习。高二年级的学生在班级的位置大概确定，基本上已经适应了高中的学习生活，对高中生活的新奇感渐渐消失，开始关心人际交往，渴求友谊，少数学生出现早恋苗头；部分学生产生“松口气”现象，学习目标不明确。故事中的萌萌，在高二时基本上适应了学习生活，但她内心自卑，渴望得到更多人的关注。特别是在好友离京后内心的孤独感加剧，犹如落入大海中的人在海上漂泊时对浮木的渴望一般，“爱情”就这么发生了。班主任通过追问，帮助学生澄清内心的渴望，厘清“被关注不等于爱情”，引导学生正确处理与异性同学的关系。

二、以倾听与共情陪伴学生成长

高中生心理发展很矛盾。他们的情感越来越丰富，但表露于外的东西却少了；同时，他们又感到非常孤独和寂寞，希望有人关心和理解他们。

他们渴望朋友，一旦找到就会推心置腹，毫不保留。和他们谈话，倾听和共情是最有效的方式。

父母和教师的视角总是外部的，这样的说教缺少了“感同身受”的维度，是抽空了血肉的大道理，干瘪无味，而个体遭遇却具有复杂性和丰富性，强加自己的判断于他们的情感之上会引起他们的反感，甚至“越说越来劲”。面对恋爱不要急于判断和说教，而是静静地充当一个倾听者，或者讲述一个自己亲历的恋爱故事，用一种带有情感温度的方式，让他们在自己的反思或他人的故事中感悟成长。利用罗森塔尔效应通过积极暗示，让学生获得自信、自尊，获得一种积极向上的动力。

三、帮助学生建立自我认同感

埃里克森提出，自我同一性的确立和防止社会角色的混乱是青年期的发展任务。自我同一性是关于个体是谁、个体的价值和个体的理想是什么的一种稳定的意识。每个人在青年时期都在探索并尝试去建立稳定的自我同一感，即自我认同感。故事中的萌萌未能准确认识到自己的特点和优势，自我认同感低，出现自卑、渴望被爱等表现。在这种情况下，我尝试给予她认可：第一，剖析她的优缺点，让她更了解自我，也可在学习生活中多给她发挥优点的空间；第二，帮助她找清楚自己的定位，树立或更加坚定自己的目标。通过外界认可转化为自我认可，从而达到提升萌萌自我认同感的目的。

（本文系北京市教育科学“十三五”规划 2020 年度一般课题“选课走班背景下班级管理的关键问题与班主任应对策略研究”成果。课题编号：CDB2020409）

共情 + 引导 = 提升自我认同感

人大附中石景山学校 余园

教育故事

一、我不想

还记得高一刚开学，我在组建新班集体的时候，有一个环节是“给未来的自己写一封信”。我特意准备了好看的信纸和信封，让同学们在信纸上写出自己高中阶段的理想和目标，然后装进信封，交给我保管。同学们带着懵懂、兴奋、期待的表情在五颜六色的信纸上洋洋洒洒地挥舞着。此时，小王坐在座位上，一动不动、面无表情、满不在乎，我走过去，俯下身，轻声问：“你为什么不写？”小王冷漠地说：“老师，我对这种形式化的东西不感兴趣。”我当时很生气，人生只有一次，步入高中难道不应该有点仪式感吗？我精心策划了这个写信活动，是想和同学们一起见证他们的成长，却被小王说成形式主义，我心里十分委屈，本想好好地“教训”小王，但是当我看到他脸上忧郁的神情时，我又不忍心了。写信活动结束后，我建议全班同学聚在一起拍一张合影，大家都非常迅速地站成几排，错落有致，唯独小王游离在人群外，我说：“小王，赶紧站到队伍里。”小王磨磨蹭蹭地走过来，趁我整理队伍之时，又悄悄跑掉，最后我们班的第一次合影里只有半个小王的背影。看着小王孤独的背影，我决定深入了解他闷闷不乐的原因。

我查阅了小王的入学资料，知道他家住房山区，是一名住宿生，中考成绩在班里中上等。在当天放学的时候，我将小王留下来，小王立刻明白了是白天写信活动的事情，他赶紧说道："老师，白天的事真对不起，我不是故意的，我就是不想写，实在不行，我现在给您补写一份。"

我微笑着说："你离开家住宿，还习惯吗？"

小王一愣，然后回答："我上小学和初中都在家附近，以前没住过校，还真有点不习惯。"

我赶忙问："哪里不习惯呢？"

小王说："我睡觉睡得特别浅，有一点动静就会醒来，昨天晚上就几乎没睡着。唉……我想回家。"

我开导他说："以前都在家附近上学，现在离开家换个环境也是一种新体验。"

小王说："老师，我高中也想在家附近上学，但是没考上，没办法才来了咱们学校。"

为了缓解学生的情绪，让学生不再纠结无法改变的事实，以积极的心态面对未来，我决定活跃我们的聊天气氛。我开玩笑说："咱们班从房山来的同学还挺多的，你们可以组建个老乡会了。"

小王眼睛一亮说："老师，我也发现了，小张也是房山的，他初中是北京四中房山分校的。小何也是房山的，还有几个女生，她们都是房山的……"

我趁机问："咱们班有和你一个初中的吗？你们房山都有什么好玩的

地方？”

小王滔滔不绝地说着，话匣子就这样打开了。不知不觉我和小王聊了两个小时，食堂已经没有晚饭了，我点了外卖，邀请小王和我一起吃。小王刚开始还有点不好意思，但是在我的热情邀请下，小王高兴地和我一起边吃边聊。我能感受到我们之间的距离明显被拉近，小王也能够感受到我的关心和爱，渐渐信任我了。

二、我不行

想着小王离开家、离开熟悉的环境来求学挺不容易的，所以我平时尽可能多关心他。有一天午饭后，我叫上小王一边在操场上散步，一边聊天。

我说：“开学已经有一段时间，感觉怎么样？擅长或喜欢哪个学科？”

小王垂头丧气地说：“老师，我好像有点听不懂英语课，英语老师上课几乎是全英文的，这和我以前在房山的初中英语老师完全不同，而且以前上初中的时候，一天只背几个单词，现在数量翻了好几倍，单词又长又难。”

我安慰说：“高中知识本来就比初中知识多且难，英语是一门语言学科，听说读写很重要，现在感到学习吃力也别急，有不懂的及时问老师，咱们坚持听英语，背单词，英语水平一定会提高的，加油！”

小王难过地说：“老师，我背不过单词，今天记住了，明天又忘了，忘得比记得还快，而且我觉得背单词没用，我昨天花费了大量精力背了三十个单词，但是今天上课还是没有听太懂，我觉得自己太笨了。”

我急忙说：“遗忘是件正常的事情，多背几次就记住了，学习需要持之以恒，昨天学了，今天就突飞猛进是不现实的，‘心急吃不了热豆腐’。”

小王又沮丧地说："我喜欢物理，将来想当一名物理教师，初中的时候我还觉得自己物理成绩不错，可现在我觉得物理好难，看来我的理想要破灭了。"

我告诉他："有梦想有目标是好事，朝着梦想不懈奋斗、无悔青春是一件幸福的事情，高中物理虽然很难，但物理老师在我面前不止一次表扬你，说你有物理学科思维，只要你稳扎稳打，克服困难，一定会学有所成的。"

小王听了之后，终于露出了浅浅的笑容。他说："老师，我会努力的，但是我现在状态不好，学不进去，我想回家，您能让我妈来接一下我吗？"

我知道刚才的话小王并没有完全听进去，他现在遇到困难，想要逃避，想逃回家。我联系了小王的妈妈，告诉她学生的情况。最终和小王妈妈商量好，连着周末让学生在家里待三天，好好调整状态。通过这次聊天，我感受到小王非常不适应高中的学习和生活，他遇到问题，自我怀疑，缺乏战胜困难的自信和勇气。

三、我能行

在之后的学习中，我经常观察小王的表现，也向其他任课教师了解小王的情况。我发现小王学业效能感一直比较低，为了让学生有获得感，提升自我价值认知，我成立了学习小组，让小王担任组长。我对小王说："我每周会让物理老师布置一道题，让同学们以小组为单位进行讨论，组长先给物理老师讲题，物理老师再从每个小组中抽查一名组员看看是否小组成员都弄明白了这道题，你作为组长，要先自己弄明白了，再给组员讲。"

小王说："我自己都不会，怎么给别人讲？"

我说："还没开始，你都没试过，怎么知道自己不行？"

小王说："行，我试试吧。"

为了调动学生们的学习积极性，我和物理教师商量好不布置难题，只布置课上讲过知识点的对应习题。但我还是对小王说："如果你们小组商量讨论之后，你还是不会，可以寻求老师的帮助。咱们班总共 9 个学习小组，小组之间可以比一比，看哪个小组又快又好，得分最高，第一名有奖品哦。"

小王瞬间兴奋起来："老师，第一名的奖品是什么？"

我说："等你们组得了第一名，你就知道了。"为了让小王更有动力，我又说："小组能否得第一，组长至关重要。只有组长自己弄明白了这道题，才能指导引领组员，你就是你们组的依靠。"

小王问："如果我给老师讲了题，但是我们小组的组员就是不讲，我该怎么办？"

我说："没有一个同学不想让自己变好，如果他不讲，只能说明他不会，你作为组长，应该耐心地给他讲解，在讲解的过程中，你对问题的理解一定会越来越深入，你是最受益的人。"

小王似懂非懂地点了点头。在接下来的日子里，可能是因为小王觉得自己身上多了一份责任，上物理课听得更认真了，课后也努力完成教师每周布置的题。虽然刚开始稍微有些困难，但是在物理教师的帮助和我的鼓励下，小王顺利完成了这些题，并且认真负责地给组员讲题，最终他们组在评比的时候获得了第一名。当我把提前准备好的奖品发给他们组的每一个同学时，大家都很高兴，并且很感谢小王，我趁机说："既然大家一致认为组长辛苦，那我就额外多奖励小王一个笔记本，大家没意见吧？"当小王拿着额外奖励的笔记本时，他露出了笑容，当他翻开这个笔记本时，他的眼眶湿润了，因为我在笔记本的第一页写着："你远比想象中更优秀，加油，未来可期！”在随后的期中考试中，小王的物理成绩年级第一。物理学科的优势让小王建立学习的信心，并且带动英语、数学等其他学科的学习，在期末考试中，小王总成绩年级第五名。小王笑嘻嘻地来找我说：“老师，你说得对，只要努力，持之以恒，学习是会进步的，我已经打算高二选课选物理，看来将来当物理教师的梦想能实现了。”我说：“一定会的！”

教育反思

自我认同感是给自己一个定义和目标，然后保持一种积极向上的心态，并且不断努力。它能帮助我们提高自我效能，达到自我实现。自我认同是自我效能的前提和基础。对于高中生来说，学业自我效能感十分重要。学业自我效能感是学生对自身学业能力的自我认知，即学生对自己是否能完成学业任务的主观判断。高中阶段，知识难度大、范围广，对基础知识和学习能力的要求较高，容易失去学习上的成就感，失去信心，甚至自暴自弃，学业自我效能感低。

一、细心观察，发现学生消极行为背后的需求

高中生的情绪能力得到很大程度发展。他们在渴望得到他人理解的同时，对情感的识别、理解能力不断提高。因此教师应该依据他们具体的情感需求，发挥共情的力量，将心比心、换位思考、设身处地理解学生，做到“真”关心。小王从房山来到石景山上高中，离家住校，思念亲人，刚

入学不适应高中生活，又无力改变现状，只能躲进硬硬的壳里。开学的写信活动，小王认为是形式化的东西，表示不感兴趣。但事实上，他只是假装不在乎。我在充分了解小王情况的基础上理解他、关心他，让学生感受到被重视，感受到教师的爱，从开始的排斥转变为信任。

二、以强带弱，建立学业自我效能感

建立学业自我效能感，教师应该引导学生跳出负面体验的恶性循环。高中阶段，很多问题都是早期累积的结果，学生在学习上很容易失去信心，当学生努力后仍不能达到预期目标，不能建立努力和成功之间的联系，就会有失去控制感的焦虑，从而进入恶性循环。

教师应该鼓励学生接纳自己目前的学业水平和负面情绪，合理归因，制订计划，立即行动，及时强化鼓励，激发学生战胜困难的勇气。小王不适应高中英语和物理的学习，内心焦虑，自我否定，甚至逃回家。我通过建立学习小组的方法，让小王担任组长，增强其责任使命感；与此同时，从小王感兴趣的物理学科入手，让小王给教师讲题、给组员讲题，让小王感受到自己的重要性。在外在帮助和内在鼓励的作用下，小王完成了任务，我及时强化鼓励，以第一名的荣誉肯定小王，在笔记本上写下鼓励性话语，直击小王内心，让小王重拾信心，重获信念。在优势学科的带动下，建立学习的信心，并迁移到其他学科中。

（本文系北京市教育科学“十三五”规划 2020 年度一般课题“选课走班背景下班级管理的关键问题与班主任应对策略研究”成果。课题编号：CDB2020409）

智解手机引发的亲子矛盾

人大附中石景山学校　李晓玲

教育故事

2020 年，在新冠疫情严峻的形势下，我国各级学校开展“停课不停学”的防疫措施，居家学习让家庭环境成为学生教育活动的主要场所。面对在家上网课的学生，家长不仅要照顾学生的日常生活，还要关注其在线学习状态，监督学习效果。

学生居家学习效果在一定程度上会受到多种因素的影响，有家庭环境、网络情况、手机管理、心理情绪、课堂互动……其中，手机管理问题成为影响高中生居家学习效果的重要因素之一，也是在家庭教育中影响亲子关系的重要因素。

一、“我要向您投诉我家孩子”

学生居家线上学习已经过去两周了，线上学习的新鲜感还没有过去，就暴露出了居家学习的问题。

2 月 28 日这天，高二（1）班一名男生的爸爸给我发来一条很长的微信。“李老师，您好，我要向您投诉我家孩子小 A！我要求孩子周六日可以用电脑玩游戏，但平时不能玩。昨天下午我发现小 A 用手机玩游戏，不认真学习。都高二下学期了，学习时间非常紧张，我提出周一到周五对他的手机进行管理，他不同意，我就对他发火批评他了！小 A 现在还在为手机的问题跟我闹情绪。高中学业压力本来就大，应该在学习上全力以赴，我担心孩子经常用手机玩游戏会耽误学习，变得懒散、没有目标。所以向您咨询，我们家长是否要对学生的手机进行管理？您的话比家长管用，希望您时间方便的时候和小 A 谈谈如何管理手机的使用，我说他，他就顶撞赌气，我快被他气死啦！”

看完小 A 爸爸的微信，我知道我所担心的问题出现了：学生居家线上学习，因自制力差，抵挡不住手机的诱惑，从而影响线上学习的效果。

小 A 是班级学习比较上进、成绩比较优秀的同学，他尚且抵挡不住手机游戏的诱惑，更何况其他同学。要想保障线上学习效果，必须提高学生自制力，使学生能够抵挡手机的诱惑，这是家长和教师亟须共同解决的问题。但是又考虑疫情期间学生的心理和情绪波动比较大，太过强硬的方式和措施会激化家长和学生之间的矛盾。

为了缓解家长的焦虑情绪，我回复家长：“小 A 爸爸，您是一位特别负责任、关心孩子学习和成长的家长。孩子在家里学习，自律性差，受手机影响大，学习效率低，这是一种普遍的现象，您不必太焦虑，我们一起想办法帮助孩子合理使用手机，保障线上学习效果。为了避免您和孩子因手机的问题而产生矛盾，最好不要强制没收他手机，但可以和他约定每天用手机的时间、用途。我今天单独找小 A 聊一下，帮他制定合理的居家学习、生活规划，每天多完成点任务，玩游戏的时间也许会少一些。帮助他养成自觉自律的好习惯，抵制手机诱惑，提高学习效果。”

二、“老师，事情不是我爸说的那样”

上完当天的课，我微信联系小 A：“最近线上学习怎么样？适应这种特殊时期的特殊学习方式吗？”小 A 回复：“挺好的，就是感觉节奏有点儿慢。”我紧接着问：“我怎么听你爸爸说你经常用手机玩游戏呢？”小 A 立马反驳：“老师，事情不是我爸说的那样。高中的学习压力这么大，我只想拿手机玩一会儿放松一下，我爸却批评我整天就知道玩，真的冤枉我了！”

听到小 A 委屈的辩解，我安慰道：“老师相信你是个优秀、自觉的学生，平时那么勤奋好学、喜欢思考。你能告诉老师，你每天用手机除了学习，还用来干什么，大概多少时间吗？”过了一会儿，小 A 发来消息：“老师，我刚才反思了一下，其实最开始上网课的时候我对自己要求还挺严的；最近确实有所松懈，没课的时候，拿起手机，玩会儿游戏，刷刷短视频和朋友圈，时间不知不觉就过去了……我确实因为手机浪费了很多时间。我也知道高中生应该珍惜学习时间，可有时拿起手机就管不住自己。”

听到小 A 主动自我反思，我很欣慰，继续引导：“你的反思能力这么强，老师知道你是有目标、有志向的少年。现在线上学习以复习为主，对你来说比较简单，但也不能放松对自己的要求。要珍惜这段时间，做个合理的学习规划，借助老师提供的优质学习资源，完成更多的学习任务。有了明确的学习目标和任务，就会减少对手机的依赖，提高学习效果，实现弯道超车。”

小 A 听完，接着问：“老师，那手机诱惑力实在太大，怎么办呀？”“自觉放下手机确实困难，但借助外力也是个好办法。你和你父母协商一下，你每天给自己制订明确的学习计划，在学习的时候，把手机交给父母保管，这样可以集中精力、提高效率，完成学习任务后，再跟父母要手机放松一下，劳逸结合，学玩分明。”

小 A 欣然同意：“如果我完成每天的学习计划再玩手机，我爸爸就不会没收手机了。我可以试试。”

三、以“如何告别手机依赖”为话题，全班贡献智慧

根据前期了解，很多高中生都有过沉迷手机影响学习的情况；但是，高中生处于青春期阶段，自我意识强，心思更敏感，不喜欢家长过度干预自己的学习生活，如果家长因手机批评学生，就会引发亲子关系的紧张。

我决定在班会时请全班同学围绕“如何告别手机依赖”为话题进行讨论交流，发表自己的看法。这个班会主题引起了全班同学的共鸣和热情参与，因为几乎大部分同学深受手机之害却又不能自拔，时不时与家长因手机发生“战争”。

学生们就“居家线上学习依赖手机的原因”“依赖手机的危害”“如何告别手机依赖”等问题查阅了相关文献资料，并纷纷结合自己的实际经历进行分享和交流。

高中生的理性思维和分析问题的能力比较强。在班会上，学生们将居家线上学习期间依赖手机的原因进行了分类，他们认为：大部分属于游戏型依赖，手机里的网络游戏可以给他们带来成就感和满足感；还有一部分属于社交型依赖，微信朋友圈、QQ 群等各种社交软件中有少则几百，多则上千的好友，让学生难以割舍这种网络的交流；还有部分学生属于娱乐型依赖，主要是手机中的音乐、照片等让学生在学习时分心。

对于“依赖手机的危害”这个问题，学生们也各抒己见。“我查过资

料，过度使用手机会影响大脑发育，会使大脑看起来像萎缩了一样。”“长时间玩手机会破坏专注力，缺少对某个问题深入持久的了解和思考。”“占用宝贵的时间，影响学习质量和休息时间。”“还会破坏与周围人的关系，尤其与父母的关系。高中生一旦爱玩手机，父母就着急上火，甚至直接干涉，争吵责骂……”

那么“如何告别手机依赖”呢？学生们又一起积极贡献智慧。“学习的时候将手机交给父母保管”“卸载手机中诱惑力比较大的软件”“我们可以跟父母签订手机使用协议，父母可以监督，但也要尊重我们”……

经过这次班会，每位学生都收获颇多，小 A 也自然明白了爸爸的心意和期待，不再赌气。同时也暗暗下决心，一定提高自己的自制力，合理使用手机。

四、后续家校沟通，持续跟进

做通了小 A 的思想工作后，我把这个过程以及接下来如何帮助小 A 管理手机，跟小 A 爸爸又进行了交流。我帮助小 A 一起制订每天合理的学习计划，这样小 A 的学习目标更加明确，从而减少对手机的依赖性。小 A 爸爸和小 A 签订手机使用协议：在小 A 学习的时候，帮助他暂时保管手机，而不是没收，借助外力的帮助，减少手机对居家学习的干扰。当小 A 完成学习计划后，小 A 爸爸交还手机给他，但玩手机的时间要有一定的限制，不能连续超过一个半小时。

一个月之后，再与小 A 爸爸沟通小 A 居家学习的情况时，小 A 爸爸一改最初的焦虑和担忧，如释重负地说：“老师，我俩因手机而产生的矛盾终于化解了，小 A 居家学习效率和劲头比以前提高了很多。”

教育反思

高中生意志动机的主动性、目的性增强，在处事的信心度、果断性、自制性方面有发展，调节力较初中有提高。但他们热衷于新奇事物，仍无法抗拒手机诱惑，很容易对手机产生依赖。

恰逢学生居家线上学习，缺少了教师和学生面对面的交流管理，长时间玩手机成为影响学习效果的主要原因。父母想管，但又缺少科学的教育方法，往往让亲子关系变得紧张。做好家校协同，帮助学生合理管理手机，保障居家学习效果，可以从以下几点去做。

一、与学生共情，倾听手机依赖背后的真实需求

（一）用心倾听，安慰负面情绪

高中生情绪强度大、波动性大，容易进入激情或应激状态。当家长因手机管理和学生产生矛盾、争吵的时候，家长会有生气、愤怒、暴躁的情绪；而学生会感到委屈、不被理解，从而产生叛逆甚至过激的行为。这时，作为班主任应该用心倾听家长、学生的倾诉，捕捉负面情绪，表示理解、给予安慰，首先解决情绪的问题。

（二）肯定认可，打开沟通渠道

高中生心理发展具有矛盾性。在渴望独立的同时，也渴望得到家长、教师的理解与认可。班主任聆听家长的倾诉，肯定家长是一位负责任、关心学生学习和成长的家长。在与学生沟通了解居家学习手机的使用情况时，也表示相信学生是个优秀、自觉的学生，肯定其平时勤奋好学、

喜欢思考。给予家长、学生真诚的肯定认可，一定程度上让对方放下警戒心和叛逆心，为接下来的沟通交流和解决问题打开了大门。

二、聚合团体之力，科学规划时间，合理使用手机

（一）以点带面，发动班级学生的智慧

高中生的心理发展还呈现前瞻性和进取性的特点。他们对发展的未来充满憧憬和向往，具有开拓、敢于创新、积极向上的精神。因此，班主任教师需要信任他们，发动他们的智慧。关于手机使用引发亲子矛盾的故事，虽然发生在小 A 父子身上，但实际上这种事情几乎在每个高中生家庭中都存在，只是程度有所差异。高中生已经具备理性思维和分析问题的能力，班主任可以引导学生共同分析依赖手机的原因和危害，进而思考告别手机依赖的措施，让更多的学生摆脱手机困扰和因手机引发的亲子矛盾。

（二）积极引导，给予有效建议

家长一开始的态度比较强硬，想强制没收学生的手机，但这种简单粗暴的措施不仅没有解决问题，还让亲子关系更加紧张。家长缺少专业的教育知识和方法，班主任需要给予正确做法的指导。家长可以和学生约定每天用手机的时间、用途，制定合理的居家学习、生活规划，培养学生自觉自律的好习惯，从而抵制手机诱惑。帮助学生提出解决的方法，每天给自己制订明确的学习计划，学习时把手机交给父母保管，提高学习效率，完成任务后再玩手机，内力克制，外力协助，减少手机对学习的干扰。

班主任采用合理有效的方法，在父母和学生之间起到了桥梁的作用，修复了亲子关系。家校协同采用合理有效的方法，给予学生更多的理解、信任，保护学生的自尊心，把强势的监督变成友善的帮助，引导学生正确管理手机，提高学生自控能力，保障学习效果。

有“心”花自开，有路梦自来

北京九中　陈鹏

教育故事

“亲爱的陈老师，我睡不着！想到了好多东西必须说出来。上学期的时候，我不喜欢您……我发现我以前思想有问题，太幼稚了，觉得陈老师只看重成绩。我觉得您一定不会参加学校的集体舞比赛，但您居然去了！当时我真的超级感动，因为那是我第一次体会到，二班是我的家，我们可以一起努力去完成一件事情并且获得了成功。我现在最想做的事，就是告诉大家，我们的老师多么好，我们的二班多么温暖。”这段话来自学生小杨发给我的一段长达2035字的微信。收到这条信息，我开心了好多天，一切努力没有白费，小杨终于在班级中找到了归属感。我和小杨的故事也以这条信息为转折点，走向了另外一条别具风采的心路。

一、觉察心，让我们走得更近

还记得高二分班时，小杨从普通班调整到我所带的班级。瘦瘦小小的她，总是一个人躲在角落里学习，很少主动和别人打交道。按照她后来的回忆说："高二一开始我身上的'成绩好'光环就没有了，我变成了班里那种挺努力但就是学不好的那种小孩，当时真的挺自卑的。"的确是这样，因为性格慢热、融入新环境慢，一时适应不了新班级学习的快节奏，小杨天天郁郁寡欢、愁眉不展，甚至表现得有些自卑，成绩也排在了班里倒数的位置。我作为班主任，心里十分着急，多次跟她聊，告诉她放平心态、慢慢适应，但每次她看我都是怯怯的眼神，脸上是拒绝交流的表情。我隐约能感觉到，小杨不太喜欢二班，也并不太喜欢我这个班主任。

我想，也许是我"高高在上"的指导不是她需要的，对待小杨，我要慢慢来。没过几天，小杨从楼梯摔下来伤到了腿，因为学生家长在外地，我就主动带她到附近医院拍片，好在没有什么大碍。回校的路上，我问她："现在你们宿舍几个人啊？大家相处得好不好？"她回答："老师，同宿舍都是咱们班的同学，挺好的。"我又问："那现在还觉得学习节奏快吗？是不是好点啦？"小杨回答说："好多了，咱们班同学都挺友善的。"我接着说："你一两个月也回不了一趟家，有事情随时找我。"学生一个劲地点头。虽然谈话状态还是我问她答，但学生看我的眼神里多了一些柔和。考虑到小杨住宿，家长离得远，我便如她的家长一样默默关心她，经常给她带水果，有意识地多和她亲近。慢慢地，学生的眼神不再排斥，有了一些害羞，更多了一份信赖。此时，我的内心里有了一丝欣慰，同时也在思考如何进一步拉近小杨和我、和班级的距离。

就在我苦思冥想找不到头绪时，学校的一次集体健美操比赛让我有了机会。学校健美操每年都是以班级为单位参加，如果班主任教师参与就能有加分。其实，我对自己的身体协调能力一直抱有极大的怀疑，但考虑到我是班级的一分子，也让更多的同学看到我对"身体和学习一样重要"所做出的实际行动，我真就好好准备了一番。没想到，我的举动竟然全在小杨同学的“考察”范围中，如同开头所说，我当时的舞步虽然依旧笨拙，却换来了小杨发自内心的认同和赞美。

就这样，在多次细心觉察与小杨的关系中，我表达了对小杨的理解，也换来了小杨的信任与沟通。她每次看到我时眼神透着高兴，她遇到事情时愿意寻求我的帮助，我心里的一块石头落了地，我们之间的关系走得更近了。

二、接纳心，让问题迎刃而解

日子在波澜不惊中逝去，原以为一切向着正向和积极的方向发展，小杨同学的一个“恋爱小插曲”打破了这种平静，却也为进一步加深我和小杨同学的关系提供了契机。

一天早晨，我刚到学校，年级组长就告诉我一个坏消息：“体育组教师说你们班小杨恋爱了！男孩是跟着她训练的一个体育生。”我有些生气，真想狠狠地骂她一通。但静心一想，学生一个人在北京，肯定感到孤独、没有安全感。此时恰好有一个年纪相仿的男孩对她表达好感和关心，她很容易被打动。因此，我没有向家长告状，而是第一时间找到她问：“知道老师为什么找你吗？”小杨低头不好意思地说：“老师，我知道错了。”我摇摇头说：“有男孩喜欢你、关心你我是高兴的，说明你可爱有人喜欢啊。”此时小杨悄悄抬头看了我一眼，眼神中满是意想不到。我轻轻拍了下她的肩膀接着说：“老师现在找到你，是希望你在爱情萌芽时及时消灭掉，而且高中阶段的好感很容易发展成早恋，情绪的波动又会对学习造成很大的影响，这对彼此都是不负责任的，咱们能不能和男孩约定高中阶段以学业为重呢？是不是可以约定上大学后再联系呢？”小杨点点头，坚决地说：“老师，放心吧，我会处理好的。”

我感到很意外。看着小杨远离的背影，我有些担心："这样做会不会让她产生孤独感？""以后她还愿意与我沟通吗？""这段感情的背后透露出她到底需要什么呢？"于是我默默地关注着她的学习和情绪变化，也会时不时地询问她状态如何，她也总会回答"老师，我挺好的"，看得出来小杨在努力做出改变和调整。我希望小杨明白老师愿意陪伴她，知道我一直关心着她、关注着这件事情。

后来我听说两个人已经平和地分开了，小杨重新完全投入学习中，也更加知道我和她是站在一起的。

在小杨恋爱问题的处理上，我态度和善而坚定，认同和接纳学生的情绪和感受，同时让学生知道自己的行为边界，承担自己选择所带来的自然后果。最终，这份接纳也换来了小杨行动上的改变。

三、规划心，让前方之路有导航

高三开学，学习强度一下子增大，小杨心理上受不了。有一天她主动找到我说："老师，您有空吗？能不能带我去趟医院，我胸闷、头晕。"我赶紧带她来到医院，按照医生建议拍了脑部 CT，最后诊断结果是压力太大的缘故。当天我俩一起边吃午饭，边开心地聊聊好玩的事情。在回校路上我意识到，在这关键的一年，我需要和小杨一起走过。于是"如何让小杨在面对未来选择时有韧力，更有实力"是我重要的工作。

这时候，作业本和练习册成了我和小杨对话的"秘密"之地，在那里，图形、图表、文字都是我们对话的符号。记得有一次，我在一个作业本上用柱状图清晰地呈现了小杨的期中成绩，并在旁边写下这样一段话："从排名来看，本次考试你有较大进步，但离我们的理想分数段还有一些差距，继续努力。提高理综，稳步提高数学和英语成绩，要做的事情很多，但抓好基础还是最关键。学习要有狠劲，要自信，加油！老师会和你一起面对未来！”就这样，我在反馈小杨学习中的问题时，也让她看到，实现目标的路上会一直有我的支持。

在一次次的鼓励中，小杨开始关注现在的努力，不再深陷对未来的焦虑中。同时，我也邀请其他的任课教师多关注小杨的变化，与我一起参与小杨未来的规划指导。就这样，在师生共同努力下，小杨的二模总成绩取得了很大进步。高考前每天除了上课，就是穿梭于任课教师的办公室请教问题，整个人变得更加自信、阳光。

在高三最后的那段时光，我与小杨也有了很多难以忘记的默契：当我拿起扫帚帮助同学做卫生时，小杨会一下子跑到我身边抢过来接着做，我俩相视一笑，此时无声胜有声；高三毕业典礼过“成人门”，小杨家长无法赶来参加，我悄悄地让小杨挽起我的胳膊，带学生走过象征长大的那扇门……

功夫不负有心人，小杨高考成绩超过 630 分，被一所重点大学录取。家长感动于教师的付出，曾评价说：“亦师亦母携女成人路，师恩难忘情深无尽处。”小杨在毕业第一年给我发来的短信中说：“现在想想我的高中生活，感觉还挺曲折的……但是您一直鼓励着我，我还记得那句写在我惨淡成绩单上的话：静心努力，花自开。这句话仿佛变成了我生活学习状态的真实写照。因为当身边优秀的人越来越多，我没有那么聪明但我也不能放弃，我唯一的优点就是，不怕失败不怕慢，我一点点做，总会做好的！大一学年我的进步也是非常大！我很开心！这种努力就有收获的感觉真棒，是您从最开始，让我从已经习惯的优越感，慢慢过渡到靠点滴的努力换来收获的那种幸福感，我想作为一个普通人，这才是最值得学习的东西吧。很想您，但不知道什么时候能再见到，希望您一切都好！”

教育反思

我曾在小杨作业本中写下“静心努力，花自开”，这不仅仅是对小杨的鼓励，也是对我的提示，我一直提醒自己，班主任要做有“心”的教师，这里的“心”不仅包括觉察心、接纳心和规划心，还包括及时发现问题的细心、努力解决问题的责任心、锲而不舍提供帮助的耐心，通过一定的方法和行动引领学生构建梦想、实现梦想，期待像小杨一样的青春花朵陆续盛开。

作为班主任，我主要从学生的身心发展规律出发，依据学生实际问题，选定科学的方法，确定育人思路，走进学生心里，并在成长中提供必要的支持和帮助。

一、分析学段特点，理性看待成长规律

高中阶段属于青春期中期，是青少年身心发展和成熟的关键期，也是心理冲突的高发期，他们内心世界变得更加丰富多彩，渴望得到更多人以及异性的关注，但又不轻易表露出来，容易出现闭锁、易孤独等心理困扰，特别是学业能力一般、性格内向敏感、家庭支持不足的学生更容易出现学业问题和人际交往问题。故事中小杨同学就出现了学习、人际等突出和典型问题。

二、巧用同理心，助力学生成长

同理心即“设身处地地理解”“感情移入”“共情”，泛指心理换位、将心比心。诺丁斯强调师生之间建立起互相信任与关怀的关系，在教师引导和同伴互助中积极适应新班级。面对每一个复杂的学生个体，班主任需要怀揣同理心，践行同理心。对于“同理心”在班主任工作中的使用，我有这样的发现和体会：

（一）觉察应先行

教师在与学生共情的基础上理解他们，觉察他们，与学生换位思考，让学生感受到被尊重、被重视。回味我和小杨同学的点点滴滴，我感到这种由排斥到信赖的转变，是教师走进学生内心并吸引学生向自己靠拢的过程，是学生“亲其师，信其道”的过程，这一切变化的基础就在于细致地觉察，然后换位思考、推己及人。

（二）接纳促改变

教师做到和善而坚定，让学生感受到我们对他无条件的爱，在爱的教育当中，让学生知道自己的边界行为；通过鼓励和启发式提问，不仅要让学生知其然，还要知其所以然，引领学生理性看待问题，最终解决问题。

（三）规划引未来

引导高中生逐步全面准确分析自我，了解自身优势特长，明确努力的方向，增强上进的动力，做好职业规划，促进学生健康全面成长，为其升入大学及步入社会做好心理建设。

蝶破青春，与“I”同行

——基于抗逆力培养的高二学生学段适应与衔接的班级辅导教育故事

首都师范大学附属苹果园中学 刘健萍

在高中这段青春的历程中，很多人要完成一次成长的蜕变，最终化羽成蝶。我庆幸自己可以用热情、关爱和智慧成为这场生命的参与者、见证者和守护者，看着他们成为真正的自己，凌空飞舞，远望苍穹。

故事背景

高二（7）班是一个进入高二后重新组建的普通班，学生来自不同的班级，各自保持着独特的个性，且多数学生的成绩和行为习惯都不够好。

班里有个学生叫小阳，父母均有工作，家境尚好。小阳同学的性格比较外向，在同学中人气很高。但因为他自我约束力很差，无论是在纪律还是在学习上都很懒散，经常因为迟到、上课违纪、课下不完成作业、玩手机等问题被德育处、年级组以及各科教师约谈和批评。这些不良习惯也导致他每次考试成绩都排在了班里的最后几名。通过与小阳家长的沟通，我了解到一些信息：小阳的父母对儿子的期望很高，但是由于以前疏于管教，致使他养成了懒散贪玩的习惯。于是，在接下来的一年中，我与小阳同学就围绕着从“约定”到“夺冠”、从“直立”到“行动”、从“舒适圈”到“拓展圈”的变化，开始了我们之间的同行。

教育故事

一、从“约定”到“夺冠”的自我觉醒（I am）

早在高一的时候，小阳就已经上了各科教师的“黑名单”。如果我这个新班主任一开始就严厉批评他，他也许会变得更加无所谓，后续的教育工作估计也会变成无用功。就在我不知道从哪个话题开始我们之间的对话时，小阳倒是主动给了我一个机会。

记得有一天早读，我刚踏进教室，班长就悄悄对我说：“老师，小阳又被年级组长批评了，他昨天物理课上玩手机……”听到这个消息，我心里有些生气，不过又想一想，这不就是建立关系的好时机嘛。

“昨天物理课上你做什么了？”我问小阳。“我拿手机看时间呢！”小阳一脸无辜，感觉我在冤枉他。我心想：我可得忍住，一旦开头心生隔阂，以后就难了。我压住了心里的火，尽量表现得平静一些，“咱们先不聊手机的事了，聊点别的吧！”小阳很意外，本以为我会批评他。我继续问：“我刚当你的班主任，对你了解不太多，你愿意跟我说说你以前的事吗？比如你小学阶段和初中阶段？”“行啊！”小阳同意了。在与小阳的

“闲聊”中我发现，他之所以对学习没有兴趣、彻底“躺平”是因为产生了习得性无助，以至于特别容易的学习任务，他也不相信自己有能力完成，更别提主动去尝试了。我想了想，决定从他的优势方面说起：“你觉得自己的优点是什么？”他摸了摸自己的后脑勺，“当然是帅了！”然后笑着说，“还有打篮球！”我被他逗笑了，气氛也变得轻松起来，我趁热打铁：“马上就要篮球赛了，那你好好准备一下。”他露出了自信又充满期待的眼神，说道：“老师，这个没问题，包在我身上！”虽然第一次谈话没有什么实质进展，但在我看来，“篮球”是唤醒他对自我认识的绝好支点。

在之后备赛的日子里，我跟他之间有了一个约定：如果他能保证完成各科作业，我就让他中午多打会儿篮球。通过他的兴趣以点带线，先达到最基本的学业目标，同时也时常让他关注自己的变化，不求一次到位，但求“进一步有进一步的欢喜”。从那以后，他的作业确实有了一些进步，能按时上交了。而我也尽可能做到，无论多忙，都会不失时机地在班级中肯定他对自己的负责和承诺，这一点，对男孩来说很重要。

在后来的篮球比赛中，他成功带领我们班夺得了冠军！我们班仅有 6 名男生，也只有一名男生能和他打配合，他凭借自己超强的控球能力和投球技术以及不服输的精神，得了 36 分，成了总决赛的 MVP。那一刻他就是全场的焦点，他那如阳光般自信的笑容使他成为篮球场上“最靓的仔”！他也实现了自己的承诺。

现在想来，我庆幸当时没有通过批评解决小阳课上看手机的事。他给了我一次了解他的机会，我给了他一个可以不再“躺平”的支点；这个支点也是他迷茫未来中的一点微光，让他留住希望，和自己内在成长的力量发生了联结，并最终让他有了觉醒的勇气。

二、从“直立”到“行动”的合众之力（I have）

长期养成的不良习惯并非一朝一夕就能改正。这不，我上数学课的时候，发现小阳又习惯性地趴在桌上昏昏欲睡了……我提高声调：“小阳，挺起胸膛，认真听讲！”他听见我大声叫他，立刻坐直，还露出了不好意思的表情。为了不让他犯困，我会特意问他几个简单的问题，他都能很快地回答出来，这一点让我更加确定他是能学好的。

我心里暗喜：这就是一个突破口啊！课堂上让他一直挺起胸膛，认真听讲，多回答问题，及时表扬他，让他树立学习上的自信。我要发挥班主任的学科优势，先把他的数学成绩提上来。

第二天，刚上课，我看到他在座位上端正地坐好，我不失时机地表扬他：“同学们，快看小阳，他今天坐得真好，还做了课前准备！”我带着满怀期待的目光对他说：“我希望你能在课堂上积极思考，踊跃回答问题！”他听了，第一次诚恳而又重重地点了点头。这一节课上他没有趴着，一直表现得很活跃，还积极地回答了两个问题，我趁机鼓励了他热爱思考，从他的眼睛中我看到了喜悦的光芒和久违的成就感！吃午饭时，我发现他默默地吃饭，没有像往常一样不停地聊天。午自习时，我在全班面前又肯定了他在纪律上的进步。

在接下来的几天里，我发现他数学课听得格外认真，作业也能认真完成了。于是我把他的座位安排在了数学课代表旁边，此后两人经常一起探讨数学问题，遇到难题时也会寻求我的帮助。慢慢地，他们周边的几位同学也参与进来，班里学习数学的热情越来越高。于是我趁热打铁，在班里组建了数学小组，方便同学们互帮互助，我还特意让他当了组长，万万没想到，他这个“小老师”还像模像样的，责任心极强，组员们也都愿意跟着他学，他们组无论是作业质量还是测验成绩都是最好的。

小阳感受到了来自班主任教师、学科教师、同伴以及家庭的支持。在蜕变的这条路上，一个人也许走得更快，但一群人会走得更远。我想，小阳已经能够真切地感受到自己拥有的外在力量。

三、从“舒适圈”到“拓展圈”的“破茧而出”（I can）

虽然小阳在数学上取得了很大的进步，但在英语上的劣势也很快暴露出来。他又因为几次英语作业没完成被英语教师批评了。在我找小阳谈话之前，我预料到他的情绪会很激动，因为英语教师想请他的家长到校面谈，我知道他不想在这种情况下面对自己的父母。最重要的是，他最近在数学上确实下了很大功夫，也越来越自信了，一切都在向好发展，我也不想他再走回头路。于是我选择了和他边散步边谈心的谈话方式，让谈话能够在轻松和谐的氛围中展开。

我先问了小阳：“感觉英语很难学吗？”他喃喃地说：“单词背不下来，也不会翻译。一看见英文字母就头疼！”他脸上确实是痛苦的表情。我们班里也有男生和他有一样的问题，英语成绩总是提不上来。我立刻安慰他：“英语不会比数学难的，数学你都进步了，英语是难不倒你的！”他很无奈：“老师，我真的偏科！”

“你不是很热爱篮球吗？你喜欢哪个球星啊？”他眼睛突然亮了，抬头看着我坚定地答道：“姚明是我的偶像！”我心里窃喜，爱打篮球的高中生怎么会没有偶像呢？我赶快回应：“我也喜欢姚明！但你知道姚明即使有那么好的先天条件，他还是非常努力的！”他肯定地点着头：“之前姚明受伤了，尽管脚伤未痊愈，但姚明一直没有放松，从投篮到体能等各种训练，为了加速恢复而一直在努力坚持！”

我看着他侃侃而谈，继续追问：“是啊，你的偶像都如此努力，那你呢？”“我也会努力训练的，以后要成为职业球员！”他眼神非常坚定。

我乘胜追击，拍了拍他的肩膀说：“那你知道姚明为了去 NBA 打球，还苦练英语吗？你是不是也应该像偶像那样去努力拼一拼呢？”看他表情凝重，我建议他从每天背会 20 个单词、翻译 5 个句子入手：“英语老师可是要求咱班同学每天背会 30 个单词、翻译 10 个句子的！我已经给你降低要求了，老师每天监督你！你也要像上一次一样兑现自己的承诺！”我鼓励他说。

我知道高中的学生面临高考，升学压力很大。只有激发了他们内在的学习动力，才能事半功倍。目前最重要的就是给小阳制订学习目标和学习计划，让目标引领他的行动，彻底改掉那些不良习惯。

这一次的谈话在之后的日子里确实达到了比较满意的效果。渐渐地，我也发现，自己能够走进小阳的内心世界，这也促成了他慢慢改变。各科的课堂表现都有了明显的进步，我在表扬他的同时，又给他提出了更高的要求。他现在不仅能很好地完成我制定的英语任务，慢慢地也跟上了班里其他同学的脚步了，而且越学越自信，劲头很足。

就这样，很多同学向我反映，小阳像变了个人似的，现在不仅学习很勤奋、很主动，就连平时爱犯错的毛病也少了许多。

这是一个良好的开端，说明我的方法初见成效了。俗话说“一分耕耘就有一分收获”，就这样，两个月后，通过他不懈的努力，整体成绩进步了：在班里进步了 12 名，年级进步了 45 名，并且荣获了年级颁发的“最佳进步奖”。在给他颁奖的那一刻，作为班主任的我内心特别激动，能看到学生在自己的引导和帮助下一步步成长进步，我觉得特别幸福。

教育反思

在班主任的工作中，我一直用自己的方式践行着与“I”同行。这里的“I”既指班主任能够关爱学生，也指一切的教育和引导工作都要关注学生的“I”，即面对逆境时独立自我和健康人格的养成。这是他们面对未来的内在自我动力，是面对困难时的坚持与执着，更是成为一个积极、自信、乐观的人的内核。

一、学生特点与学情分析

在高一升入高二的学段衔接时期，一些学生容易出现以下问题：学生自尊心比较强，但不良习惯较多，因此不太容易接受严厉批评；学习上没有自信心，经常因为面对学业上的困难而产生挫败感。基于以上分析，该阶段的学生需要教师在其成长过程中进行妥当的引导和帮助。

二、高中生的抗逆力培养

抗逆力作为一种成长的力量源泉，能够在学生遇到挫折或者困境时，给予他们能够冷静地处理和解决问题的力量，从而弱化困境带来的消极影响，实现社会适应的最大化。如果学生抗逆力较弱，会引发一系列成长问题，例如容易自暴自弃，甚至出现一些心理问题等。因此，我依据抗逆力培养的“3I”理论，结合班级实际，培养小阳的抗逆力。如，我从通过发现小阳优势因素（I am）的篮球让他开始觉醒，到调动外部支持因素（I have），即同学和他互帮互助学数学，让他获得成就感，再到自我效能因素（I can），他能把最弱的英语学好，进而总体成绩取得进步，走出逆境，重拾信心，破茧成蝶。

抗逆力培养最重要的内容是让学生在过程中体会到“自我实现”的快乐，进而激发其自我约束力。可以先引导学生将注意力集中在自己的优势上，增强自信心，认为自己有能力去面对挫折；随后运用自身优势以及外部优势去解决问题；学会用积极的心态面对成长中可能出现的问题。我也坚持不懈地帮助学生实现这种良性循环，使学生得以终身发展。其实班里还有几个学生像小阳一样，包括年级里同一学段的很多学生也是如此。我希望通过我的努力和行而有效的方法，让他们都能破茧而出，彩蝶纷飞，成为国家的栋梁之材！

心守一抹暖阳，静待一树花开

——一则关于职业高中学生成长蜕变的教育故事

北京市黄庄职业高中 史凤玲

教育故事

作为职业高中的一名班主任教师，我曾将自己的工作比喻成沙漠里的一泓泉水，可以让学生在失意时点燃生活的希望；我也曾将自己看作衔接学生与学校、家长、社会的手工匠人，尽可能帮助学生扣好职业教育的第一粒纽扣。在经历了与彭彭在一起的那些日子，我愈发感觉到，职业高中的班主任工作更像是一抹暖阳、一缕光，照亮的不仅仅是学生，还有自己曾经的迷茫。

一、一缕温暖的阳光，滋润成长的心

“装什么装！别理他，我们自己玩！”这是开学第一天我在教室走廊中听到同学们聊天的内容，很好奇他们说的是谁。

走进教室环视一周，聚在一起的同学分散开来，坐到座位上。这时

我发现角落里坐着一个少年，穿着一身嘻哈风黑色运动衣，头戴棒球帽，帽檐压得很低，几乎挡住整个脸庞。他的脚上穿着一双篮球鞋，一只粉色一只亮蓝色，腰上挎着一条长长的链子，左耳朵戴了一排大大小小的耳钉……这是一开学彭彭给我的第一印象。

彭彭自从进入职高以来，上课睡觉的习惯已经持续了近一个月。在这个月中，我几乎就没见过他的正脸。原本想训他一顿，让他长长记性，但不想一开学就把关系弄僵。“算了，先忍忍吧。”我对自己说。就在我准备转身离开时，眼睛的余光发现了讲桌上放着的一幅手绘漫画作品，构图线条明暗关系都很不错。“这是谁画的？”我好奇地问。“怎么了老师？我画的。”彭彭快步走过来，从我手里把画本夺了过去。这让我大为惊喜，机会从天而降！我发自心底地感叹：“原来我们班藏龙卧虎啊！”说完这话，我第一次看见了彭彭脸上流露出喜悦但又不好意思的神情。

自此以后，我开始了对彭彭更为细致的了解和观察，也开始了一系列行动。我发现他不是所有课程都趴着不听，他喜欢画画。于是我鼓励他担任素描课的课代表，还让他担任宣传委员，主要负责班级板报绘制。慢慢地，他在素描课上的状态越来越好，能认真听讲，高效地完成绘画作品。对班级宣传工作也尽心尽责，每个月的板报设计都非常精美。于是，我借机会在全班表扬他，搭建让他展示自己优势的平台，为班级做事情，也让更多的同学和教师认可他。

一天晚上，我意外但也是意料之中地收到了彭彭发来的信息：“老师，我上这么多年学，没有一个老师夸过我。我在他们眼里就是坏学生、笨学生，他们看到我总是愁眉苦脸的，您给我的感觉不一样。谢谢您对我的鼓励，我会继续努力的。”我感动于他与我有了真正的交流，更欣喜于他有了改变和成长的心愿。

在后来的日子里，我慢慢地引导他在其他专业课上的学习兴趣，鼓励他参加学生音视频工作室，学习摄影、摄像、剪辑、特效技术，与工作室的小伙伴们一起拍摄学校的各类活动。经过一个学期的学习，彭彭对自己和未来有了更多的信心和期待。

二、一缕和煦的阳光，拂进家的港湾

突如其来的疫情改变了很多，改变了人们的生活，也改变了我和彭彭的交流方式。在“停课不停学”期间，彭彭需要和班里同学一样，按时居家上网课。刚开始还好，但后来我发现，彭彭不上课的情况越来越多，今天肚子不舒服，明天眼睛疼，总是有各种各样的理由。我从家长那里得知，彭彭在家总是玩游戏，家里氛围也异常紧张。我和家长一起想了很多办法，效果也是时好时坏。让我没想到的是，更糟糕的事情还在后面。

一天，我接到了彭彭妈妈的电话，“老师，彭彭离家出走了！”电话那头是彭彭妈妈焦急的声音。听完后，我赶紧了解事情的大致起因。原来是那天彭彭妈妈上班走后，彭彭爸爸看到彭彭十点多不起床也不上课，于是父子二人就发生激烈争吵。彭彭在登机前 20 分钟才给妈妈打电话，说要去宁波。彭彭妈妈口述，当时就想劝彭彭回来，但是彭彭情绪非常激动，跟她说：“你让我回去我没准就跳楼了，在这个家里很不舒服，我太压抑了！”情绪一度崩溃，他妈妈也就不敢再说什么了。当晚我们成立了彭彭专属联络群，有情况在群里及时沟通。

→彭妈：“这个时候不要再说责备的话，每天跟孩子聊天，问他怎么样。别给他负担，否则孩子就封闭自己不愿跟咱们联系了，这样不是我们想看到的。在事情发生后不要指责，要想解决的办法，思考孩子为什么会这么做。”

→彭爸："一味简单粗暴的命令式沟通，对于16岁的高中生来说，他会反抗也会很厌烦，但苦于没有机会表达，导致离家出走。现在我们先说孩子爱听的、不反感的话。让孩子表达，您要做倾听者。要想孩子改变，首先爸爸妈妈要纠错并改变。"

之后的几天里，妈妈每天发信息打电话，彭彭都没有回复，直到事发后的第六天。那天，我像往常一样一早就给彭彭发信息，问他："吃早饭了吗？今天宁波的天气怎么样？有什么打算？今天想干点什么呢？老师很想念你，一定注意安全。"结果依然是没有回复。上午11:00前后我的手机响了好几声，拿起手机我很激动，因为彭彭给我回信息了。"老师我很好，现在在一个餐馆打工。"至此，我们终于可以再一次对话了。之后，只要彭彭有时间，都会跟我说说他的情况，愿意跟我表达情绪。而我作为他和家里的桥梁，每天跟他沟通的情况都会第一时间群里反馈。

→彭妈→彭爸："看，这是彭彭刚发给我的照片，是和打工餐馆老板、老板娘的合影照。"

→史老师："真的能感受到孩子的笑容很灿烂，心里踏实了很多。谢谢您！"彭彭爸爸激动地在群里回复我。

→彭妈："这是一个好的兆头，我们继续关注孩子，注意安全，做好防护，慢慢渗透让他尽快回家。有啥情况我会第一时间在群里说的，放心吧！"

也就是从那天开始，彭彭跟我打开了心扉。在外面有什么开心或是不开心的，或是新鲜事等都会通过微信跟我说，与我分享他在异乡生活的点滴。我是他忠实的听众粉丝，还会给他一些建议叮嘱。

→彭彭："你真棒，一个人在陌生的城市，靠自己的双手可以挣到一些钱，足以支付房租和日常开支。你是一个能力很强的学生，适应能力、应变能力以及与人交往能力都很棒。你在不断地成长，老师觉得这几天你突然长大了。”

→史老师：“外面的世界跟我想的不一样，挣钱很辛苦。我好像理解爸爸妈妈每天跟我说要好好读书，不吃读书苦将来就要吃苦。以前觉得他们在讲大道理，听不进去。”

→彭彭：“读万卷书不如行万里路，但我们现在是读书学技能的时候。要把真本领学到，将来才能有机会看大千世界，遇见更好的你和更好的风景，是需要现在努力。”

就这样，我与彭彭一直保持着联系。每次跟他沟通后，都会在专属群里和家长进行交流，结合自己的经验，指导他们怎样用科学的方法教育孩子。经过不懈的努力，学生在离家出走 20 多天后终于安全地回到北京。我和家长的心也在飞机到达的那一刻彻底安定下来。

三、一缕闪耀的阳光，照亮远方的路

在经历了真实的就业环境后，彭彭理解了父母，把家长对自己的要求转化成了自己的行动。返校线下学习后，他继续发挥优势，积极参加各类活动。看到他以这样的状态投入进来，我欣慰的同时也开始谋划，通过什么方式能够让彭彭用准备好的自己迎接未来的职业呢？这时候，“北京市技能大赛动画片制作赛项”如期而来。

经过层层选拔，彭彭脱颖而出，代表动漫专业参加北京市技能大赛。我们一起研究大赛规则，观看历届获奖作品积极备赛。每天放学他都会第一时间来到训练机房，问我“今天我们练点什么？”在发现问题时会积极主动地向我寻求帮助。为了在规定的 4 个小时内完成所有赛项，我和彭彭经常模拟比赛。在他操作的过程中我会进行详细的操作记录，帮助他找到最佳的操作方法，在最短的时间内实现最好的动画效果，我们一起学习，一起进步。

大赛前我们没有休息日，我会利用周末的时间从下企业实践的公司找到优秀企业专家进校给彭彭进行专项的辅导，有了行业专家及专业教师保驾护航和精准科学的训练，彭彭的技术操作和熟练度都得到了大幅度的提升。每次模赛结束时，彭彭都会开心地蹦起来大喊："老师我成功了，我做到了！"比赛当天，进入考场前我告诉他："不要有压力，努力做好自己，正常发挥就可以，你能代表学校参赛已经成功了，加油！"这个赛项对于高中二年级的学生来说内容很难，但经过不断努力和尝试，彭彭最终获得了北京市二等奖的好成绩。

此后，彭彭更加聚焦在为自己的未来做准备上。他在学校开展的"社会主义核心价值观主题班会"评选活动中做了一个《家》的动画，创意十足，令人耳目一新；他参与了工作室实际项目，体验了媒体制作的采、编、播三个环节的全过程，提前了解媒体制作人的工作流程，了解工作岗位角色……对彭彭来说，前方的路越来越清晰，脚下的步伐也就越来越有力量，最终德技双收；对我来说，把班主任工作和专业教学工作融合到一起，结果另有一番风景。

教育反思

亲历了彭彭的成长，我对班主任工作又多了一层理解。班主任就像一抹暖阳，但这抹阳光不仅仅是工作的热情和态度，还是对学生指导的行动。可以说，这抹阳光是有力量的阳光，能够助推学生心生希望、拥有温暖和敞亮的未来。

职业高中的学生身心发展规律与大多数的高中学生一致，但从学习态度、习惯及家庭复杂程度来说，又有其特殊性。来到职业高中的一般是各初中学校的“学困生”和没有毕业的初中生。他们没有良好的学习习惯，没有刻苦努力学习的能力，对待学习也没有一个良好的态度。因此，面对这样的学生，作为班主任教师要有准备、有策略地行动，从找到兴趣关键点、聚合教育力量、专业规划指导三个方面对学生开展教育工作。

一、找到兴趣关键点

兴趣是第一抓手，是能够让学生对自己未来产生希望的关键点。一个职业学校的学生，他选择了某一个专业求学，对那个专业是有兴趣的。以专业课为抓手，重塑学生的学习信心，这些学生的执行力、动手能力、实践能力比普通学校学生更强。就像故事中的彭彭一样，他喜欢动漫、绘画、打游戏，我就激励他从兴趣出发激发学生学习的内驱力。

二、聚合教育力量

这一点也是最具挑战性的。这个阶段学生与外界的交往越来越广泛，独立的意识也日益强烈，心理特点之一就是“闭锁性”与“开放性”共存。一方面，对父母闭锁，认为与父母没有共同语言，把要说的话藏在心里；另一方面，在同龄中寻找知音，一旦找到，必推心置腹，无话不谈。所以就需要班主任教师在学校能够搭建平台，使学生赢得同伴的认可和支持，同时，积极与家长进行沟通，指导家长开展科学合理而又有温度的家庭教育，引领家长用积极的眼光看待学生的成长。

三、专业规划指导

发现学生的闪光点，利用专业教师的身份优势，进行专业学习积极引领；鼓励学生参加与专业相关的学生社团，重塑学习信心，进行专业职业规划引领。

小结

通过故事可以发现，虽然9个故事均涉及了学业自我效能感低和学习动力不足、封闭自我、缺乏未来规划、人际交往等问题，但每个故事又各有不同。《有“心”花自开，有路梦自来》中的小杨由于从普通班转到实验班，适应不了较快的学习节奏，在学习上出现较大的焦虑情绪，影响了学习和人际关系；《蝶破青春，与“I”同行》中的小阳由于没有养成良好的习惯，上高中后学习跟不上，渐渐自暴自弃；《心守一抹暖阳，静待一树花开》中的彭彭厌学背后是不当的家庭教育下学生自我认同和自我价值感的缺失。《打破“选课”魔咒，迎来成长春天》中的小楠没有找到适合自己的学习方式，从而丧失自信和学习主动性。《越过选择迷茫关，静待万花娇艳开》中的小然、《共情 + 引导 = 提升自我认同感》里的小王，都在面对“选课走班制”的困难时，对自己产生怀疑，出现消极和逆反情绪。《好心不再做错事》中的小程和小桥、《你若盛开，蝴蝶自来》里的萌萌，在学业无法取得成就感的情况下，注意力向外发生了转移，追求来自异性的认可。《智解手机引发的亲子矛盾》中的小A，丧失了对学业的热情，“畅游”在手机的海洋无法自拔。

面对高中学生的这些典型问题，该怎样分析，选择什么策略来帮助学生呢？我们对案例中教师的具体做法进行分析，并把高中阶段的关键问题、原因分析、策略建议进行了细致梳理，希望能够给更多有需要的学习者提供有价值的参考。

教育策略

高中学生的学业自我效能感问题

问题一：什么是学业自我效能感

学业自我效能感是学生的自我效能感在学习领域的表现，是学生对自身学业能力的自我认知，简单来说是学生对自己是否能完成学业任务的主观判断。有学者认为，学业自我效能感分为学习能力自我效能感和学习行为自我效能感（朱晓斌等，2011）。

问题二：学业自我效能感高 / 低有哪些表现

研究表明，学生学业自我效能感的高低直接影响学生的学业成绩好坏。通常，学业自我效能感高的高中学生，上课能够积极思考，注意力集中，能够用批判性思维对待学习任务，同时愿意表达自己的观点；愿意突破自己学业的舒适圈，积极面对有一定挑战的学习任务；面对学习困难，有较强的心理弹性和学业自信心，不轻言放弃，能够获得内心的满足感和成就感。

而学业自我效能感低的学生在上课表现、课后作业等方面呈现相反的特点。如，上课投入水平较低，不敢表达自己的想法或观点；容易在学业中放大眼前的困难，给自己找“临阵脱逃”的理由；愿意停留在自己熟悉的领域，不愿意挑战，陷入“我不会学、我学不好”等负向的信念中，极易产生拒学行为。

问题三：为什么高中学生容易出现学业自我效能感低

相比于小学、初中，学习成绩对于高中学生尤其重要，学习成绩直接影响上大学和职业选择。而在高中阶段，有些学生感觉自己的学习能力差，学习动机减弱，在学习上更容易产生自我效能感低。原因主要有以下几方面：

1. 对学习能力的要求愈发提升

从小学到初中，从初中到高中，更高学段对于学习成绩和学习能力的要求更严格，学习期望发生变化。

2. 学习的自主性和竞争性增强

学段越高，越强调学生的自主性，会使有些自主性较弱的学生感觉个人的关注度下降，甚至会觉得教师对自己不太关心，感到孤单无助。学段越高，学生体验到的竞争就越激烈，当不能适应竞争，会引发多重压力。

3. 学习成绩是长期累积的结果

在早期，良好的家庭环境和学校教育环境会带来有利于提高学习成绩的个人特征，包括智力、学习能力、学习方法、对学习的信心、对成功的渴望和动机。冰冻三尺非一日之寒，学习多维度的问题早就存在，高学段表现更加突出。

总而言之，在高中学段，外部现实压力大，加之内部学习中各种问题长期累积效应凸显，往往让学生失去在学习上的成就感，失去在学习上坚持努力的信心，甚至自暴自弃。

问题四：如何帮助学生提升学业自我效能感

如何引导学习困难学生逆风翻盘，增强学业的自我效能感呢？建议班主任教师从以下几点入手：

1. 发挥共情的力量，换位思考，理解学生的难处

高中学生日益复杂的思维发展导致这个阶段的学生在看待自己、他人和周围世界的方式上出现了显著的变化：独立性凸显，高中生无论是在个人生活、学习安排上，还是在对人生与社会的看法上，开始有了自己的见解，抽象逻辑思维也从“经验型”向“理论型”急剧转化；情感日益深厚、稳定，并且带有闭锁性，不愿与家长、教师表达自己的想法，而是将其隐藏在内心世界。

共情原本是由人本主义创始人罗杰斯所阐述的概念，意思是深入他人主观世界，了解其感受能力，就是我们常说的“将心比心”。每个人的主观感受是不一样的，所以我们看到的这个世界是如此多元和不同，每个人都组成了自己的一套“生态系统”，就像一个小岛，而共情恰恰是连接岛与岛之间的桥梁。

因此作为教师，高高在上的指导和简单粗暴的批评教育都不会有太好的效果。就像《有“心”花自开，有路梦自来》故事中教师开始时遇到的困难，明明知道小杨遇到问题了，作为班主任很着急，但是单纯以教师的身份和小杨谈问题、做思想工作，小杨是怯怯的，是拒绝的，是排斥的。这内在的原因是，教师面对学生的拒绝排斥、冷漠无视，甚至是挑衅，激发起了自身的愤怒、委屈、无助，往往会自动化为指责批评，甚至放弃不管，就很难真正走进这些“困难学生”的心里，真正帮到他们。

教师们如果这时可以换位思考，用共情的力量去看这些学生拒绝、排斥、玩世不恭行为的背后，就会发现，其实是学生对自己现状的不满与无力，于是他们只能躲进自己硬硬的壳里，假装自己一切都好，假装自己什么都不在乎，让自己不被无力感压垮。所以，作为教师首先要做的是共情地去理解学生的难处，去理解学生的不容易，让学生真正感受到被尊重和被重视。在《蝶破青春，与“I”同行》中，当教师肯定小阳身上的闪光点、理解他成绩下滑后的失落与无助时，小阳身上硬硬的壳立刻柔软了，慢慢开始直面困难，接受教师的帮助。这就是共情的力量，让学生可以卸下防御，接受教育与帮助的力量。

综上所述，只有换位思考，教师才能体会学生的难处与无力，才能让学生卸下防备，直面困难，接受帮助。

2. 引导学生跳出负面体验的恶性循环

高中阶段在学习上丧失信心的学生也曾试图努力过，但当一次次尝试后仍然不能达到教师、父母或自己的期待，学习动机就会被消耗殆尽，这也是心理学上说的习得性无助。学生在学习上再遇到挫折和困难时，就总是会关注那些自己无法控制、改变的部分（比如迅速提升成绩），从而陷入一种无助、绝望的恶性循环，最终让自己彻底丧失信心。此时，如果换个角度考虑问题，教师能够引导学生先完成自己能做的部分事情，改变自己能改变的，学生就会产生一种战胜逆境的勇气和能力，并让自己从负面的体验和恶性循环中解脱出来。

针对此问题，建议教师可以从以下几方面引导。

（1）鼓励学生接纳目前自己现实的学业水平和负面情绪

对现实的接纳并不是不思进取，而是接纳现实的困难，并合理归因，现实的困难是可以通过努力克服的，自己的能力也是可以通过努力提升的。特别是高中的学生，很多问题都是早期累积的问题，但是眼下的困难不代表自己永久的失败，困难都是暂时的，可以通过勤奋、持久的努力克服。接纳负面情绪并不是鼓励学生宣泄或沉溺在焦虑、无力的情绪中，而是共情理解，让学生知道这些情绪也是可以有的，但情绪只是情绪，会随着事情的好转慢慢好起来。

（2）从学习中找到掌控感

和学生一起列出或想清楚哪些是自己能控制的，哪些是控制不了的。比如，期末的排名可能是控制不了的，但是每天背20个英语单词、搞清楚一道不会做的物理题是可以的。就像《蝶破青春，与“I”同行》中，小阳从“趴”到“直”是他可以控制的。

之后，引导学生将精力和注意力投入他能控制的部分，并努力做好这些事，哪怕是再小的事情。那些别人看来微不足道的行动，教师是否真的看到，并且在乎这些微小的努力与变化，在很大程度上决定了学生有没有信心走出困境。

（3）及时强化鼓励，激发学生战胜困难的勇气

战胜困难的道路是艰辛的，学生需要很多的心理能量，教师的及时反馈与强化就是学生的“加油站”。小目标完成时及时反馈、强化，再引导学生订立下一个小目标，再强化。星星之火可以燎原，学生克服困难的勇气就是这样来的。如，教师可以在作业本、成绩单上写下各种鼓励的话语；对学生进行不失时机的表扬；及时看到学生的优势能力，引导家长与自己共同用积极的眼光看待学生的成长。

高中学生的学业压力调试问题

问题一：什么是学业压力管理

学业压力是“学生在学习上遇到困难时所产生的反应和感受”（刘在花，2016）。我们可以将这种感受理解为对学业表现或学业结果的担心与紧张。

这种压力通常来自内部自我和外部环境两个方面，如对自我的要求较高、感受到来自父母或教师的期待等。

学业压力管理则是指能够采用自我心理调节、调整目标或与他人对话等多种方式，积极面对学业压力，将学业压力调整至自身可接受的范围，从而促进自身学业能力和学业水平提升。

问题二：高中生学业压力过高的表现

相关研究表明，适度的学业压力能够提高学业效率，但过高或过低的学业压力均会影响学习效果。其中，学业压力过高，往往在躯体、情绪和行为三个方面有以下特点或表现：在躯体上容易出现各种疾病，如心跳加速、呼吸加快，或者经常感到头疼头晕、胸闷、胃部不适等；在情绪方面，学生容易情绪失控，陷入焦虑或抑郁状态，自我价值感缺失，对生活满意度和幸福度下降，严重时还可引发抑郁症、焦虑症、双向情感障碍等神经症；在行为上，很可能带来人际冲突问题、自伤行为、厌学或拒学行为，还可能会出现某种成瘾行为，如网络成瘾、药物成瘾等。

问题三：为什么高中生容易产生较高水平的学习压力

高中生较高的学业压力通常来源于社会环境、他人期待和比较、自我因素三个方面。

首先，高考的“指挥棒”发挥着强大的指引作用。这是重要的社会环境，也是未来国家人才培养无可替代的选拔方式。越来越多的人希望通过高考这一途径实现人生的跨越，“读书改变命运”也依旧是至真至明的选择。

其次，教师、家长对学业成绩的重视及同伴竞争。学生在高中阶段都会经历大大小小的各种考试，通过考试来评价自己一段时间内的学业知识与技能的掌握情况；作业量比初中有较为明显的提升；各学科教师也想尽各种办法来提升学生的学业成绩；部分家长对学生的学业成绩有较高期待，并没有考虑学生的实际情况，成绩稍有回落，就直接和变相地指责或唠叨学生；同伴之间“你争我赶”势头强烈，内卷严重，这些都加剧了学生较高水平学业压力的产生。

最后，学生的主观感受和自我要求。社会环境与他人的影响终究还要看学生自我的主观感受。有些学生心理弹性较弱，不能承受正常范围内的学业压力，必然会把学习当作不可承受之重；有些学生学习效率较低或学业基础较差，或在错误的方法上越走越远，但对学业的要求并没有降低，也会产生巨大的学业压力。

问题四：如何帮助高中生进行学业压力的调试

1. 共情倾听，允许学生适时适度宣泄情绪

学生在面对学习压力事件时，大多会先产生情绪反应。而由于高中生情感“闭锁性”的特点，往往让自己处于孤立和封闭的状态，这会严重影响学生的压力应对能力。教师需首先关注学生的情绪状态，以温和的态度，运用倾听、共情等方式与学生交流，鼓励学生表达内心的情绪体验，促进学生倾诉，说出内心的苦闷。此外，也可以借助学校的心理咨询室或其他安全的场所，指导学生合理宣泄激烈的情绪。

2. 引导学生正确地理解压力

面对学习压力，学生不同的理解方式会导致不同的应对方式，而不同的应对方式可能会将事件导向不同的结果。如果学生将压力看作对自己的威胁，他们就会采取消极的方式应对压力，可能会造成学习适应不良的结果，比如回避、否认学习压力事件，结果并未真正解决学习压力的问题，反而随着时间的推移，学习压力事件对学生的影响将越来越大。与此相反，如果学生将压力看作对自己的挑战或对自己的激励时，他们就会产生积极的情绪状态，产生掌控感，从而采取积极的应对方式，如积极地复习考试、寻求教师和同学的帮助等，促进压力的缓解，最终结果也会大不相同。因此，教师需要调动教育资源，指导和协助学生正确认识学习压力及其对自己的影响，让学生掌握主动权，积极调适身心，将学习压力带来的威胁转变为挑战，通过迎接挑战获得成长。

3. 改变绝对化的思维模式

绝对化的信念是负面思维的一种，是指个体以自己的意愿出发，认为某件事一定会发生或一定不会发生，这是一种僵化的信念，通常会用“必须”“一定”“应该”等字眼。比如，考试焦虑较严重的学生通常会认为“这次考试考不好我就完了”“如果学习成绩不好，一定会发生可怕的事情”。有些学生受过去学习上失败经历的影响，往往会预想学习压力事件将朝向负面的方向发展。在负面预期的影响下，即使结果并没有他们想象中那样糟糕，他们也容易将结果视为是不好的。

当学生面临学习压力时，教师可以协助学生审视他们自己对压力事件的看法，修正绝对化认知，识别负面思维。比如，教师可以这样提问：

（1）面对学习压力事件时，你的负面思维说了什么？你的负面思维是否有事实依据，这些事实充分吗？

（2）你的负面思维是否以偏概全？是否因为以前考不好，就推测将来一定不会考好？是否因为某些科目考不好，就担心所有科目都有问题？

（3）你的担忧是否极端化？可能发生的最糟糕的事情是什么？即使出现了最糟糕的事情，你还拥有什么（是否有好的部分）？你将如何应对？

当然，这些思辨过程需要教师在和学生建立了充分信任关系后，通过平等真诚的沟通，引导学生自己思考得出合理的信念，只有这样得出的合理信念才会内化为学生自己的观念，并慢慢用积极理性的思维模式取代原先僵化、负面的思维模式，进而积极正向地应对压力。

4. 重视身体的力量，主动放松，积极锻炼，缓解压力

情绪是具有具身属性的。就像前面讲到的，压力体验会引发生理症状，学习考试的压力有时会让学生产生生理上的唤起，如呼吸急促、大脑空白、胸闷气短、四肢僵硬等；情绪上则表现为紧张、焦虑。反过来生理上的变化也会引发情绪上的变化。教师可以指导学生先通过深呼吸放松法以及肌肉放松法等方式，缓解学生的焦虑和紧张的情绪。另外，即便学习再紧张，也要鼓励学生坚持开展一些体育锻炼活动，帮助他们有效地宣泄负面情绪，提高对身体的掌控感，提高应对学习压力的能力。

5. 聚焦问题，鼓励学生积极应对学习压力

协助学生缓解学习压力长效机制就是指导他们寻求积极的解决方法，制订解决计划，脚踏实地地努力应对压力。具体可以从以下方面来做：帮助学生进行学情分析，制订合理的学习目标，并细化学习目标，分解学习任务，在完成一个小目标、小任务时强化其积极体验，提高应对压力的掌控感。当学习压力事件取得阶段性成绩时，教师可带领学生总结、反思应对压力的过程，积累成功经验，提升学生的自我效能。

高中学生的职业生涯规划教育问题

问题一：什么是高中学生的职业生涯规划教育

高中阶段的职业生涯规划教育，是教育者指导学生对未来进行有效规划的教育，是激发学生内驱力，也是引导并支持学生回答“我是谁”“我要去哪里”“我要如何去”三大问题的教育。它是关系学生一生的发展方向和终生幸福的教育，其核心目标是指导学生成人成才，在实现自我发展的同时，为社会作出贡献。

1. 高中学生的职业生涯规划教育是德育工作的重要内容和载体

高中学生的职业生涯规划教育是“关注每一位学生人生发展的教育，重在培养学生对自己未来的责任感”，是高中德育的重要内容和载体。高中学生的职业生涯规划教育的实质是一项匹配教育，是自我需求与社会需求、自我理想与社会理想相匹配的教育。匹配的前提是让学生了解和认识自我，同时认识到每个人都要在社会中生存，认识到自己肩负的社会责任，要在社会中规划自己的人生。所以，高中学生的职业生涯规划教育同时肩负着对学生进行社会主义核心价值观教育、社会理想教育、公民教育的责任。只有这样的职业生涯规划教育，才能培养出具有社会责任感和使命感的社会主义合格的建设者和接班人。

2. 高中学生的职业生涯规划教育需直接为高考服务

高考是高中教育避不开的话题。高考为高中生提供了最大限度的公平，也为高中生打下了很好的人生基础。经过高考，高中生不仅从年龄上正式步入成人的行列，而且整个身心都会经历一场前所未有的洗礼。高中学生的职业生涯规划教育需要直接为高考服务，为高中生能够理智地选择大学、选择专业、选择未来和人生服务。对于大多数高中生来说，不论是在准备高考的阶段，还是在填报志愿的阶段，他们都会得到来自各方的建议，受到多方面的影响。要在这样的情况下很好地把握自己，把握前进的方向，做出准确的判断、果断的决定，需要学生在求学过程中，通过职业生涯规划教育不断增强自主能力。高考与高中学生职业生涯规划教育是相辅相成、相互促进的，它们的终极目标具有高度的一致性。一方面，高考是整体职业生涯规划中一个阶段性目标，把高考作为契机，引导学生更好地规划学业、规划人生，找到二者之间的结合点和共同点，努力获得学生和家长的认同和支持，这对职业生涯规划教育的开展起到积极作用；另一方面，学生经过职业生涯规划教育，对自己有清醒的认识，明确了奋斗目标，激发了学习热情，高考取得理想成绩，考入理想的大学，为以后的职业发展奠定良好的基础，这也正是职业生涯规划教育成功的标志。

问题二：高中学生职业生涯规划教育面临的问题

1. 职业生涯规划教育总体规划欠佳

为帮助学生更加清晰地了解“选课走班制”的具体做法，很多学校通过开设职业生涯规划教育课程或者讲座的形式，对高中生的科目选择和未来职业规划进行引导教育。目前，高中学生职业生涯规划教育对高中生的科目选择和职业规划起到了一定的积极作用，但部分学校职业生涯规划教育总体效果不佳。同时，有些学校未结合市场变化和学生现有认知水平对职业生涯规划教育内容进行相应的调整，导致学生对自身的兴趣特长、未来人生发展定位不够清晰，最终难以开展有层次、有针对性的教学，不符合职业生涯规划教育的规律。

2. 职业生涯规划教育方法单一呆板

由于职业生涯规划教育的特殊性质，教师在课程教学过程中采用多样的教学方法来提高学生对职业生涯规划教育课程的理解显得尤为必要，但现阶段部分高中教师在开展职业生涯规划教育过程中采取的方法较为单一，导致学生对职业生涯规划教育的了解浮于表面。例如，教师在职业生涯规划教育过程中仍照搬其他科目的上课方式，实行集体授课，很多学生难以得到有针对性的指导。另外，部分教师在教学过程中与学生缺乏互动，以讲授为主，这种“填鸭式”的教学方法很难提高学生对职业生涯规划教育学习的积极性，学生的主体地位也难以得到体现。

问题三：为何高中生会出现职业生涯规划问题

1. 学校方面

由于社会在不断进步，社会需要的人才在不断变化，高考也在为了适应社会而不断改革，学校的高考压力与日俱增。因此，无论是学校、教师还是家长、学生，几乎把所有精力全部投入提高学习成绩上。虽然有的学校开设了职业规划课，但是基本流于形式，并未真正地给学生教授这门课程，这就直接导致学生实际上并未接受过系统的职业规划培训，又或者有的学校上了这门课，但是由于授课教师专业不对口或者教师并未接受过专业的职业规划培训，就直接给学生讲授职业规划，根本无法达到预想的效果。甚至有的学校从未开设过职业生涯规划课，导致高中生对于职业生涯选择一无所知。

2. 家庭方面

社会生活节奏不断加快，每个家庭成员都在忙忙碌碌，对于学生的照顾并不是很到位，特别是高中生以后的大学专业选择、职业规划，可能大多数家长并没有参与其中。这样一来，家庭对学生就没有提供应有的生涯规划基础知识普及。还有的家长心有余而力不足，有的家长本身没有经历过专业的培训，因此，即便是有相关的引导和教育，也是断章取义、以偏概全，顺应大多数家长的看法，而没有结合自己孩子的特长、能力。因此，这种做法反而适得其反。

3. 学生职业生涯规划意识薄弱

通过学生对职业生涯规划的基本情况和对自我的认知状况了解发现，学生职业规划意识整体是薄弱的。自我认知方面主要包括学生对自己特长的认识、对自己优缺点的认识以及对自己兴趣的认识。但是，由于他们在这个年龄阶段正处于叛逆期，同时，高中时期学生的身心快速发展，他们自己还不能更好地了解自我。所以，对于自己的理想和比较长远的未来，学生并没有意识去做规划。特别是如果家庭中没人指导，他们选专业、选职业更是率性而为，没有结合自身的优势以及兴趣爱好，没有意识到专业与职业之间的密切关联。

问题四：如何指导高中生进行职业生涯规划

1. 充分利用社会资源

这是最直接的方式，请各行各业的人士跟学生进行最直接的交流，把从事本行所需要的知识以及工作内容讲给学生听，此时学生就可以从中得到很多相关信息，自己就会分辨这些知识是否是自己喜欢的，这个工作是否适合自己。也可以让学生直接去体验，去工作岗位观察，去工作环境了解，从而判断自己是否喜欢从事这个行业，耳听为虚，眼见为实，相信学生会对此有深刻的体会。

2. 父母调整教养方式

父母在高中生成长发展的过程中，普遍被认为是对学生最有影响力的因素，通过研究发现，高中生的生涯规划能力在父母的教养方式与对未来职业规划的关系中起到了重要的作用。因此，父母可以为学生提供相对宽松的心理环境，在情感上给予学生更多的理解和支持。但也不是无底线地放纵学生，也不是一味地管教学生。如，在对待学生的方式上要松弛有度，严格与关心相结合；培养学生的独立性，提高学生以后独立面对未来的自信心；父母给学生一些选择空间，不对学生有过多的干预，培养他们能够独立面对未知事物的信心与能力。另外，父母也可以多关注学生最近在了解的职业，有意识地给他们提供一些这方面的信息，加强与学生的沟通，适时地给予学生帮助与指导，使学生感受到父母的支持与肯定，从而使他们积极地评价自我，保持良好的情绪状态。

3. 培养职业生涯规划能力

高中生对职业生涯的规划能力直接影响以后的职业规划，因而，对高中生本人来说，不仅要好好学习知识，还要积极地去了解去探索社会，去了解自己感兴趣的行业以及岗位的具体情况。学生可以通过网络搜集信息、与教师及家长积极沟通、访谈其他有社会经验的人群等方式，从他们那里获得更多的信息，帮助自己辨别真伪并判断是否是自己想要的。另外，学生还应该有意识地培养自己的规划能力，可以先从日常的小事做起，把近期目标、长远目标都规划好，提高管理自身和管理时间的能力，慢慢提高自身的科学规划能力。最重要的是，要相信自己，在不断实现小计划、小目标中建立自信，这样才能更加准确、合理、公正地评价自己，更好地为以后的规划做好铺垫。

高中学生的人际交往问题

问题一：高中人际交往的特点

人际关系是交往过程中形成的一种心理关系，是心理健康水平、社会适应能力的综合体现，青少年作为一个特殊的群体，正处于个体重要发展阶段，良好的人际交往能力和自我效能感可以让其树立健全的人格，得到健康的发展，因此要加强对青少年人际交往适应不良与自我效能感的干预研究。

高中生的人际交往主要涉及同伴关系、家庭关系和师生关系，不同关系大致呈现以下特点：

同伴交往是高中生主要的人际关系。同伴关系既包括同性别同伴也包括异性同伴。据相关资料显示，与其他人群相比，高中生和同伴交往水平达到最高。

家庭关系持续、隐秘地影响高中生发展。伴随着高中生身心发展进一步成熟、自我意识的进一步觉醒，家庭关系的直接影响在此阶段进一步弱化，但它依旧潜移默化地影响着学生的个性发展与学习生活。

师生关系对高中生成长有重要的启发和引导作用。高中生已经具备思考力和判断力，他们与教师的关系更加复杂。他们更愿意将自己敬佩的教师当作益友，亲其师，信其道。

问题二：高中人际交往常见问题

1. 学生欠缺表达技巧

随着经济发展，高中生的交流相较于过去频繁得多，不仅可以在学习过程中实现交流，也可以通过微信等信息化工具随时随刻进行互动沟通。但是也有部分学生性格相对自闭，长时间缺乏交往能力的锻炼，因此出现了表达方式生硬、缺乏表达技巧的问题。如有的同学交往中习惯性地爱说脏话，在交流过程中就会让他人不喜欢，甚至可能被疏远。

2. 学生性格缺陷

性格对人际交往有重要影响。过于自我的人，可能从小受家庭溺爱，造成了唯我独尊，不尊重别人的利己主义现象；又或者是自卑型学生，他们可能因为家庭负担造成了自卑性格，害怕出丑，害怕被关注，也不热衷于人际交往。这两类性格是比较典型的性格缺陷，这会导致这类学生不能与其他学生和谐交往。

问题三：为何高中生会出现人际交往问题

1. 家庭因素

家庭环境对于一个人的成长有非常大的影响。一个幸福和谐的家庭培养出的学生大多是外向的，一个爱吵架的家庭培养出的学生可能会比较内敛。现阶段的高中生很多都是独生子女，从小到大的成长环境更容易影响学生更自我、更具个性的一面，忽视了对学生人际关系能力的培养和引导。因此，当学生走入学校，走入社会中，往往会出现人际交往方面的问题。

2. 社会因素

社会经济发展得很迅速，文化变得多元化，同时社会思潮也多变，很大程度上对高中生思想产生冲击，比如网络游戏就会导致学生关注网络世界而忽视现实世界的人际交往。社会上一些“读书无用”的传言，会为一

些高中生逃避学业提供借口，于是觉得读书无用而盲目交友，这种人际交往关系也不是我们所想看到的。

3. 学校因素

高中生是人生的重要时期，是必须重视人际交往和心理健康的一个时期。但部分学校坚持以分数论英雄，过分在意升学率，而教师只关心学生的学习成绩是否提升，忽视学生其他方面的发展。因此，一旦学生成绩不好，就会受到批评教育，形成自卑心理，不愿意与他人沟通交流，陷入被孤立、被另行对待的境地。

4. 学生自身因素

高中生的年龄集中在 15 到 18 岁，无论是生理还是心理都是一个非常关键的时期。学生在这个阶段会受到身边的环境影响，形成不同的性格，正如前面所说，过分自我和过分自卑都不利于人际交往；也有一些学生比较早熟，异性同学之间的关系容易把握不当，进而出现其他问题。所以学生自身也需要有一个良好的心态，这样才能让人际交往过程更顺利。

问题四：如何指导高中生建立合理的人际交往关系

1. 帮助青少年正确认识自我

自我认知是人际关系中的主要内容，是个体行为发展的关键，是自我效能感中的核心存在。青少年在人际交往过程中，如果不能客观地认识自己、评价自己，就会出现人际关系漏洞，导致人际关系认知出现偏差，进而出现适应不良的情况。也就是说，青少年想要提高自我效能感，改变人际交往中适应不良的情况，就要正确地认识自我，避免自我认知过高、过低，出现以自我为中心或者过度自卑自责的情况。在帮助青少年

正确认识自我的过程中，要根据青少年不同的情况，采取不同的措施，对于一些过度自卑的青少年，可以多鼓励、多表扬的方式，为其提供更多展示自己的机会，让其在实际活动中感受自身存在的价值。对于一些以自我为中心的青少年，则要通过多敲打、严要求的方式，让其认识自身存在的不足，并且积极和青少年进行沟通交流，了解其心理思想动态，科学、有针对性地采取不同的方法策略，以保证青少年可以正确认识自我。

2. 丰富青少年人际交往知识

新时期，青少年人际交往和自我效能感成为社会关注的重点内容，在实际应用的过程中，加强对青少年人际交往知识能力的培养，可以让青少年自主解决在学习、生活中遇见的问题，自主提高人际关系，更好地适应人际关系，提高自我效能感。随着心理健康课程体系的逐渐完善，青少年对人际交往的基本理论和知识有了一定的了解，但是大部分了解还停留在表面，在解决实际问题时，运用效果并不理想。因此，在开展心理健康课程的过程中，要在传递人际交往基本知识的基础上，提高青少年的实际运用能力，让其掌握正确的人际交往方法和技巧，并且能够应用到实际活动中。

3. 提高青少年人际信任度

如果青少年的人际信任度较高，自我效能感也会相对较高，在处理人际关系的过程中，就可以保持健康的心理状态。如果青少年的人际信任度较低，在处理人际关系的过程中，就会出现不关心他人、不信任他人等情况，随着时间的推移，青少年会出现焦虑、过度谨慎的现象，严重时还会引发心理疾病。青少年时期是个体成长的关键阶段，也是培养人际信任的重要阶段，人际信任水平还会对青少年的自我效能感造成影响。比如，可以有意识地让青少年参与到团体活动、户外拓展训练、文化活动、社会实践中，

以增加青少年在团体中的时间，让其养成主动交往的习惯，在活动情境中提高人际信任度。

4. 加强青少年心理辅导工作

科学的心理辅导可以让青少年在表达能力、自我能力、坚持性、主动性、沟通能力等方面得到全面提升，在无形之中提高青少年人际交往能力。对于青少年而言，如果存在人际交往适应不良或者自我效能感较差的情况，会给自身和他人带来一定的安全隐患。因此，要充分发挥心理健康教育的作用，积极地对人际交往适应不良的青少年进行心理辅导，为此类青少年开辟心理咨询渠道。如有的学校为了保证青少年的健康成长，定期开展心理调查，高度重视有严重人际交往障碍的青少年，帮助其消除心理障碍，提高心理健康水平，提升自我效能感，以此帮助青少年健康成长。